AUPRÈS DE SON ARBRE

ANDRÉ TILLIEU

AUPRÈS DE SON ARBRE

JULLIARD

ISBN : 2 - 266 - 01779 - 9

G. Brassens rencontre B. Clavel à Bobino
le 17 novembre 1972.

PRÉFACE

Tu rigoles dans ta moustache, vieil ours! Tu m'as tant ému, tant amusé durant plus de vingt-cinq ans, je peux bien te faire rire un peu. Tout de même, tu n'es pas charitable. Assis tranquillement à l'ombre de ton arbre de Paradis, tu te goberges de ses fruits dorés et doux comme le miel. Tu regardes courir l'océan qui sépare de notre terre la planète où tu t'es retiré; par-delà les vagues et le rideau de chaleur qui monte, tu me vois transpirer.

Depuis quatre jours je m'échine, je déchire page après page, j'enrage contre moi et ce je-ne-sais-quoi qui me paralyse. Tu me lorgnes de loin alors que je m'essaie en vain à écrire, pour ouvrir le livre de Tillieu, un texte digne de notre amitié.

Le Belge, comme tu l'appelais, vient de te cueillir une brassée des plus belles roses de son jardin, et moi, pour l'accompagner dignement, j'aurais aimé tisser un ruban plus noble que toutes les décorations, tous les grands prix réunis. Je transpire en vain, et c'est justice!

On ne décore pas les montagnes, on n'élève pas de statues à la gloire des monuments.

Je peine, et ça m'exaspère de t'entendre rire dans mon dos; ça m'agace de te sentir hausser les épaules en lisant par-dessus les miennes. Alors, c'est à toi que je décide de m'adresser. A toi, l'ami et l'artiste. A toi le maître.

Le mot, déjà, te fait grimacer. Tu sais pourtant que tu en es un. Je ne vais pas avancer que tu l'es comme ton grand-père et ton père étaient maîtres maçons. Ce n'est pas ainsi que je l'entends, mais au sens de la création. Un maître dans le domaine de l'art au même titre que les plus grands, ceux qui nous ont fait rire ou pleurer en se torturant l'intérieur. Si l'on écrit des livres ou des chansons, si l'on compose des symphonies, si l'on peint des portraits comme d'autres labourent la terre, pétrissent le pain ou rabotent le bois, c'est uniquement pour ce qui concerne l'obstination; mais l'obstination, l'acharnement, l'entêtement ne sont rien sans l'âme.

En une époque où tout le monde veut pondre son petit livre ou pousser sa médiocre chansonnette, il est utile de mettre les choses à leur vraie place. Tu n'avais rien d'un artisan de la chanson, tu étais un artiste de génie. Tu le resteras pour l'éternité.

Pourtant, jamais ta taille ne t'a donné le vertige. Jamais au grand jamais tu n'as oublié que l'amour et l'amitié sont des éléments de la vie. Ils font partie du tas de bois où va puiser l'Auvergnat pour alimenter son grand soleil de feu.

André Tillieu non plus ne l'oublie pas. Il le met en avant dans ce livre inclassable qu'il te consacre. Ni biographie ni étude critique, un ouvrage venu du cœur. Tu as bien mérité tes amis, mais entre nous, André aurait pu avoir le même cœur et manquer totalement de talent.

Il ne suffit point d'éprouver une passion, encore convient-il de pouvoir l'exprimer. Tu le sais mieux que quiconque, toi qui as passé tant de nuits sur un vers, sur un accord au fond de ton blockhaus à musique. Voilà bien un trait de ton caractère. En notre siècle où 90 % de la population se moque éperdument du voisin, tu t'étais fait construire cette pièce totalement insonorisée pour être certain que ton travail ne gênerait personne. Me la montrant, tu me disais :

– Je sais que les gens ne seraient jamais venus se plaindre, tout de même, j'ai horreur d'emmerder le monde.

Qui donc se soucie encore de cela? Personne, je puis te le dire, moi qui serais plutôt contraint de me cloîtrer pour éviter le bruit des autres.

J'ignore si tout de suite après ton départ tu as gagné l'île de soleil qui t'était depuis longtemps réservée. Peut-être en raison de quelques couplets irrévérencieux, les douaniers célestes t'auront-ils imposé une petite semaine de purgatoire, histoire surtout de profiter au passage de ta verve et de ton humour. Même si tu as grimpé directement en ces lieux d'où – paraît-il – on peut tout voir et tout entendre, tu devais avoir trop à observer pour tourner la tête dans ma direction. J'étais fort loin des contrées que tu chérissais. Loin des étangs bleus et des sables blonds. La terrible nouvelle m'est parvenue à l'aube d'une journée de grisaille. La radio l'a annoncée en diffusant une de tes chansons. Mon cœur s'est serré. Seul dans la cuisine, à côté de la bouilloire qui gémissait en sourdine, j'ai pleuré. Je venais de perdre un ami, et soudain, il manquait quelque chose au monde. Quelque chose d'important.

Tillieu devait me raconter ta fin et tes obsèques beaucoup plus tard, avec cette douleur qui ne trompe pas. Depuis ta mort, André était malade. Physiquement et affectivement, au point qu'il dut subir de sérieux examens médicaux. Malade à la manière d'un enfant dont vient de disparaître le grand frère.

La première fois que je l'ai revu, nous avons pris ensemble un petit train qui traînassait dans une campagne de prairies, de ruisseaux et de saules têtards brossée par Bruegel le vieux. Sur ce défilé de rouille et de vert, en surimpression, ta bonne tête souriante, pas triste du tout, beaucoup moins douloureuse en tout cas que celle de notre ami.

J'écoutais la voix légèrement enrouée d'André. Le portrait de sentiments s'ébauchait.

C'est quelque chose, vieux Georges, que d'avoir dans ses bagages un ami pareil! Un gars venu du Nord. Un cheminot amoureux de Giono et de Brassens, chantres de terres lointaines et qui, peut-être, a senti leur œuvre mieux que personne. De la race de ceux qui savent pénétrer les textes des autres, s'en nourrir, s'en abreuver et les faire aimer. S'il n'avait obstinément voulu rester cheminot, nous sommes nombreux à prétendre que Tillieu se serait taillé une place de tout premier ordre dans le monde de la critique. La vraie. Qui ne se borne pas à la destruction, mais sait découvrir le bon grain et faire en sorte qu'il soit lancé au vent favorable.

Pas un instant il ne s'est gargarisé de votre amitié. Je lui dois de t'avoir connu. A maintes reprises, nous nous étions approchés toi et moi sans nous aborder vraiment. Tu m'impressionnais avec ton œuvre immense. Ajoute à cela ta timidité, la mienne. Pourtant, que d'amis communs! Mais c'était à ce gars du Nord qu'il revenait de provoquer la véritable rencontre. Il le raconte dans son ouvrage où il rappelle également que tu ne savais pas dire non. Je l'ai éprouvé à plusieurs reprises. Le jour où Bernard Pivot m'ayant invité avec une brochette d'hommes de guerre devant ses caméras, je répondis :

– Seul contre tous, vous me menez au massacre.

– Et qui donc voyez-vous, pour vous accompagner?

C'était le temps où venaient de paraître tes œuvres complètes, j'avançai ton nom.

– Brassens! s'exclama Pivot. Formidable. Mais il n'aime guère ce genre de choses.

Je le savais. J'ai beaucoup hésité à t'appeler. Je me disais que tu risquais d'accepter par pure amitié. Je me sentais gêné. Alors, je me suis demandé ce qu'aurait fait Louis Lecoin à ma place. Je t'ai appelé. J'ai encore dans l'oreille ta voix bougonne me lançant :

– Tu m'emmerdes avec tes conneries. Je déteste la télé. Je suis fait pour chanter, pas pour parler.

– Alors, Georges, tu vas me laisser seul face à tous ces gens armés jusqu'aux dents!

– Non. Ça, je ne peux pas le faire. Je serai là. Mais faut bien que ce soit pour toi, et contre l'armée.

Tu es venu. Tu as fait énormément de fumée avec ta pipe entre eux et nous. Un véritable écran de protection. Et comme ces culottes de peau t'admiraient un peu trop, tu leur as lancé ce mot qui fut sans doute le meilleur de la soirée :

– Je vous en prie, messieurs, ne dites pas tant de bien de mes chansons, vous allez me faire perdre mon public!

Nous avons souvent communié dans nos admirations comme dans ce qui nous répugnait le plus. Haine de la guerre et mépris de tout ce qui la prépare, soif de justice, lutte contre la peine de mort, amour de la musique et de la poésie.

Je puis en témoigner : Tillieu n'exagère pas lorsqu'il t'évoque citant de mémoire Charles-Louis Philippe. Je t'entendrai longtemps nous dire, après dîner, un verre de gentiane à la main, des pages et des pages du *Père Perdrix* ou de *Marie Donadieu.* C'était beau à force de simplicité et de ferveur. Beau au sens où l'eût souhaité l'auteur de *Bubu.*

La poésie, la vraie, habitait ton écorce comme l'arbre habite la sienne. Elle t'emplissait. Tu en vivais. C'est à cause d'elle que tu étais entré en chanson, en mots et en musique, pour t'y tenir toute ta vie.

Tu appartiens à cette famille de créateurs, d'hommes de tempérament, d'êtres en révolte dont l'origine se perd dans les cendres d'une aube où le langage n'avait pas encore établi ses règles. Si nous devions dresser ton arbre généalogique, nous y rencontrerions, bien entendu, les gens de la race de Villon, mais aussi le Bruegel du *Massacre des Innocents* et le Goya des *Désastres de la Guerre.*

Ta grande force : te battre sans que tes œuvres

cessent de chanter juste. Au lieu de vouloir imposer tes idées, tu savais faire partager tes angoisses. Tu as donné à la chanson quelque chose d'inédit, tu as imposé un style, tu as fait, sans t'en rendre compte et avec beaucoup de bonhomie, la révolution. Mais ce qui te fera aussi dominer les siècles, c'est le poids d'humanité de ton œuvre. Tu resteras parce que tu es l'Auvergnat exactement comme Flaubert est Madame Bovary. Tes chansons survivront, elles témoigneront de notre époque que tu as su peindre en prenant sa charge de douleur sur tes épaules. Les tondues de la Libération, tu es entré dans leur peau, tu as souffert leur calvaire, tu les as aimées comme le vrai chrétien aime le Christ : en saignant de toutes ses plaies.

Oui, mon ami de bien avant notre première accolade, le jour où tu as quitté cette terre, le ciel qui s'est ouvert pour t'accueillir s'est assombri pour des millions de femmes et d'hommes. Je ne parle pas de ces « fans » qui s'en vont ramasser les mégots des vedettes et les collectionnent comme des pierres précieuses; non, je parle de celles et de ceux qui se sont soudain sentis orphelins : l'homme qui pouvait mettre en musique leur joie et leur douleur venait de les quitter.

De notre époque, dans le domaine de la chanson, il restera quelques noms. Trénet, Brassens, Lemarque, Brel, Vigneault et, bien entendu, Mac Orlan dont tu disais toi-même :

– Le Vieux, c'est notre maître à tous.

A ta voix, la sienne faisait écho :

– Le petit Brassens, ça, c'est quelqu'un!

Et ce « petit » dans la bouche de l'auteur de *Quai des Brumes* faisait de toi un de ceux pour qui on déplore de ne point trouver des mots nouveaux; des mots qui n'aient pas été usés jusqu'à la corde.

Tu as su tracer ton chemin loin des bourbiers où piétine le troupeau. Tu es parti sans qu'il me soit donné de t'accompagner jusqu'à ce cimetière dont tu avais si souvent parlé. Plus personne ne sait, comme tu l'as fait, dénoncer la hideur du monde. Sur ta tombe, des milliers d'admirateurs vont sans doute chaque été verser un pleur en filant vers la plage. Tu restes avec tes vers et tes musiques inoubliables dans le cœur des plus jeunes comme pour ceux de ton âge. Sans doute a-t-on déposé sur ton tertre les fleurs les plus belles. Celles que t'offre aujourd'hui André Tillieu ont le goût des larmes, ces perles que la mort arrache à l'amitié.

Bernard Clavel

Pour Pitchoune,

Les Manon, les Mimi, les Suzon,
les Musette,
Jean, Pierre, Paul et compagnie,
sans oublier Fernande...

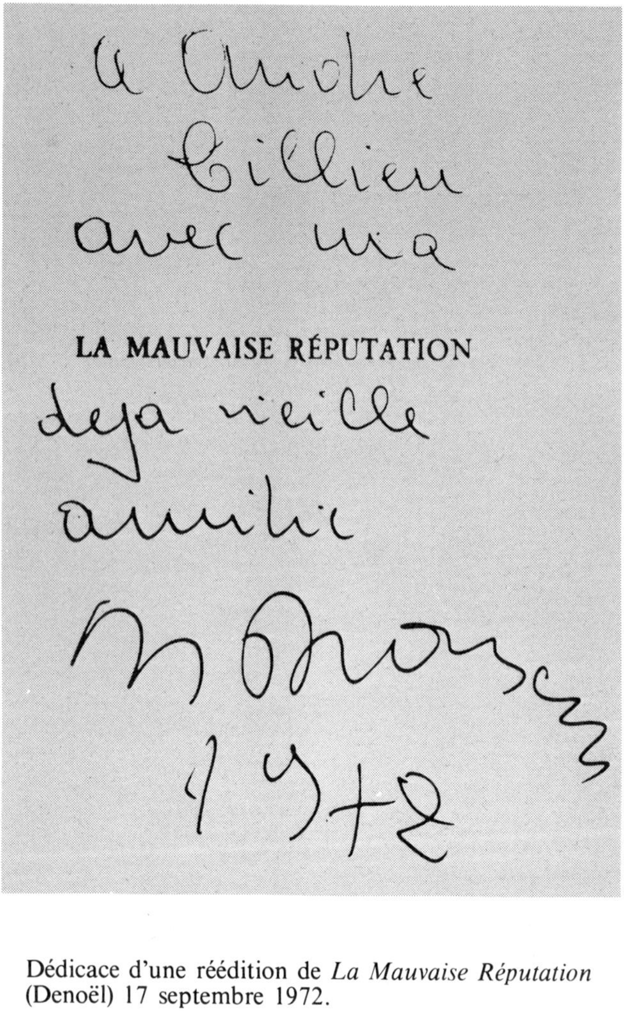

Dédicace d'une réédition de *La Mauvaise Réputation* (Denoël) 17 septembre 1972.

Avant-propos

Au début de l'année 1979, Georges Brassens m'avait demandé si je me sentais à même d'écrire à son propos un bref essai – une vingtaine de pages – destiné à introduire un album de photos qu'on avait l'intention de consacrer à sa vie et à son œuvre.

J'écrivis le « portrait de chevalet » qu'on trouvera dans ce livre et que Georges avait agréé.

Le projet d'album avorta pour des raisons confuses : « Ça ne fait rien, avait dit Brassens, ton texte servira de préface à la prochaine édition de mes chansons. »

On connaît la suite. A la veille de la Toussaint 1981, après une année fort pénible, Georges a fait ses paquets et nous a quittés.

Passé le moment de stupeur où m'avait plongé ce départ, je pris la décision de prolonger cet essai, qui ne proposait somme toute qu'un aspect du personnage, en présentant Brassens sous d'autres éclairages.

Pierre Onteniente (« Gibraltar »), secrétaire de Georges, Mario Poletti, Roger Abat et Eric Battista, tous des intimes de Brassens, m'encouragèrent vivement à mener à bien mon projet.

Alors le livre est là et, dans sa foulée, l'angoisse du bonimenteur qui s'interroge, comme le faisait parfois son modèle : « N'ai-je pas trop démérité? »

Je n'ai entendu refaire ni le « Brassens » de Fallet

– bien entendu – ni celui de Bonnafé, ni celui de Barlow, ni de personne. A quoi bon?

De toute manière, ce n'est pas une étude, ni quelque mémoire ambitieux, ni une analyse, ni une exégèse... Et la biographie qu'on y trouvera est loin d'être détaillée, puisqu'elle a choisi de s'établir sur ce que, à tort ou à raison, j'ai considéré comme étant les temps forts de cette « vie toute simple ».

C'est en quelque sorte mon bouquet d'adieu au « tonton ».

Je n'aime pas les gens qui n'aiment pas Brassens, même quand ils n'en parlent pas. Je suis ainsi fait. Par bonheur, il y en a peu.

Ce livre est donc dédié à tous les amis de Georges, intimes ou lointains, tous ceux-là pour qui il était garant de l'humain dans un siècle violenté par les techniques et les tapages de toutes sortes.

J'ai essayé d'y insérer le maximum de petits faits authentiques que j'ai moi-même vécus – de ceux-là qui valent mieux qu'un long discours ou qu'un lord-maire. Des faits qui, au-delà de l'anecdote, me paraissent de nature à placer l'homme sous une lumière intéressante et singulière.

J'ai automatiquement laissé tomber tout ce qui est archiconnu et que la presse a rabâché au début de novembre 1981. Quand elle est coquette, l'affection tente de se renouveler... Et puis je n'entendais aucunement écrire des « Mémoires d'ancien combattant ».

Aucune chance de débusquer ici des révélations scandaleuses. Si j'ai dit l'essentiel, j'ai usé délibérément du droit de ne pas tout dire, et notamment en ce qui concerne les derniers moments.

D'ailleurs, le sujet ne prête pas à scandale.

Et si la maladie l'a mortifié, parfois avec quelque irrévérence, je laisse aux videurs de tinettes et aux fouilleurs de pansements le soin d'aller scruter ses derniers mois. Cela risque de n'intéresser que les voyeurs.

Pour moi, Brassens – enfin, Georges – a été foudroyé

comme un chêne à l'automne – qui était sa saison, qui était son printemps – avec noblesse et dans la « flamboyance » de l'âge.

Son ultime souffrance – quelque éprouvante qu'elle ait pu être – n'est pas de nature à alimenter la chronique : son œuvre n'y a pas puisé.

Il nous reste à vieillir au plus vite. Qu'on puisse se dire : « Tiens, voilà dix ans – par exemple – qu'il n'est pas mort! »

UNE VIE TOUTE SIMPLE

Ce qu'il faut savoir, ce n'est pas la solution d'un problème de géométrie, mais le miroitement de l'âme d'un prince.

Jean GIONO

« On ne connaît jamais rien de la vie des autres », a dit André Beucler, qui n'est pas le seul à être de cet avis.

Alors, s'il s'agit d'un homme comme Brassens, dont la vie privée, dépourvue de scandales, d'extravagances, de pérégrinations futiles, s'est partagée entre le commerce des amis et les ruminations – qu'on imagine pathétiques, malgré le sourire – avec soi-même, toute tentative biographique relève de la gageure et ne peut être vouée qu'à l'ennui, donc à l'échec.

Outre que, à l'encontre du Petit Poucet, l'ami Georges n'avait pas l'habitude de jalonner ses itinéraires de cailloux ni de bouts de pain. Lorsqu'il se retournait sur son passé, il y avait souvent, et notamment autour des dates, une manière de flou artistique qui ne me gêne pas le moins du monde.

Impossible donc de faire le pion, et de s'escrimer à suivre pas à pas l'individu Brassens à travers son existence. Je n'en vois d'ailleurs pas l'utilité. On l'a déjà fait, me dira-t-on. C'est vrai. Alors à quoi bon récidiver? D'autant que d'aucuns s'y sont cassé les dents de façon exemplaire.

Je me bornerai donc à décliner ici quelques dates, quelques événements, quelques traits de caractère, quelques détails matériels, mais uniquement dans la mesure où ils me paraissent dignes de nous aider à mieux connaître l'homme et l'artiste, qui vivent d'évidence en parfaite intelligence.

D'entrée de jeu, je fais appel à René Fallet – noblesse oblige – dont la présentation d'il y a vingt ans a gardé toute sa claironnante rigueur : « Georges Brassens, poète français, né à Sète en 1921 », même s'il faut hélas! y ajouter désormais : et mort à Saint-Gély-du-Fesc en 1981.

Pour être précis, et quitte à rabâcher, il faut préciser que cette nativité le prit le 22 octobre de cet an de grâce 1921.

Dans la bonne ville de Sète, donc, qui s'étire avec nonchalance entre la Méditerranée et l'étang de Thau, mais qui n'a pas encore trouvé sa bonne orthographe; on écrit encore Cette lorsque Brassens vient au monde.

Qu'importe! c'est un coin où on aime assez naître quand on a de la branche. Les paroissiens du lieu qui se sont fait un nom, vous les connaissez comme tout le monde : Paul Valéry, Maurice Clavel, Jean Vilar, Pierre-Jean Vaillard... N'oubliez pas non plus que Jean Rodor, auteur de *Sous les ponts de Paris*, était également originaire de Sète.

J'ai dans mes bagages quelques autres noms moins célèbres, mais dont les propriétaires n'ont pas eu pour unique talent d'avoir été les amis de Georges, ce qui, au demeurant, n'eût déjà pas été si mal.

Entre Thau et Méditerranée, entre la maison de la rue de l'Hospice et le port, entre l'école Saint-Vincent où on veille sur son âme et les grottes du Château d'eau où lui s'occupe plus particulièrement des ébats de son corps, le jeune Brassens va vivre une enfance sereine et, somme toute, sans histoires.

La première photo qu'on connaît de lui nous le montre ébloui de vivre, presque gourmand, déjà moqueur, étendu dans le plus simple appareil sur la peau de mouton traditionnelle en ce temps-là. Roger Abat, Loulou Bestiou, Henri Delpont, Miramont dit « Corne d'aurochs » ont sans doute été saisis dans la même tenue sur la même pelisse. Pas analogue : la même!

Le père, Louis, est maçon et sa tolérance est d'une telle qualité qu'il n'est pas possible que ne s'y mêle un zeste d'insouciance. Pour lui, le petit fera son compte tout seul : il est libre. Georges n'oubliera jamais la leçon paternelle, fondée essentiellement sur l'exemple : c'est une attitude qui le mènera, quelques lustres plus tard, sur les sentiers de l'anarchie. D'autant plus faciles à emprunter qu'aucune religion n'en vient obstruer les abords.

La mère, Elvira Dagrosa, est repasseuse. « Elle allait repasser chez les riches », avouait-il, « le mardi chez Mme Une Telle, le jeudi chez une autre... » Comme beaucoup d'Italiennes, elle croit en Dieu et en la Madone. « C'est une sainte femme », dit-on dans l'entourage : une manière comme une autre d'insinuer que son mari n'est pas un saint homme. En tout cas, il force un peu trop sur l'anisette quand il fait chaud. Et il fait souvent chaud.

Il arrive pourtant que cette sainte femme ait la main un peu leste. A l'opposé de son mari, elle estime qu'un enfant doit être élevé avec fermeté et qu'une « tourlousine » lui fait du bien quand il a mal agi. « Elle avait raison, disait Brassens, j'étais un enfant gentil, plutôt affectueux, mais excessivement turbulent... je faisais des fugues de plusieurs heures comme ça, sans motif : le spectacle du monde me faisait perdre de vue la maison. Alors, au retour, je dégustais... ça ne m'a pas fait de tort. »

Il faut dire que, pour ce qui est des gosses, Elvira possédait une expérience dont son mari ne pouvait se prévaloir. Elle avait été mariée en premières noces avec un certain Alphonse Comte qui lui avait donné une fille, Simone, en 1912, avant d'aller mourir à la guerre. Elle se remaria en 1919 avec Louis Brassens, dont les parents, Jules et Marguerite, n'étaient guère enthousiastes à l'idée de voir leur fils prendre pour femme une « Calabraise », terme de mépris – un tantinet raciste – dont on affublait les femmes et les filles d'Italiens, et surtout de Napolitains, qui avaient débarqué sur la côte sétoise dans les années 1880. Les imprécations de la mère, les « Calabraises! », n'y purent rien. Louis Brassens fit celui qui n'entendait pas. Heureusement. Et Brassens naquit deux ans plus tard, comme il est susdit.

Avec cet esprit surprenant qui le caractérisait, Georges m'a un jour fait cette remarque : « Si le premier mari de ma mère n'était pas tombé à la guerre, il n'y aurait eu que la moitié de moi ici (et il faisait de la main le geste de se partager en deux de haut en bas), que la moitié de moi qui serait montée sur scène : je n'aurais rempli qu'à moitié les salles et je n'aurais sans doute eu droit qu'à des demi-succès. »

A l'école Saint-Vincent non plus, Georges n'est pas un modèle de calme et de discipline. Un jour, il sera à tel point insupportable que la bonne sœur l'enfermera dans un placard. Il en sortira après avoir vécu toutes les affres de l'enfer. Et, cinquante ans plus tard, quand il lui arrivera de narrer l'aventure, ce sera encore avec une impression pénible et l'œil terrorisé qu'il le fera.

Dès son plus jeune âge, Georges Brassens est à la fois tendre et espiègle, gentil et impétueux. Déjà contradictoire! Il le restera, comme tous ceux-là qui n'étouffent pas l'authenticité dans le corset des doctrines et des dogmes.

Il serait tentant d'affirmer que cette ambivalence résulte de la confluence des caractères paternel et maternel. De toute façon, ça ne coûte rien.

Pourtant, peut-être faut-il aller débusquer plus loin ce principe de contradiction, qui était, chez l'adulte Brassens, une tentative quasi désespérée de serrer la vérité de plus près; tous ceux qui l'ont approché vous le diront.

Plus loin, c'est-à-dire, chez Jules, le grand-père paternel, qui était maçon, lui aussi.

Georges l'avait peu connu, mais il l'évoquait volontiers au travers d'une anecdote qui le faisait glousser de plaisir chaque fois qu'il la racontait.

Cet aïeul était l'esprit de contradiction à l'état pur. Si on lui présentait du papier blanc, il prétendait que c'était en réalité du noir très pâle. Si tout le monde estimait que la nuit était d'encre, lui, il y découvrait des pâleurs quand même. Anticonformiste jusqu'à l'absurde! Il était né à Castelnaudary mais rien ne laisse à penser que cette origine y soit pour quoi que ce soit.

La tour Eiffel venait d'être construite et la France était divisée en deux – ce qui, déjà à l'époque, n'avait rien d'original. La moitié de la population trouvait ce monument d'une beauté confondante par l'élégance de sa ligne, l'audace de sa structure; l'autre moitié n'avait que sarcasmes pour cet amas de ferraille inesthétique qui outrageait le ciel de Paris et ne tarderait pas à s'écraser pour la plus grande joie des gens de goût. Personne n'était indifférent.

Louis Brassens décida d'amener son père – qui n'était pas encore le grand-père de Georges – voir la chose de près.

Quand le vieux Jules se trouva devant l'édifice controversé et qu'il lui fut demandé de but en blanc, par son fils, ce qu'il en pensait, il fut saisi par une perplexité comme il n'en avait jamais connu : ou il trouvait « ça » très beau et il était d'accord avec 50 % des Français, ou il l'estimait laid et son avis était toujours conforme à celui de 50 % de ses compatriotes, même si ce n'étaient pas les mêmes; de toute manière, son esprit de contradiction risquait de laisser des plumes dans l'aventure... C'était sous-estimer les ressources de cet oppositionnel opiniâtre et à tout crin, de cet homme que l'instinct poussait à « être contre » de prime abord. Après avoir calmement toisé la tour, il laissa tomber laconiquement ces mots : « Ce n'est pas là qu'on aurait dû la mettre. » Georges poursuivait son récit, toujours secoué d'éclats de rire : « Il n'a jamais dit où il aurait fallu l'installer. » Avec quelque bravade, Brassens continuait : « Moi, je suis un peu comme lui. » On se taisait. « Ainsi le monde, la société, je sais très bien que tels qu'ils sont, ils sont mal foutus. Mais, moi non plus, je ne sais pas ce qu'il faut faire pour qu'ils soient bien. »

Qui sait s'il ne disait pas vrai et si son sens de la contradiction ne lui venait pas du grand-père Jules (Jules, ainsi qu'il eût dû se prénommer, sans la fermeté de son père qui opta pour Georges...)!

Ses amis ont pu se rendre compte, au cours des discussions qu'ils ont eues avec lui, que Brassens avait mué le travers de l'aïeul en un stimulant, en un instrument de connaissance. En fait, c'était d'abord à ses propres idées, ses propres sensations, ses propres visions des choses qu'il apportait la voix de l'opposition : la sienne.

Revenons à Brassens enfant, simplement pour dire qu'il faut plus que quelques gifles un peu appuyées et une incarcération momentanée dans une armoire pour faire une enfance malheureuse.

Tout laisse à penser, au contraire, qu'elle fut plutôt plaisante et enjouée. Une sœur qui vous couve, un père qui vous laisse faire ce que bon vous semble, une mère qui vous chérit, même si d'aventure elle vous corrige – à Naples aussi on connaît le proverbe « qui aime bien châtie bien » –, que peut-on espérer de mieux? Et puis, il y a la mer, l'étang, les canaux, la colline, le soleil, etc.

En sus, nous sommes en pleine colonie italienne. Ça veut dire qu'on chante du matin au soir, et du soir au matin. Partout. Dans toutes les occasions. Même les croque-morts, dans l'exercice de leur métier, se laissent aller à pousser la romance.

La mère de Georges est une grande fervente de chansonnettes. Je ne vais pas me mettre à vous raconter ici tout ce que vous connaissez sur le bout du cœur et que Brassens a narré cent fois aux journalistes, à la radio, à la télé : le phonographe de la sœur, les chansons recopiées par la mère sur des cahiers d'écolier, les chansons échangées entre voisines, etc.

En bref, comme il est né sans le savoir, c'est aussi sans trop le savoir que le petit Brassens entre en chanson, à cinq, six ou sept ans : l'âge variait selon les émissions et les caprices du moment. De toute façon, ça n'a guère d'importance : le temps ne fait rien à l'affaire.

Tout ça n'était que pour mémoire. « L'important, ce n'est pas l'enfance, c'est ce qui vient après », a dit à peu près Marguerite Yourcenar. Georges Brassens était en parfait accord avec elle sur ce point : il estimait que c'est là – « après » – que l'homme se forme, que l'individu prend tournure, devient lui-même. « On parle beaucoup de l'enfance. Moi, j'ai sûrement avant tout été marqué par mon adolescence. C'est elle qui m'a fait ce que je suis », avait-il coutume de répéter.

Il n'aurait pas fallu le pousser beaucoup pour lui faire proclamer qu'entre la naissance et la mort, il n'y a que la puberté, et que tout le reste n'est que remplissage. Il le pensait sûrement. En tout cas, pour ce qui est de ce reste-là, il allait tout faire pour le remplir agréablement.

Dans les faits, la Sète dont il parlait le plus volontiers, c'était celle de ses treize à dix-huit ans.

Ce n'est pas une petite affaire, l'époque de la montée des sèves chez un gamin. C'est même un élément qui change toutes les données du problème. L'autre sexe, qu'on n'avait que pressenti, se met à exister vraiment; le monde se déploie différemment et modifie ses couleurs et les rapports qu'elles entretiennent entre elles. On voudrait mordre dans toute cette nouveauté et l'avaler goulûment. La lumière prend soudain des milliers de modulations propres, mais qui escortent, vaille que vaille, les nuances de l'humeur et du sentiment.

Au moment où l'univers et le corps des autres s'offrent à vous, avec des tas d'anguilles sous roche et d'oursins sous jupe, il faut se mettre à étudier de plus belle. Il n'y a pas de justice : les choses n'ont pas été bien finies!

Georges Brassens, comme tout un chacun, sur ses douze ans, entre au collège de Sète, qui n'est pas encore le lycée Paul-Valéry parce que l'intéressé n'est pas encore mort – il a tout son temps – et qu'il n'est pas dans les usages, alors, de donner aux rues, aux artères, aux lieux publics des noms de personnages vivants. Ni à Sète ni ailleurs.

Au collège, il ne sera pas un bon élève.

Le bon élève, à cet âge-là, s'attache à mettre entre parenthèses ce monde qui se déplie en bousculant tous les sens, se garde de la jupe, en raison des oursins dont on lui a appris à se méfier, pour se braquer strictement sur le savoir qu'on entend lui inculquer.

Georges reste fidèle à son instinct et à sa sensualité : il n'entend pas louper la découverte des mystères tout neufs. Et puis il y a, outre cela, une passion dévorante qui va le solliciter, assez peu compatible avec une présence zélée sur les bancs de l'école.

Si Georges Brassens ne fut pas pour autant un élève médiocre (ses pairs en attestent), on n'en fut pas loin.

Oh! il avait tout en lui pour faire un parfait cancre à la Prévert, avec cette charge poétique dont le prestige renvoie volontiers les éléments brillants sous le joug du bœuf. S'il ne fut pas cancre, il faut croire que ce fut tout bonnement pour ne pas faire déplaisir à sa mère; son père s'en foutait royalement. Le poulain refuse la selle et le harnais, mais accepte un léger bridon pour ne pas décevoir sa maman...

Tout ce qu'on s'ingénie à lui apprendre au lycée l'ennuie souverainement.

Les maths, il s'en tamponne le coquillard comme il n'est pas permis. Que voulez-vous que ça lui fasse que $(a+b)^2$ soit égal à $a^2+2ab+b^2$? En outre, il sait très bien qu'il y a des jours où, malgré tous leurs efforts, deux et deux ne parviennent jamais à faire tout à fait quatre. D'ailleurs tout cela ne lui sera jamais d'aucune utilité dans la vie. Ce qui est plus grave, c'est que ce genre d'hiéroglyphes n'est même pas de nature à alimenter son rêve.

L'histoire, n'en parlons pas. Elle a débuté le 22 octobre 1921 et ne fait que commencer. Brassens est comme tout le monde à son âge, notez bien; mais lui est déjà de ceux qui ne trichent pas.

La gymnastique, il l'aime beaucoup : précisément parce que ce n'est pas l'école, mais plutôt le prolongement des plaisirs de la rue.

La géographie, alors là, laissez-le rigoler. Il lui suffit d'escalader le mont Saint-Clair, à pied ou à vélo, et il a devant lui la plus belle géographie du monde; en tout cas, elle suffit pleinement à ses appétits. La mer « toujours recommencée », l'étang de Thau à ses pieds et la ville qui a de jolis mouvements de toits pour séduire l'œil subtil; c'est vers elle que la colline fait déferler ses rues et ses ruelles dans des parfums d'ail et de piment, dans les cris d'une Babel où se mélangent le français, la langue d'oc, l'italien, le napolitain et quelques autres idiomes ignorés des érudits, dans de grands gestes de lessive aux fenêtres les jours de mistral et de tramontane. La ville qui va chatouiller les eaux vertes du bout de sa « Pointe courte ».

De l'autre côté, les Cévennes froncent les sourcils avec, à l'avant-garde, le petit dernier : le pic Saint-Loup, à portée de la main.

Les soi-disant déserts de Gobi, les prétendus cap Horn et les hypothétiques Kamtchatka ne font pas vraiment le poids face à ces réalités concrètes, familières, à partir de quoi le rêve peut prendre son essor.

Dans ce pays où on balance – en français bien sûr – entre l'Espagne et l'Italie – on vous astreint à courtiser l'allemand comme deuxième langue. Naturlich! Ou alors l'anglais. Je vous demande un peu!

Le français l'intéresse un peu plus : il y a là-dedans – je veux dire : dans les mots – une petite musique qui plaît assez à Georges. Et puis, ces mots-là, quand ils jouent à rigoler entre eux, ça n'est pas du tout désagréable.

N'empêche, il n'y a pas là de quoi s'exalter.

Cette branche, tout compte fait, ne le satisferait pas tellement plus qu'une autre s'il n'y avait les récitations. Là, il est fortiche : il n'a qu'à laisser aller sa mémoire qui emmagasine ce qu'elle veut quand elle le veut. Georges Brassens sera toujours classé premier en récitation.

« Et aussi en catéchisme », ajoutait son ami Delpont. Vérité ou vacherie? On n'a jamais pu le démêler. Mais les prouesses de cette mémoire accréditent la rumeur.

Autant en parler tout de suite, de cette mémoire. C'est un outil merveilleux et parfaitement au point, capable non seulement d'assimiler un texte en des temps de record du monde, mais aussi de mettre, sans le moindre effort, inconsciemment, à l'abri du temps, des événements, des émotions, des sensations, qu'il restituera des dizaines d'années plus tard s'il le faut.

Georges Brassens est un des plus grands accumulateurs qu'il m'ait été donné de rencontrer : accumulateur d'idées, d'images, de mots. Une mine de souvenirs, un prodige de mémoire.

On peut dire qu'il n'avait oublié que ce qui ne lui convenait pas.

Quand il fait ses chansons, il n'a qu'à descendre au fond de son adolescence, sa petite lampe à la main, pour en ramener mille souvenirs avec une délicatesse d'émotion qui garantit l'exactitude de leurs couleurs.

Pour ce qui est de la mémorisation pure, c'est pareil.

Un après-midi, où tout le monde (sauf moi qui étais pour l'heure en coulisse) savourait un petit pousse-café, Jean-Pierre Chabrol, occupé à vanter les mérites de Charles-Louis Philippe, demande à Georges d'aller lui quérir les *Contes du matin* dans sa bibliothèque. Avec une urbanité où se glissait peut-être déjà un rien de malice, Georges s'exécuta. Chabrol ouvrit le livre et se mit à réciter – avec cette voix qui paraît être, à chaque phrase, à l'instant de s'éteindre – le merveilleux conte des « Petits chiens ». Il n'eut pas plutôt hasardé les premiers halètements que Brassens étendit la main sur le bouquin que tenait son ami, pour en voiler le texte, et continua le conte par cœur devant l'assistance, à la fois amusée et médusée. Il me semble que c'est Louis Nucera qui m'a narré l'anecdote. Ou alors Mario Poletti. De toute manière, si je puis y ajouter foi sans enquête préalable, c'est qu'un autre après-dîner, où nous n'étions que deux, Georges m'avait chanté les louanges de Charles-Louis Philippe et, « soucieux de ne pas me vendre un chat dans un sac », m'avait débobiné de mémoire de longs paragraphes du même conte en insistant sur les phrases qui lui paraissaient les plus piquantes ou les plus imprégnées d'émotion. Celles par exemple où les petits enfants regardent pour la première fois, par la fenêtre, le cimetière Montparnasse : « Ils apprirent que le vrai ciel est beaucoup plus vaste que celui qu'on voit entre deux rangées de maisons », et : « Ils apprirent que les oiseaux habitent le cimetière Montparnasse. » Celle-ci, il la répéta plusieurs fois, en levant un médius de prophète et en disant : « C'est joli, ça... C'est beaucoup plus émouvant que ça n'en a l'air... C'est une trouvaille de choix... » Comme j'allais prendre congé, il me prêta le livre, en me menaçant de sa grosse voix : « Ne va pas me le perdre. Ramène-le-moi la fois prochaine. Je n'en ai qu'un exemplaire et j'y tiens comme à la prunelle de mes yeux. Qu'est-ce que je dis? plus qu'à la prunelle de mes yeux! » Faut-il ajouter que je dégustai les *Contes du matin* et que j'y trouvai tout mon content. Cela se passait vers les années 1971 ou 1972.

Peu de temps après, nous étions à Crespières, et j'avais évoqué les poètes symbolistes de Belgique. Brassens connaissait mieux que moi les Van Lerberghe, les Rodenbach, les Elskamp, mais il avait une vénération particulière pour le souffle et le sens du rythme d'Emile Verhaeren. Pour me le prouver, il me débita à brûle-pourpoint un long poème du chantre des « Campagnes hallucinées » et des « Villages illusoires », qui dura bien cinq minutes d'horloge, sinon plus. J'en avais le souffle coupé, moi qui n'aurais pas pu ânonner, de mémoire, dix vers de « notre grand poète national ». Brassens regrettait amèrement l'irrégularité du vers de Verhaeren qui rendait toute mise en musique aléatoire.

Une autre fois encore, j'étais allé lui rendre une furtive visite entre la dernière soirée de Bobino et le début de sa tournée de banlieue, qui s'installait dans la foulée de Bobino. Un exemplaire des *Fables* de La Fontaine, qui était ouvert sur la table de son bureau, piqua au vif mon attention, là, au milieu des pipes de toutes les morphologies, des canifs, des couteaux Opinel et autres, des cendriers et de quantité d'autres gadgets, parmi lesquels bivouaquaient les chats. Je demandai à Georges s'il relisait La Fontaine. Il me répondit : « Oui et non. En réalité, tu sais que lorsque je chante – à Bobino, en tournée –, le tour de chant me prend tout mon temps, au point que je suis bien incapable d'entamer aucun livre. Alors, comme pour l'instant j'ai quelques heures libres entre Bobino et la banlieue, j'apprends par cœur des fables que je ne connais pas encore. C'est inouï le plaisir que j'en retire. C'est comme si j'étais encore sur les bancs du collège. »

Voilà, sur ses cinquante-cinq ans – l'âge où Charles V prend sa retraite – Georges Brassens entendait demeurer premier en récitation. Et il me gratifia d'un émouvant échantillon de fable qu'il détailla de cette voix sobre qui restituait à chaque mot le volume, la densité, la couleur que le poète avait entendu lui donner. Il ne récitait pas. Il faisait bien mieux : il disait. C'est comme s'il vous avait pris par la main pour descendre au plus secret de la fable du bonhomme.

Soit dit par parenthèse, au moment où Georges nous

quitta pour « le champ de navets », il était occupé à relire, dans une petite collection destinée aux étudiants, quelques fables du bon La Fontaine, qui a dû en frémir d'aise sous son tumulus. C'est Eric Battista – un des derniers à avoir vu Brassens – qui m'a confié la chose.

Deux ans avant sa mort, Georges – qui était pour la plupart d'entre nous un conseiller littéraire fort écouté – m'avait vivement exhorté à lire *le Savoir-Vivre chez les truands* d'Albert Simonin, qu'il considérait comme une œuvre maîtresse, tant du point de vue de la langue que de l'humour qu'elle y distille. Là encore, c'est le doigt pointé sentencieusement vers le plafond, et le verbe sonore, qu'il y alla d'une citation(1), destinée à me persuader de me plonger sur-le-champ dans la lecture de l'œuvre susdite.

Comme d'autres chefs-d'œuvre, *le Savoir-Vivre chez les truands* ne fit pas recette. Je me mis à sa recherche comme à la quête de quelque Graal. J'allai jusqu'à téléphoner chez l'éditeur parisien qui alerta la veuve de l'écrivain. En vain.

Et puis le hasard a voulu qu'au moment de l'apurement des stocks, sans doute avant de mettre au pilon le livre de Simonin, on se soit souvenu de ma demande. J'ai enfin reçu le livre si souvent réclamé : il n'y avait pas un mois que Georges était mort! Je n'ai pas pu lui dire qu'il avait encore raison : c'est une œuvre à la fois rigoureuse et désopilante.

Je vous fais grâce des mille poèmes qu'il connaissait par cœur...

Il va sans dire que les facultés de mémorisation de Brassens ne s'exerçaient pas uniquement au profit des œuvres littéraires.

Je raconterai plus loin comment j'ai été amené à

(1) Je crois me souvenir qu'il s'agissait de ceci : « Le recrutement du Mitan étant à dominante méditerranéenne, la coutume d'honorer les morts y est demeurée très vivace. D'où l'importance donnée aux obsèques, point terminus d'une carrière, baromètre de l'estime en laquelle était tenu le défunt, et aussi contrôle de sa prospérité réelle. »

être placé discrètement sur l'orbite brassénienne. Mais je vais me permettre, sans sommation, de narrer ici une anecdote qui me paraît significative. J'avais déjà obtenu, pour la petite revue où je militais, deux interviews de Brassens lors de ses passages en Belgique : en 1960 et en 1963. En septembre 1966, je me pointai à la première du T.N.P., fier comme Artaban : Gibraltar, le fidèle écuyer, m'avait filé des places royales. Le spectacle fut d'une beauté définitive : Juliette Gréco, la prêtresse noire, déroula joliment le tapis rouge devant les pieds d'un Brassens serein et impérial.

Quand le rideau fut tombé, j'allai soumettre à nouveau Brassens au feu roulant des questions, comme on dit; plutôt pour mon propre plaisir que pour les besoins de mon canard, je dois bien l'avouer. D'évidence, il n'était pas dupe, mais il se prêta de bonne grâce au jeu. J'étais aux anges. Sur la fin, pour prolonger encore un peu ce plaisant dialogue, j'y allai de cette question un peu bidon : « Quel est pour l'heure votre poète préféré? » La réponse fut prompte : « Ne m'avez-vous pas déjà posé cette question, il y a quelque temps à Bruxelles? » Le reproche, à peine marqué, se dissolvait dans un sourire qui illuminait le visage tout entier. C'était vrai, six ans plus tôt, j'avais abordé quasiment le même sujet. Confus, je me pris les pinceaux dans mes explications : les goûts pouvaient se modifier au fil du temps, et on peut brûler ce qu'on a adoré, etc. Bien évidemment, Brassens me sortit de mon embarras avec l'élégance d'un gentilhomme-né : il répondit donc en me faisant un bilan plutôt détaillé de son « petit Panthéon » du moment. *Bis repetita placent*, comme dit le dictionnaire quand il rougit de plaisir. En bref, on ne lui faisait pas prendre des vessies pour des lanternes, au père Brassens : sa mémoire montait une garde vigilante.

C'était en outre un véritable régal d'entendre Brassens discuter, avec ses amis sétois, de la rue de l'Hospice, des voisins, du quartier de leur enfance. Et il n'était pas rare que ce fût lui, pourtant déraciné depuis près de quarante ans, qui retrouvât par exemple le nom d'une fille dont le galbe et les rotondités avaient fait, dans l'immédiat avant-guerre, l'objet de leurs rêves communs et de leurs tribales convoitises.

Les filles! Nous y voilà. Comme on dit dans les salles de garde, nous ne nous étendrons pas dessus.

N'oublions pas que nous sommes en pleine adolescence; les sèves circulent avec obstination dans ce grand corps plein d'appétit qui ne cesse de faire craquer ses jointures pour s'installer dans ses vraies dimensions, à partir desquelles la sensualité prend toute la saveur souhaitable. En l'occurrence, le soleil, plutôt généreux en terre sétoise, se chargera de donner à ces sèves la destination précise qui leur convient.

Il est certain que, la puberté dégorgée avec les humeurs de la mue, quelque peu domestiquée la timidité qui va de pair avec les grandes fermentations, le jeune Brassens ne connaîtra pas les embarras que valurent au *Gorille* des désirs trop longtemps contenus et de gros retards d'affection. Il y a sous toutes les latitudes de braves filles dont la mission sur terre est essentiellement de dénouer les aiguillettes des puceaux.

Comme tout un chacun, Georges fit ses premières armes. Dans les garrigues. Je puis bien le dire, sans risquer d'être taxé d'indiscrétion. Il parlait d'ailleurs toujours avec infiniment de reconnaissance et de cordialité de ces filles qui prêtaient ainsi les petits bouts de leur peau bien cachés, en prélevant si possible au passage leur part d'agrément. Mais la tendresse de Brassens virait vite à la farce : « Afin que les parents ne remarquent rien, on profitait de la sieste pour aller dans les garrigues jouer à la bête à deux dos. On perdait facilement deux kilos par séance en plein soleil. »

Un plongeon dans la mer ou, plus volontiers, dans

l'étang de Thau, et on se refaisait, sinon les deux kilos, en tout cas une jolie forme.

Georges Brassens était, en effet, un nageur émérite. De tout temps, la natation fut son sport de prédilection. Même s'il aimait aussi le vélo, se livrant aux exploits qu'on imagine sur les pentes du mont Saint-Clair ou accompagnant sagement son père jusqu'à Aigues-Mortes en longeant le canal qui va de la mer au Rhône.

C'est avec nostalgie qu'il parlait de ses ébats dans l'eau et s'il est un plaisir qu'il regrettait, c'était bien celui-là : sa popularité l'avait rendu tricard dans tous les lieux publics. Plus question de bains de mer ou de piscine.

« Je ne nageais ni vite ni bien, mais je nageais longtemps », avait-il coutume de répéter. Et comme, malgré ses insolences, il était un brave petit, il allait « ramasser » des moules dont son père raffolait. Henri Delpont m'a soutenu à plusieurs reprises que Georges était capable de demeurer une minute, voire une minute et demie sous l'eau sans refaire surface. Ce qui suppose une capacité pulmonaire hors du commun. C'est elle qui permettait au quinquagénaire de développer l'extenseur à six branches en fumant la pipe et en bavardant avec vous. L'ami Fallet aurait pu vous confirmer la chose.

Il ne faut pas aller chercher ailleurs la plénitude de la voix de Brassens. Si l'interprétation, chez lui, ne comporte aucun trou, en clair s'il tient la note avec facilité, sans être astreint à des trémolos ou à des vibratos irritants, sans avoir à donner de la gueule de façon arbitraire, c'est à son souffle qu'il le doit. Pas plus de miracle sur les tréteaux qu'aux Jeux Olympiques. Les fantaisies nautiques de l'adolescent ont payé comptant le glorieux interprète.

Donc, il nage comme un dauphin! Là où il y a de l'eau, surtout si cette eau vient lécher le sable, il y a aussi des ondines « avec moins que rien de costume ».

Ce qui vous contraint parfois à retourner aux garrigues sacrifier vos deux kilos...

Il ne faudrait quand même pas que, sur la foi de ces considérations, on aille conclure que Brassens était le satyre en personne, un bouc de luxure, le bel Apollon du rivage toujours prêt à s'embarquer pour Cythère. Pas du tout.

Il est peut-être utile de faire remarquer ici que les chansons de Brassens s'adressent à l'esprit ou au cœur, mais jamais aux sens. Entre la farce paillarde et la tendresse, il n'y a, chez lui, pas la moindre place pour l'érotisme. C'est un signe qui ne trompe pas.

Alors, c'est entendu, la sève est là qui commande : il faut bien obéir. Mais ses fièvres sont fortement tempérées par une autre exigence, plus intemporelle, mais au moins aussi impérieuse. Au printemps 1979, Brassens m'avait résumé la situation en une phrase que j'avais saisie au vol pour la mettre dans mon coffre-fort sentimental : « Les filles étaient, bien entendu, importantes pour moi quand j'étais jeune, mais pas exagérément : j'étais né pour être musicien. Depuis mon adolescence, je me suis toujours masturbé avec des petites musiques. »

Dans le cœur de ce dauphin, l'adolescence avait planté un harpon en forme de clef de sol.

Dans ces cas-là, c'est pour la vie.

Il est indubitable que la sensibilité de Brassens le prédisposait à la musique. Quand on avait la chance d'être seul à seul avec lui, Georges, comme tout un chacun, se livrait un peu plus. Un jour, il me confia avec cette sérénité totale qui apaisait jusqu'aux bruits du dehors : « Je n'ai jamais eu, en lisant des vers : Baudelaire, Verlaine, Nerval, Apollinaire, etc., le frisson que j'ai éprouvé en écoutant de la musique : Armstrong, Ellington, et même les mélodies de Trenet. »

Frisson! Le mot vaut la peine d'être épinglé. L'aveu, quant à lui, prend toute sa valeur lorsqu'on sait la ferveur avec laquelle Brassens se nourrissait de poésie, et avec laquelle, par exemple, il vous murmurait tel sonnet de Nerval :

La connais-tu, Dafné, cette ancienne romance
Au pied du sycomore ou sous les lauriers blancs.

Même si le musicien a pris fort tôt le pas sur l'auteur, Brassens était fatalement condamné à devenir Brassens, c'est-à-dire les deux.

Quelques événements donnèrent le coup de pouce au destin.

De toute manière, c'est une aubaine que d'être né à cette époque-là. Certes, il n'est pas le seul : mais lui, il est précisément Brassens.

Au moment où il en découd avec les turbulences et l'éblouissement de cet âge qu'on appelle ingrat, la chanson française – qui venait de traverser une époque insipide où elle « se noyait dans ses propres larmes », à moins qu'elle ne se ridiculisât dans les borborygmes du comique troupier – entrait dans un nouvel âge d'or.

Les années trente, c'est l'irruption sur les scènes et sur les antennes (la radio est toute jeunette) de Mireille et Jean Nohain, de Pills et Tabet, de Jean Tranchant... Soudain la chansonnette se met à fourmiller de démangeaisons poétiques, la fantaisie y reconquiert droit de cité, la nature – que le Front populaire a sortie de l'abstraction grâce aux congés payés – réintègre le décor dans une bouffée de fraîcheur, la jeunesse, qui jusque-là était interdite de séjour, devient à la mode, et le bonheur est enfin une idée neuve en Europe ainsi que le prophétisait Stendhal. Avec dédain, la chanson tourne délibérément le dos à la guerre qui ricane déjà.

Charles Trenet va digérer tout cela avec la promptitude, la vivacité du farfadet, et élever l'entreprise à la dignité d'un genre.

Brassens aussi va assimiler les nouvelles tendances, mais pour aller au-delà, pour les sublimer, pour les porter, grâce au style, à la température idéale où le bonheur est sans restriction. Mais n'anticipons pas.

L'adolescence de Brassens coïncide aussi avec l'essor du jazz en Europe occidentale. C'est un coup de canon dans le concert du classicisme. Les jeunes des années trente reçoivent le coup au cœur. Pour eux, le jazz est la plus grande révolution musicale de tous les temps, il bat à la cadence de leur sang, de leurs sèves, de leurs rêves. Son rythme direct ajoute à la mélodie cette sensualité physique, lyrique, cet érotisme qui ouvre des horizons nouveaux et trace des artères, jusqu'alors inconnues, à travers les sensibilités.

Georges, qui a été bercé par le répertoire 1900 de sa mère et par les chansons écoutées sur le phono de sa sœur aînée (celles de Préjean, Henri Garat, Tino Rossi, Milton, Georgius), sans pour autant renier personne, est acquis aussitôt à cette forme d'art révolutionnaire.

Ray Ventura, avec une phalange de musiciens d'exception, va mettre un « certain jazz » à la portée de tous et surtout servir de tremplin. Georges raffole des « Collégiens » de Ray Ventura, d'autant que les paroles farfelues de leurs sketches et chansons tranchent sur le pompiérisme traditionnel.

Au-delà de leurs espiègleries, le jeune Brassens va découvrir Louis Armstrong, Duke Ellington, Django Reinhardt, Count Basie et des dizaines de musiciens, de formations, dont la spontanéité et le talent vont mettre quelques dièses en plus à la clef du bonheur.

C'est l'époque où, autour de lui, se cristallise une petite bande de copains, parmi lesquels on dénombre Henri Delpont et son cousin, Loulou Bestiou, Miramont, Victor Laville, etc. Devant ce parterre enthousiaste, l'adolescent ébloui ne cesse de scander les morceaux du nouveau répertoire, en battant le rythme du pied et en martelant de la main tout ce qui se trouve de sonore à sa portée. Jusqu'à la fin, l'ami Brassens aura à cœur, lorsqu'il n'a pas la guitare entre les bras, de marquer la cadence avec détermination sur la table, la porte de la salle à manger ou la tôle du frigo : il lui arrive fréquemment d'assurer le chant en propulsant l'air à travers ses lèvres pincées, ce qui propose une sonorité chaleureuse de trompette dans le grave ou de trombone dans l'aigu.

On l'imagine aisément sur le chemin de l'école, dans la cour du collège, sur le pas de la porte, dans les allées du Château d'eau, en représentation devant un auditoire acquis à sa cause et à son génie, qui ne manque pas de mettre la main à la pâte en y allant de quelque percussion ou en improvisant un « scat » à la manière de Satchmo.

Eh oui! la musique fut assurément « la grande affaire » de Brassens!

A ses moments d'abandon, il regrettait sincèrement de n'avoir pas été arrangeur : « Tu sais, écrire le chant, le contre-chant, les unissons, les diverses partitions pour obtenir tout à fait la sonorité musicale que tu veux, c'est chouette. » A ces moments-là, un bon millier de soleils rayonnaient dans son sourire.

De même, il lui arrivait de déplorer sa popularité, qui lui interdisait, estimait-il, de faire appel à un professeur de guitare : « Ça se saurait, et j'aurais l'air d'être nul sur cet instrument (ce qui est faux), ou de vouloir me singulariser. Pour mes chansons, ce que je fais à la guitare est largement suffisant, des accords ou des arpèges, çà et là quelque trait mélodique... Mais, pour mon propre plaisir, j'aimerais bien pouvoir interpréter, par exemple, des chorus de Django dans son rythme à lui... »

La plupart du temps, il empoignait sa guitare et illustrait son propos en vous gratifiant d'un échantillon de ce qu'il eût voulu faire. Après quoi il déposait l'instrument en disant : « Ça, mais dans le vrai tempo. Plus rapide : comme Django! »

Georges Brassens avait une admiration et un respect sans bornes pour Francis Lemarque : « D'abord, il a fait une œuvre. Et puis quand la merde s'est installée dans le métier, il est parti sur la pointe des pieds. Il a repris la musique à zéro. Il étudie la fugue, le contrepoint, tout ça. Francis Lemarque, il ne faut pas croire, ça n'est pas n'importe qui. »

Soit dit en passant, ces deux artistes, qui étaient de la même famille, n'ont jamais été à la même affiche. Francis Lemarque était trop fier pour demander quoi que ce soit à Brassens, qu'il plaçait loin au-dessus du lot des auteurs-compositeurs-interprètes. Georges, quant à lui, n'a jamais osé demander à Lemarque d'assurer « l'américaine » d'un de ses programmes : de peur de l'humilier. Egaux dans la timidité et dans l'orgueil!

Sur les airs à la mode, l'étudiant Brassens ajuste souvent des paroles nouvelles, destinées à moquer l'un ou l'autre personnage du collège, voire de la ville. Il s'essaiera même rapidement à tourner d'authentiques chansons, paroles et musiques. Péchés de jeunesse qu'il reniera, à juste titre, et qu'il n'exhumera qu'à regret sur l'insistance de l'un ou l'autre biographe, amateur d'inédits à tout prix. Il ne savait pas dire non.

Brassens a donc aussi, quoique exigeante, la passion du verbe.

Il n'est pas plus pensable de l'imaginer vivant à l'écart de la poésie que de la musique. Tôt ou tard, il est dans son destin de consacrer leurs épousailles.

Il y a un monsieur qui va hâter les noces : il s'appelle Alphonse Bonnafé, il a vingt-huit ans. Il est, dit-on, ami de Sartre, inconnu pour l'heure au régiment. Il est nommé professeur de français au collège de Sète et va compter parmi ses élèves l'impétueux Brassens.

Le prof de français arrive au collège précédé d'une certaine réputation flatteuse auprès des potaches : il a fait de la boxe. Le détail n'est intéressant à noter que parce qu'il laisse subodorer un certain anticonformisme.

Il est vrai qu'Alphonse Bonnafé se moque pas mal des usages : dédaigneux à l'égard de la cravate, il donne ses cours en pull à col roulé, il traite ses élèves avec une familiarité, une complicité qui indisposent ses confrères, il illustre ses exposés par des auditions de disques, voués à la poésie, mais il ne craint pas de passer également des chansons à succès. A la fin des années 30 !

On a compris qu'il a près d'un demi-siècle d'avance sur les méthodes pédagogiques de l'époque.

Grâce à son naturel, à sa spontanéité, à sa ferveur, il va réussir à communiquer à ses collégiens, et surtout au dénommé Brassens, son amour inconditionnel des poètes et de la poésie. Attention, il ne s'agira pas uniquement de vieilles barbes : Racine, Musset, Hérédia... qui sont au programme de tous les établissements, mais de Verlaine, de Rimbaud, qui plus est d'Apollinaire, et même des surréalistes qui viennent de sortir du cocon avec on sait quel tapage. En cet immédiat avant-guerre, il n'a pas dû y avoir tellement de professeurs comme lui en France ni en Navarre.

En tout cas, Bonnafé va déclencher chez Georges Brassens le déclic salutaire qui, en lui ouvrant définitivement les portes du jardin méconnu, va faire gagner quelques années à l'auteur de chansons.

Les leçons de ce maître enthousiaste et « prosélytique » vont illuminer chez l'adolescent tous les coins qui demeuraient encore englués dans les ombres. Grâce à lui, Brassens réussit prématurément à faire le départ entre la poésie authentique, sublime, rigoureuse, et les paroles des chansons, même si elles ont été peaufinées par des orfèvres, comme Jean Nohain ou Charles Trenet que Georges place nettement au-dessus du panier.

Soudain tout se met en place. Les poètes lui font ressentir les ressources musicales que recèlent les mots, tout ce qu'on peut tirer d'eux en les aidant à se frotter les uns aux autres, en combinant leurs mille appositions. Brassens va s'appliquer alors à combler son retard : non seulement en lisant les poètes, mais en apprenant les règles de la prosodie, en s'attachant à s'approprier la langue, etc.

Naturellement, il est plus que jamais décidé à faire carrière dans la chanson.

La rencontre de la nouvelle chanson française, du jazz, de Bonnafé et de son écurie poétique a décidé de son avenir : il sera auteur-compositeur! Il est appelé à justifier le mot de Cocteau : « Les chefs-d'œuvre exigent un rendez-vous d'amour, avec toutes les fièvres qui les précèdent. »

Auteur-compositeur, ce n'est pas là un métier qu'on peut exercer à Sète ou à Montpellier.

Par bonheur, Georges était déjà allé à Paris, le seul coin qui manquait encore à sa géographie sentimentale. Dès l'âge de sept ans, sa grande sœur Simone l'avait emmené chez la tante Antoinette, la sœur d'Elvira, qui habite 173, rue d'Alésia, près du métro Plaisance. Elle gère des meublés, ce qui est commun; par contre, elle possède un piano droit. Voilà un instrument qui est sérieusement de nature à piquer au vif l'intérêt et la sensibilité du jeune mélomane.

En outre, le coin lui plaît énormément. Bien entendu, il n'y a pas le soleil, ni la mer, ni l'étang, mais on trouve des tas d'autres trucs fascinants, excitants dans ce XIVe arrondissement, qui a la physionomie d'un gros village grouillant de populo, et qui, avec un sans-gêne débonnaire, déballe ses éventaires jusqu'au milieu des trottoirs.

L'enfant sent déjà confusément qu'il pourrait être heureux ici malgré le ciel gris. Plus tard, Brassens dira : « A Paris, ce qui me manque le plus, c'est la lumière. Pas tellement le soleil : la lumière! » Mais il en avait tant emmagasiné dans son printemps, que ses chansons en demeurent imprégnées un demi-siècle plus tard.

En 1937, déjà candidat adulte – il a seize ans –, il débarque à nouveau dans la capitale : son père en a décidé ainsi. Pas tellement pour lui montrer cette tour Eiffel que les critiques de grand-père Jules n'ont pas ébranlée, mais pour lui faire visiter l'Exposition. Le projet a fourni au placide Louis Brassens un prétexte idéal pour s'évader un peu du quotidien, décidément trop « emplâtré ». En emmenant Georges avec lui, il étançonne ses bonnes raisons d'un alibi idéal.

Pas de couchette pour le voyage, mais une banquette de troisième classe. Au petit matin, on s'éveille : de froid. « Le Nord doit commencer entre Dijon et Laroche. C'est là que les Méridionaux qui montent à Paris en train se mettent à frissonner. »

Ce ne sera heureusement pas le seul frisson du voyage. Comme tout honnête provincial lâché dans Paris, Louis Brassens rend une visite rituelle au « Châtelet ». Et bien entendu, il y emmène le fiston. N'était-ce pas Reda Caire qui y triomphait alors? Georges ne savait plus bien... En revanche, ce qui était resté on ne peut plus présent à sa mémoire et qui avait fortement fait monter l'intensité du frisson, c'est le spectacle de Ray Ventura. Les « Collégiens » en chair et en os! Ils sont là, devant lui, grandis chacun de dix bons centimètres. La poitrine en enclume de forge du gamin n'est pas assez vaste pour contenir tout son bonheur. Mais le paternel n'en soupçonnera rien : Georges Brassens a déjà appris à mettre une sourdine à ses émotions.

Décidément, Paris est un bien joli cadeau : Alésia, le piano droit de la tante Antoinette, chez qui on est naturellement descendu, Ray Ventura et ses « Collégiens »...

S'il n'est pas trop pénible de réintégrer ses pénates sétois, c'est que vous y attend – outre les filles, la plage et l'étang – toute la bande de copains qui languissent de rencontrer le veinard qui leur apporte des nouvelles de la civilisation. En face d'eux, Georges peut lâcher ses petits émois, sans appliquer la sourdine.

C'est une jolie fête, ce retour-là : les bancs de l'étude, les portes de tout acabit, les tôles des édicules publics, tout ce qui à Sète accuse quelque faculté de résonance fait office d'instrument de percussion destiné à scander comme il faut le répertoire – désormais parisien – de Georges Brassens.

Entre-temps, la bombe Trenet a éclaté avec une belle violence. On a tout pris dans les tripes, mais c'est la tête qui bouillonne.

Alors, de jour en jour, le tour de chant s'étoffe et se bonifie.

Puisque la chanson, c'est Paris – il n'y a pas à discuter –, le mieux serait encore d'intéresser l'un ou l'autre copain à tenter l'escapade avec lui.

Sous couleur de malédiction, la chance va encore servir le bonhomme.

La bande est fortement soudée. Si Georges n'en est pas le meneur, il en est sans conteste l'animateur. Les autres : Delpont, Loulou, Laville, etc., suivent le mouvement. Mais il en est d'autres qui voudraient bien goûter à des boissons un peu plus violentes.

On vit à une époque où, hormis chez les Brassens, le père est le seul maître à bord, où les enfants espiègles sont promis à la potence, surtout si l'étude les indiffère, où la bourgeoisie veille jalousement sur ses prérogatives, en appelant, à la moindre alerte, la maréchaussée pour les défendre.

Elvira, pour l'instant, se prend à échafauder des rêves d'avenir pour son fils : « S'il marche bien, on en fera un médecin; sinon il sera employé de la gare! » Attention, pas cheminot; celui-ci a toujours la salopette tatouée d'huile et de cambouis. Employé de la gare! C'est le particulier qui officie souverainement dans les bureaux, derrière les guichets, en blouse blanche, en col, en cravate; il a les mains impeccables. Pour une repasseuse à domicile, c'est le Pérou : ce monsieur-là est son maître... Par respect filial, Brassens réservera plus tard, dans une chanson polissonne, une petite place au chef de gare, qui venait jadis partager la soirée des Brassens.

Pendant ce temps-là, les cerveaux brûlés de la

bande, les amateurs d'alcools brûlants, sont en train de préparer leurs ingrédients.

On a décidé, comme ça, de dérober aux parents quelques objets de valeur, des bijoux de préférence, de les écouler de quelque façon, afin de se constituer un magot, ou plutôt une cagnotte, qui permettra de mener la grande vie : les femmes, les palaces, les bagnoles!

Une bêtise un peu poussée! Pas de quoi fouetter un chat, en réalité!

Mais la bonne société de l'époque ne l'entend pas de cette oreille, et c'est une oreille qui a celle de la justice.

Après quelques péripéties, même pas dignes d'un feuilleton de patronage, la bande est arrêtée et placée proprement sous les verrous. On a mis la main sur des gredins, on en profite : pas question de passer l'éponge.

Georges est incarcéré avec les autres. S'il n'était pas très chaud pour ce genre d'entreprise, il a néanmoins emprunté une bague ou un collier à sa sœur, afin de ne pas jouer les trouble-fête. Il s'est solidarisé au prix d'une pirouette et du bout des dents. Il ne sait pas dire non...

N'empêche il sera jugé comme tout un chacun, et montré du doigt, après avoir subi les foudres de la justice.

En outre, comme les autres délinquants, il sera jeté à la porte du collège.

On ne plaisantait pas avec les principes, en 1938.

En bref, la blague estudiantine a viré au tragique.

Certains ont prétendu qu'à la sortie du tribunal, la foule criait « A mort » à l'adresse des coupables. C'est peut-être pousser un peu loin le bouchon. D'accord, les bourgeois de Sète n'étaient pas moins cons que les autres, mais de là à en appeler à la peine capitale pour quelques grivèleries, pour une farce moins innocente qu'à l'accoutumée... Et je ne crois pas plus que Brassens ait eu besoin de cette regrettable aventure personnelle pour écrire, comme on l'a prétendu, *la*

Messe au pendu. Faut-il à ce point limiter ses idées à sa seule expérience? Par contre, je ne serais pas étonné du tout si le juge, que « le Gorille » fait si lestement passer à la casserole, n'était autre que celui-là qui avait confondu une plaisanterie de garnements avec un cambriolage en bonne et due forme. Brassens, pour le coup, ne lui a pas accordé le bénéfice du sursis : les poètes ont des fois la dent plus dure que les magistrats...

Brassens s'est souvenu vingt-cinq ans plus tard de ses démêlés avec la justice, ce qui nous a valu une émouvante chanson qui est en tout point conforme à la vérité historique : *les Quatre Bacheliers*! D'où le père sort magnifié.

Interdit de culture, Georges Brassens est embauché par son père en qualité de gâche-mortier; ça l'amène d'aventure à se livrer au ramonage comme un quelconque héros d'Hector Malot.

Sa nouvelle condition n'exalte pas Brassens et les rêves d'évasion prennent de plus en plus de consistance.

Ici, non seulement la chance se fait un peu tirer l'oreille, mais encore elle tourne carrément le dos à Georges.

La guerre d'Espagne – avec son cortège de réfugiés qui transitait souvent par Sète – a été une répétition idéale pour les dictatures. A peine est-elle terminée que les rumeurs d'un conflit plus large et plus musclé s'intensifient, alimentées par des réalités fort concrètes qui ont noms : Hitler, Mussolini, Munich, Sudètes, Dantzig...

Le pessimisme n'était pas outrancier : le 3 septembre 1939, la France entre en guerre contre l'Allemagne, qui a envahi la Pologne.

Adieu veaux, vaches, cochons, couvées, Alésia! Il va falloir se tenir peinard près de sa pelle et de son hérisson.

Mais le piano droit de la tante Antoinette s'avère le plus fort.

En février 1940, donc en pleine guerre – mais il serait exagéré d'affirmer que, pour l'instant, elle fait rage – Georges part seul. Seul, puisque les autres : Loulou Bestiou, Henri Delpont, etc., pèsent le pour et le contre, hésitent, ajournent leur décision. Malgré les jérémiades de sa mère, et avec l'acquiescement de son père (qu'il fasse ça ou qu'il peigne la girafe!), à l'âge de dix-huit ans et des poussières, Brassens monte à Paris. A la rencontre de son destin, comme dirait Zitrone dans une belle envolée.

Bien évidemment, il débarque chez la tante Antoinette, rue d'Alésia, qui consent à l'héberger à la condition expresse qu'il gagne sa croûte.

La réalisation d'un beau rêve vaut bien quelques concessions : Georges accepte, d'autant que, le boulot terminé, il retrouvera le piano droit.

Quarante ans plus tard, il fera de cette escapade le point de départ d'une fable mélancolique :

J'avais dix-huit ans
Tout juste et quittant
Ma ville natale
Un beau jour, ô gué
Je vins débarquer
Dans la capitale
J'entrai pas aux cris
D'« A nous deux, Paris »
En Ile-de-France
Que ton Rastignac
N'ait cure au Balzac
De ma concurrence

L'aspect autobiographique de la chanson s'arrête là : en trois ricochets, la mémoire a restitué l'événement.

Donc, Georges se met au boulot.

Il commence par s'engager dans un atelier de reliure, où il ne fait d'ailleurs qu'entrer et sortir : sans doute les livres qu'on lui donnait à rhabiller étaient-ils de médiocre qualité!

En tout cas, il fallait que les raisons fussent péremptoires pour qu'il préférât aller s'embaucher comme manœuvre chez Renault à Boulogne-Billancourt.

Quand Loulou Bestiou vient rejoindre notre pionnier en mai 1940 (on remarquera qu'ils ont admirablement choisi leur moment), il ira tout naturellement, comme Georges, se présenter chez Renault.

Le 3 juin, l'aviation allemande bombarde Paris et plus précisément Billancourt. Il y a de gros dégâts et de nombreuses victimes. Loulou n'était pas de service; pas plus que Georges, qui jouait du piano rue d'Alésia et ne s'est rendu compte de rien.

Huit jours plus tard, devant l'insistance et la précision des périls, ils décident de regagner Sète. A pied, jusqu'à Melun. De Melun à Laroche, dans un wagon de charbon, qui doit donner à Georges des idées récurrentes de ramonage. De Laroche à la ville natale sur le marchepied d'une voiture de troisième classe.

On a beaucoup glosé sur la pagaille qui régnait dans le Midi à cette époque-là. On a fortement exagéré puisque nos deux Parisiens de fraîche date, inscrits à Sète comme réfugiés, touchent l'allocation quotidienne de dix francs. En bonne et due forme. A l'époque, l'anisette coûte un franc cinquante...

L'Histoire hasarde encore quelques hoquets et c'est le cessez-le-feu.

Après trois mois d'errance le long des canaux, de baignades à la Corniche et dans l'étang de Thau, sans doute de parties fines dans les garrigues-saunas, d'une existence somme toute peu habitée, Georges se languit de Paris, d'Alésia, de la tante et du piano. Il pourrait reprendre à son compte le vers – du concours de Blois – de maître Villon : « En mon pays, suis en terre lointaine. » D'autant qu'au contact du prolétariat de chez Renault, il a complètement perdu son accent. Ce sont des choses que les autochtones ne vous pardonnent que si vous êtes « arrivé ».

En septembre, Georges remonte donc à Paris, non plus sur le marchepied d'un convoi débraillé, mais dans un train régulier, ou presque. Son billet de troisième classe lui donne droit en toute légitimité au petit frisson matinal entre Dijon et Laroche.

Il retourne chez la tante Antoinette, mais il ne sera plus question ni de Boulogne-Billancourt, ni de Renault, ni de boulot. A époque exceptionnelle, mesures exceptionnelles!

Et après tout, n'est-il pas revenu pour la Chanson?

« C'est l'époque, avouera-t-il plus tard, où je me croyais du génie. »

En réalité, il y avait au fond de lui une jolie étincelle qui ne demandait qu'à ce qu'on soufflât dessus pour se transformer en brasier.

C'est à « souffler sur cette étincelle » que Brassens va s'appliquer de l'automne 1940 à l'hiver 1943.

Vue du dehors, cette époque, plus que les autres encore, paraît dénuée d'extravagances. Certes, il faut bien dégorger ses humeurs et, à Alésia comme à Sète, les filles à tout le monde ont bon cœur. Pour le reste tout se passe entre Georges et Brassens : l'apprenti artisan fait ses gammes au propre (le piano droit...) comme au figuré, il écrit des chansons qui ont les yeux bleus, les cheveux et le chapeau de Trenet, il peaufine, mine de rien, son outil poétique en lisant et en écrivant des poèmes : *Des coups d'épée dans l'eau* au titre prophétique, *A la venvole*, qui paraîtra à compte d'auteur dans l'indifférence générale, en ébauchant un roman.

Plus tard, il jugera tout cela « sans intérêt », et il aura raison. Il n'y a rien à retenir de ces bégaiements laborieux, si ce n'est l'obstination du jeune homme.

Elle n'aura pas été inutile : en fait, entre 1940 et 1943, Brassens se purge, il élimine les scories. Bien entendu, il ne le saura que dans quelques années : lorsqu'il aura à sa disposition un métal noble.

En 1943, mise sur pied du S.T.O. (service du travail obligatoire) en Allemagne *of course*!

Georges Brassens est convoqué le 5 mars à la gare de l'Est. Trois jours de valse-hésitation (ira, n'ira pas), et le 8 mars, c'est le grand départ.

Il échoue à Basdorf, près de Berlin.

Tout – ou presque – a été dit sur cette époque du S.T.O., notamment par André Larue qui fut son compagnon d'exil.

Encore une fois, sans rabâcher, j'aimerais quand même insister sur deux faits de belle importance.

D'abord, à Basdorf, l'ami Georges continue d'écrire et de composer, ce qui est bien la moindre des choses, mais en outre il se produit volontiers en public devant ses copains de baraquement. Il fait face au public : un public sensiblement plus large que celui des potaches sétois. A une époque où il ne songe pas le moins du monde à défendre lui-même ses chansons sur les tréteaux, ces premières exhibitions ont quelque chose de piquant, voire de prometteur.

A mon sens, l'événement le plus important est la rencontre d'un être attachant et curieux, aux réactions souvent imprévues : Pierre Onteniente. C'est lui qui, pendant plus d'un quart de siècle, va être le compagnon des bons, des moins bons et des mauvais jours, qui va devenir, dès 1956, le légendaire « Gibraltar » – l'obstacle obligatoire à franchir avant d'aborder Brassens –, le Sancho Pança de ce Don Quichotte insolent, le fidèle écuyer, l'ami inconditionnel, l'alter ego, le veilleur de jour et de nuit, la mère poule, l'ange gardien, le secrétaire, le ministre des Finances, celui qui sait exactement ce qu'il faut dire à Georges et ce qu'il faut – ou qu'on peut – oublier, etc.

Pierre « Gibraltar » Onteniente a joué dans la vie de Brassens un rôle non seulement important, mais tout à fait capital. Indispensable.

Grâce à lui, Georges Brassens a pu mener une carrière d'homme public, en sauvegardant l'essentiel :

cette part de solitude, sans quoi ce qui était un plaisir fût devenu une corvée.

Georges n'aimait pas qu'on fît de subtils distinguos entre ses amis et ses « bons » amis : celui qui était arrivé de la veille avait droit aux mêmes égards, aux mêmes quolibets que les copains qui avaient blanchi sous la guitare. Pas de copains de la onzième heure sous ces latitudes!

Mais aucun des intimes de Georges ne m'en voudra si je prétends que, de tous, ce vieux « Gibraltar » fut quand même le premier des amis : pour le moins dans le quotidien. Parce qu'il fut le plus salutaire, parce que, instinctivement, il réussit à faire autour de Brassens ce minimum de « vide » nécessaire à une existence normale et sans trop de tapage. C'est « Gibraltar » qui détenait en fait la clef du royaume secret de l'amitié.

Un dernier renseignement sur l'ère S.T.O., qui a son importance : c'est à Basdorf que Brassens compose *Pauvre Martin* et *Bonhomme*, deux chansons parfaites, émouvantes et qui paraissent lestées d'une expérience à toute épreuve. L'auteur a vingt-trois ans! Il a terminé son purgatoire.

Au début de l'année 1944, les Allemands accordent une permission de quinze jours aux S.T.O. ayant un an de séjour en usine; ils doivent réintégrer leur camp la quinzaine révolue, faute de quoi il y a un copain – le double – dont la permission sera purement et simplement supprimée. Ceux qui restent en Allemagne sont en quelque sorte des otages. Qu'à cela ne tienne, les « doubles » malchanceux conseillent aux heureux élus de ne pas revenir : « Ne soyez pas cons. Ne rappliquez plus. Planquez-vous. Nous nous débrouillerons bien tout seuls. D'ailleurs, ça ne durera plus longtemps. »

Après quelques machinations, Georges réussit à obtenir son campos. Il rentre à Paris le 8 mars 1944.

Pierre Onteniente – qui a été un des plus ardents

avocats du non-retour des permissionnaires – demeurera à Basdorf. Il ne retrouvera sa chambre de Pigalle qu'en mars 1945.

Brassens permissionnaire vit quinze jours de parfait bonheur dans Paris occupé. Sous la botte ou pas, Paris, c'est quand même mieux que Basdorf. La tante Antoinette, les platanes de la rue d'Alésia, les boutiques du coin, les voisins, les amis... tout cela est, vaille que vaille, parfumé de liberté. Le « travailleur obligatoire » se met à revivre. Il songe de plus en plus à la chanson : quand l'occupant aura tourné le coin, il y aura des places à prendre. Il est ambitieux comme on l'est à vingt ans et quelques. Ces vingt ans-là ont souvent la vie longue.

Quand le temps du congé est révolu, Georges ne regagne bien sûr pas Basdorf. Il entre, en quelque sorte, dans la clandestinité. Pas question pour le réfractaire de se terrer chez la tante Antoinette où il constituerait une proie facile pour les services de police allemands.

N'importe, il y a, dans l'impasse Florimont, une amie de la tante Antoinette que Georges connaît fort bien (elle lui expédiait des colis en Allemagne) et qui consent volontiers à héberger l'« insoumis ».

Il s'agit de Jeanne Le Bonniec (la « Jeanne » : celle de *la Cane*), une modeste couturière, qui vient d'épouser, en 1943, Marcel Planche, lui-même peintre en carrosserie (« l'Auvergnat », c'est lui ou presque...).

Leur logis est plus que rudimentaire, mais cela ne gêne absolument pas Brassens, puisqu'il est toujours situé dans le XIVe arrondissement, « le seul endroit au monde où on puisse vivre ». En fait, Georges n'a eu que la rue à traverser pour entrer dans la clandestinité, passive on s'en doute. Il devra donc, en théorie, demeurer dans le ghetto de l'Impasse jusqu'à la libération de Paris.

Il a été beaucoup question de l'impasse Florimont à propos de Georges Brassens, et notamment lors de sa mort. Beaucoup trop. Des journalistes en mal de pittoresque l'ont évoquée avec complaisance comme si elle résumait toute l'existence du poète.

Peu soucieux de verser dans la brassénologie archéologique, je m'attarderai peu dans cette venelle, qui ne m'est pourtant pas moins chère qu'à d'autres.

Il ne m'est pas, pour autant, possible de la passer sous silence : elle constitue, en quelque sorte, la pierre d'angle de la vie et du destin de Brassens. C'est à partir de là que, pour lui, tout s'est joué.

Le mot « impasse » a été proposé par Voltaire qui entendait le substituer à celui de cul-de-sac, jugé sans doute trop roturier, voire infamant.

En fait, l'impasse Florimont n'aurait rien de voltairien si elle n'avait abrité ce particulier moustachu qui s'est beaucoup nourri des écrivains du XVIIIe et se régalait à la lecture de *Candide*, des *Contes*, des lettres du philosophe. Prosélytique comme pas deux, en juin 1977, il me força d'accepter les quatre volumes de la correspondance de Voltaire, parue alors dans la Pléiade : pour être sûr que je ne passe pas à côté. Il n'était pas bon de lui résister dans ces cas-là. D'ailleurs, on n'y songeait même pas.

Pour le reste, l'impasse Florimont appartient à une réalité fort terre à terre et il faut vraiment des effluves de légende pour venir l'embaumer. La légende, Brassens la construit de toutes pièces, malgré lui : son naturel et son indifférence totale aux choses bassement matérielles y suffisent.

L'Impasse, c'est à la fois le temps des vaches maigres et de la réussite.

C'est une manière de « cour des Miracles » où la dernière bohème, que les bagnoles sont en train de chasser, va se donner rendez-vous à l'ombre d'une moustache tendre et frondeuse. Le cénacle va s'élargir quelque peu avec le temps, mais pas trop : la bénédiction de Georges n'est pas suffisante, il faut aussi celle de Jeanne. Les plus huppés des paroissiens hantant ces lieux, qui ne sont pas les moins chahuteurs, s'appellent : Jacques Brel, Guy Béart, René-Louis Lafforgue,

Roger Riffard (1), René Fallet, Jean-Pierre Chabrol et quelques autres, parmi lesquels un sportif : Eric Battista, qui est venu céans faire trois petits sauts et puis est resté, et aussi un Niçois : Louis Nucera, qui n'est pas encore écrivain.

Bref, cette ruelle sans le moindre blason a conquis de haute lice sa place dans la chanson et dans les lettres.

Mais nous n'en sommes pas encore là.

C'est ici, à partir de mars 1944, que Brassens va continuer d'affiner son outil, en dévorant des centaines de bouquins, en se gobergeant de poésie, en se barbouillant de jazz et de chansons : il a tout son temps, puisque, jusqu'à la Libération, la rue lui est interdite.

C'est vraiment à cette époque que le verbe va se hisser, de façon consciente et résolue, à la hauteur de la musique.

C'est ici que, plus tard, il grattouillera sa première guitare en martelant le parquet de sa chambre d'un pied si déterminé que le plancher en a gardé le percutant souvenir.

C'est d'ici que, la liberté recouvrée, il va partir pour de sauvages traversées de Paris, à la quête de filles, de copains, de scènes de rue et de parfums, de tout ce qui donne vie et saveur au plus modeste des quartiers.

C'est toujours de cette époque de l'Impasse que datent les activités anarchistes de Brassens et son adhésion au *Libertaire* où il se fera quelques amis, quelques ennemis aussi, et trois pseudonymes : Gilles Corbeau, Pépin Cadavre et Jo la Cédille (c'est ainsi qu'il signait sa rubrique de grammaire).

Devenu célèbre, il n'estimera plus, même s'il a gardé intacte sa foi anarchiste, pouvoir se référer à ces moments-là. Il se méfiait des « lézards universitaires (2) » et aussi de quelques autres. Il entendait ainsi

(1) Mort le même jour que Georges Brassens, et enterré à la même date. Jolie preuve de fidélité...
(2) Le mot est de Giono.

rester fidèle à son public qui l'avait accueilli en tant que Brassens, un point c'est tout.

C'est encore et toujours à partir de la ruelle du XIVe qu'il a couru les maisons de disques et d'édition, dont les portes se refermaient presto devant ce particulier peu conformiste, hirsute et chevelu comme on ne peut pas l'être.

C'est enfin de la fatidique Impasse – le mot n'est pas trop fort – qu'un soir de mars 1952, il s'en est allé, armé d'une guitare prêtée par Jacques Grello, gauche, timide, presque honteux, pour auditionner « chez Patachou » qui fait confiance aux jeunes talents. Les espoirs de Brassens étaient bien maigres.

Trois mois plus tard, tout Paris le connaît; un an après, toute la francophonie.

Jamais succès n'a été plus foudroyant. Une soirée « chez Patachou » et c'est l'explosion, la traînée de poudre, le tam-tam africain, la gloire!

Exactement le contraire de Jacques Brel qui, quelques années plus tard, avant de rencontrer le succès, essuiera les plâtres pendant un lustre : « Je n'en finis pas de débuter », se lamentait-il; et il serait retourné « s'encartonner » dans l'usine paternelle si l'ami Brassens, consulté dans sa tanière florimontoise, ne lui avait conseillé de prendre encore quelque patience : « Le public est absent pour le moment en ce qui te concerne. Mais, un jour ou l'autre, ça doit marcher... » Ça a marché pas mal.

En fait, dès 1953, l'année où meurt Staline (il n'y a pas de place pour deux moustaches sur cette planète), Brassens s'est fait quelques ennemis parmi les jocrisses, les chaisières et les bien-pensants, c'est-à-dire ceux qui ne pensent pas, mais il s'est constitué une brochette autrement fournie de copains parmi les amoureux de poésie, de verbe héroïque, de musique faite à l'ancienne, de rythmes vaillants et de liberté.

Ce « frisson nouveau » a pris son essort à l'Impasse.

C'est de là que, chaque soir, il va s'en aller vers les

« Trois Baudets », où il débute le 19 septembre 1952, vers « La Villa d'Este » où il lui arrivera de quitter la scène devant le comportement grossier et suffisant d'une certaine clientèle (quitte à donner son récital, assis sur la cuvette du W.-C., devant des Belges – eh oui! – qui s'étaient déplacés pour le voir et étaient déçus de ne pas pouvoir assister à son tour à cause de ces gougnafiers), vers les concerts Pacra, vers le « Vieux-Colombier »; et, peu après, vers l'Olympia et Bobino.

Lui qui avait rêvé faire de la chanson cousue main, de la belle chansonnette artisanale, tout seul dans sa chambrette, voilà que, par la force des choses, il est obligé d'aller se produire sur les tréteaux, de se jeter à l'eau, de « montrer son cul ». Il le fera avec une telle politesse, une telle décence qu'on ne s'en apercevra même pas.

Grello lui a prêté une guitare, Patachou une scène, Jacques Canetti va lui offrir de faire un disque. Ça n'ira pas sans mal chez Polydor. Frisson nouveau ou pas, Canetti doit mettre le paquet : on enregistre Brassens ou il quitte la firme.

Canetti adore Brassens, il a flairé toute la classe du bonhomme, l'originalité de son talent. Il n'y a qu'une chose qui le dérange en lui : son nom!

– Georges Brassens, ça n'est pas un nom. Ça ne marchera jamais. Les gens ne le retiendront pas.

– Ah, bon! Et Rimski-Korsakov alors? rétorque Georges.

– Ça n'est pas la même chose. Là, on est dans le classique : ça supporte la consonance étrangère, le classique! La chanson française demande un chanteur au nom bien français.

– Eh bien! si ça n'est pas Georges Brassens, ce sera Pépin Cadavre...

Voilà pourquoi Georges a connu la célébrité sous son patronyme. La tolérance n'exclut pas l'obstination.

Le moins qu'on puisse dire, c'est que cette célébrité

ne lui est pas montée à la tête. Ça n'est sûrement pas pour des bravos et quelques ducats que Brassens va changer ses habitudes et transporter ses pénates dans un quartier galonné. Il demeurera avec sa guitare, ses chansons, ses pipes, entre Jeanne et Marcel, auprès des chats, d'une cane, d'une pie, d'un perroquet... L'auberge du bon Dieu tient aussi de l'arche de Noé.

Il y a simplement que, les contrats se succédant et la cote de Georges ne cessant de croître, ses moyens vont lui permettre d'améliorer quelque peu l'ordinaire, d'acheter la maison de ses hôtes.

Marcel mort, Georges Brassens n'abandonnera pas les lieux. Il ne le fera d'ailleurs que sur l'injonction de l'événement : en 1966, lorsque Jeanne se remariera, à l'âge de soixante-quinze ans, avec un quidam de moitié son cadet. Il ne reviendra qu'une seule fois dans la maison de l'Impasse : le 22 octobre 1971, lorsque les copains, Sétois exceptés (et pour cause), fêteront les cinquante ans de Georges. A l'époque, elle était occupée par un comédien suisse, Armand Abplanalp, à qui Georges l'avait prêtée depuis la mort de Jeanne.

On peut se demander pourquoi cet homme adulé, aimé, estimé, passé du jour au lendemain de l'état de besoin et de dépendance à une fort belle aisance, pourquoi cet artiste propulsé au faîte du succès, d'une gloire sans précédent, est resté attaché à cette impasse que beaucoup qualifieraient de sordide, à ce cul-de-sac sorti d'un méchant roman populiste, à cette cour bordélique qui, pour avoir son charme et son pittoresque, n'était pas pour autant l'antre de l'ordre ni le repaire du bon goût.

Bien évidemment, Georges Brassens a toujours été trop préoccupé par son petit théâtre intérieur pour accorder beaucoup d'importance au décor. « Je ne me sers pas tellement de mes yeux », avait-il coutume de répéter, quitte à ajouter : « si ce n'est pour regarder ceux des autres. »

A mon sens, cela va plus loin. On risque peu de se tromper si on affirme que c'est avant tout par souci de gratitude, par amitié que Brassens s'est refusé à déserter l'Impasse; c'est pour obéir à un sentiment chaleureux, qui l'habitait naturellement, et qui a tendance à être de plus en plus rare en ces temps où l'égoïsme se fait polaire et où la pseudo-sincérité vire volontiers à la goujaterie : par fidélité!

D'origine modeste, il ne se sentait jamais si bien que parmi les siens. Les siens ne s'y sont pas trompés.

Tout compte fait, l'impasse Florimont n'était pas si éloignée qu'on l'imagine de la rue de l'Hospice à Sète.

Nous étions donc en 1953 : nous y resterons. Le reste est archiconnu, rebattu, banalisé. La presse, la radio, la télévision ont escorté Brassens tout au long de sa carrière. Les trompettes de la renommée ont retenti comme il le fallait. Avec quelques inévitables fausses notes...

A part l'un ou l'autre de ces événements qui font cicatrice et qui balisent le quotidien, la vie de Georges Brassens, toute simple, est facile dès lors à embrasser.

Chaque année d'abord, il y aura l'Olympia et Bobino, puis une tournée en France, suivie de quelques excursions à Bruxelles, à Anvers, en Suisse. D'aventure une tournée en banlieue. A deux ou trois reprises, celle des « Tréteaux de France » de Jean Danet.

Avec le temps, le solennel Olympia sera sacrifié au modeste Bobino, parce que c'est « l'usine » du quartier et qu'il préfère le populo du XIVe. Haute fidélité!

Bobino, donc, tous les deux ans, puis tous les trois ans. Avec le temps, Brassens – qui continue de peaufiner ses chansons – redoute de plus en plus, non pas tellement la scène, mais les servitudes qu'elle implique : radio, télé, autographes, relations, etc. Et puis, il a assez de fric, il ne veut pas trop en gagner.

En 1956, un film : *Porte des Lilas* de René Clair, d'après un roman de Fallet : *la Grande Ceinture*! Georges Brassens y est meilleur qu'on eût cru, il séduit, et pas seulement parce qu'il chante; il est vrai qu'il y joue son propre personnage. Pendant le tournage, il s'emmerde comme il n'est pas permis : on ne l'y reprendra plus.

En 1966, six semaines au Théâtre National Populaire, avec Juliette Gréco pour « préparer la salle ».

En vingt-cinq ans, trois récitals, pas un de plus : au Canada, à Bruxelles (Gala de l'Amitié, le 30 janvier 1965), au Pays de Galles pour obliger son ami Collins.

Une tournée exceptionnelle de vingt jours en Belgique, en janvier 1973, juste après Bobino, parce que c'est un pays qu'il aime bien : « La douane passée, j'y suis chez moi! »

Voilà pour le métier.

Pour le reste, il se déplace peu : une ou deux visites par an à Sète, les vacances à Lézardrieux dans une villa familière qu'il a acquise depuis 1970 sur les bords du Trieux. Les voyages les plus fascinants, mais les plus périlleux, se passent à l'intérieur, où bout la marmite de la sorcière; l'ébullition y est perpétuelle, le couvercle n'arrête pas de tressauter, la potion lâche ses laves de partout. Brassens alors vit entre transes et bonheur. En secret.

On chercherait en vain quelque chose d'exubérant. Si ce n'est l'inéluctable. De loin en loin, une crise de coliques néphrétiques (la presse est là) vient tourmenter de façon inhumaine cette carcasse de déménageur. Il s'ensuivra deux opérations pour extraire les pierres, et une greffe de l'uretère. Depuis 1968 jusqu'en 1980, douze ans de répit, ou presque.

Un départ regrettable : de chez Jeanne, pour cause d'hyménée! Georges s'installe au « Méridien », avant de trouver ses pénates définitifs au n° 42 de la rue Santos-Dumont, dans le XVe arrondissement : presque une impasse, mais nette, claire, lumineuse. Brassens s'y trouve bien.

Et puis le cortège des morts : la tante Antoinette en 1946, la mère Elvira le 31 décembre 1962, le père

Louis en 1965 : « Les vrais enterrements viennent de commencer. » En 1968, c'est au tour de Jeanne de fermer son parapluie.

L'année précédente, Georges Brassens a reçu le Prix de Poésie de l'Académie française. Les amis triomphent. Quelques bardes aigris râlent sec. Lui s'en fout. En tout cas, il demeure les pieds sur terre et s'en tire par une aimable pirouette : « Ils me l'ont donné parce qu'ils ont cru que j'allais mourir. »

Il meurt, en fait, le 29 octobre 1981 à Saint-Gély-du-Fesc : huit jours après ses soixante ans!

Ma phrase d'élection c'est : « Il était une fois. »

Georges et Simone.
« Comme une sœur, tête coupée, tête coupée,
Elle ressemblait à sa poupée. »

A Sète avec ses parents :
« Je r'deviens petit garçon. »

« Je vivais à l'écart de la place publique... »

Georges et Pupchen.
« Et la petit' pisseus' d'en face Peut bien aller se rhabiller. »

L'Impasse à l'époque héroïque : Jeanne, R. Fallet, Agathe Fallet, Marcel, Georges, Gibraltar, Lepoil.
« Mort aux vaches, vive l'anarchie ! »

Porte des Lilas de René Clair, 1956.
« Les gendarmes, mêm' les gendarmes
Qui sont par natur' si ballots,
Se laissaient toucher par les charmes
Du joli tableau. »

« La fine fleur, l'élite du pavé,
Des besogneux, des gueux, des réprouvés,
Des mendiants rivalisant de tares... »

Impasse Florimont, sept. [1948.
« En scandant notre “ ça [ira ”
Contre les vieux, les mous, [les gras
Confinés dans leurs idées [basses. »

Loulou Bestiou et G. Brassens.
« On les a vus, c'était hier,
Qui descendaient, jeunes et fiers,
Le boulevard du temps qui passe. »

Vue de Sète, début de siècle, qui se trouvait dans le bureau de G. Brassens à la rue Santos-Dumont.
« Juste au bord de la mer, à deux pas des flots bleus. »

A l'Impasse avec Jeanne.
« Elle est pauvre et sa table est souvent mal servie
Mais le peu qu'on y trouve assouvit pour la vie. »

Henri Delpont et Georges.
« La fine fleur des écoliers. »

BRASSENS EN TRAIN DE SE TROUVER

... cette ténacité méridionale qui enfante des prodiges quand elle va en ligne droite.

HONORÉ DE BALZAC

« Ou bien dans la rue
Comme les pauvres et les chiens. »

En 1952, quand Georges Brassens débute dans la chanson, il a trente et un ans et son art est consommé (1).

Si nous connaissons aujourd'hui à peu près tout sur cet art, par contre nous ignorons tout de l'évolution de Brassens dans ce domaine, et notamment durant cette période cruciale qui s'étend de son adolescence à l'enregistrement de son premier disque, dont le succès fut immédiat et exceptionnel.

Ou plutôt, nous ignorerions tout, si deux textes du jeune Brassens n'étaient arrivés jusqu'à nous : un roman, *la Tour des miracles*, et un poème dialogué, *les Amoureux qui écrivent sur l'eau*, qui nous renseignent sur son cheminement, ses tâtonnements, ses hésitations, etc.

Deux textes où Brassens fait ses gammes, se cherche et où il est en train de se trouver.

Bien entendu, il faut les aborder avec une grande disponibilité d'esprit, c'est-à-dire en faisant le plus possible abstraction de Brassens-auteur-de-chansons.

(1) Ce chapitre est, en réalité, la préface d'un livre publié par les Editions du Grésivaudan à Seyssinet-Pariset, livre à tirage limité, qui comprend les deux œuvres de jeunesse pour lesquelles Brassens avait gardé quelque tendresse : *la Tour des miracles* et *les Amoureux qui écrivent sur l'eau.* Ce fut le dernier ouvrage de Brassens qui parut de son vivant.

Je tiens à remercier M. André Philippe, P.-D.G. des Editions du Grésivaudan, qui m'a autorisé à reproduire telle quelle cette préface.

Et, paradoxalement, ces deux œuvres vont être de la plus haute importance pour la connaissance de ce Brassens-là. Dans la mesure où elles nous révèlent non seulement ses constantes préoccupations, mais aussi celles, plus éphémères, auxquelles il a décidé délibérément de tourner le dos dès lors qu'il s'est agi pour lui d'aller raconter ses histoires, guitare au poing, devant un vaste public.

On profitera de l'aubaine qui nous est offerte pour identifier des vers tout faits qui trouveront plus tard leur place dans une chanson, ainsi que des vers amorcés et des expressions trop succulentes pour dormir au fond des tiroirs. On n'aura pas de mal non plus à repérer des chansons qui se trouvent là, à l'état d'ébauche ou de gestation, et qui s'appelleront plus tard, *le Bricoleur, le Nombril des femmes d'agent de police, Corne d'Aurochs, la Jeanne, Je rejoindrai ma belle, le Testament, la Marche nuptiale*. Les plus futés débusqueront même une furtive allusion à *Comme une sœur* et épingleront trois vers qui viendront plus tard se frotter contre la jupe de *la Première Fille* qu'on a prise dans ses bras. Les familiers du petit monde de Brassens réussiront même à mettre des noms chrétiens sur ces personnages mythologiques que notre homme appelle Corne d'Aurochs, Grobidon, Planche, et d'aventure sur une certaine *Nymphe de la mer Baltique*. Et qui ne s'apercevra pas que ces gentils *« amoureux qui écrivent sur l'eau »* ont plus d'un trait commun avec ceux « qui se bécotent sur les bancs publics »?

Il y aurait, en outre, notamment à partir de *la Tour des miracles*, une étude intéressante à faire à propos du vocabulaire auquel Brassens a renoncé, et des domaines sur lesquels il a placé le panneau « interdit », quand il a opté pour la chanson. Ces sacrifices n'ont évidemment pas été consentis afin de ne pas effaroucher le public : l'ami Brassens a suffisamment prouvé qu'il ne craignait ni de choquer, ni de bousculer le bourgeois; ça l'amuserait plutôt. Et puis le public

– bourgeois compris – s'y est fait rapidement. Simplement, l'homme est très conscient qu'une œuvre n'est pas reçue du tout de la même façon par une collectivité que par un individu isolé. Une personne claquemurée dans sa lecture n'a pas les mêmes réactions que lorsqu'elle assiste à un spectacle public. Céline (*le Voyage au bout de la nuit*, par exemple) n'est pas pensable sur scène, même de nos jours. *La Tour des miracles*, non plus.

Dans une interview qui servait de préface à une édition de *la Tour*, Georges Brassens parlait de ses fautes de goût. Tout laisse à penser que, l'âge aidant (l'âge a quand même un mérite : celui d'élargir le champ de références), il eût de toute manière banni de son vocabulaire la terminologie des carabins qui a cours dans cette *Tour des miracles*. On peut célébrer, avec poésie et pudeur, le « blason » de la femme – et Brassens en a administré une preuve incontestable – mais pas en utilisant des vocables ressortissant à la clinique ou à la salle de garde.

Si l'auteur de chansons a amputé son langage de quelques mots malsonnants, c'est pour raison d'incompatibilité.

C'est pour un motif identique qu'il a délibérément mis le vers libre au rancart : la chanson et son public ont un besoin viscéral de la rime.

Au demeurant, tout le Brassens que nous connaissons aujourd'hui, celui que nous ont révélé trente années de chanson, se trouve à l'état brut, et plus qu'embryonnaire, dans ce roman que – faute d'un mot plus adéquat – je qualifierai de « surréalisant », et dans ce poème où la fantaisie jouit d'un pouvoir régalien.

Il est même probable que, si on n'a pas lu ces deux textes, on ne connaît pas tout à fait les ressources d'imagination ni l'esprit de ce truculent Sétois.

Au même titre que la qualité de la langue, l'imagination est sans doute ce qui frappe au premier chef quand on aborde ces écrits.

Brassens a de l'imagination à revendre. Il se garde bien de la revendre. Il l'utilise, et sans compter.

Elle a plus d'un tour dans son sac et ne se satisfait pas d'une trouvaille, fût-elle désopilante à souhait : elle la poursuit, la traque, la prolonge, la retourne comme on fait d'une peau de lapin, et ne l'abandonne que lorsqu'elle est vidée de sa magie.

Cette imagination s'exerce aussi bien dans le domaine des situations que dans celui des mots. Une chose est certaine, sa détermination première est de divertir, de faire rire, voire s'esclaffer. Qu'il y ait là matière à réflexion, qui oserait le nier? Après tout l'anarchisme est une position morale et Brassens n'a pas pour habitude d'enfermer sa conscience dans une valise comme le faisait le père Ubu. On découvrira donc dans ses textes, et sans trop se forcer (ainsi que dans ses chansons), des idées généreuses libertaires où ladite liberté tient une place de choix, bien évidemment; et où sont fustigées toutes les contraintes qui s'acharnent à la brimer : ordre établi, gendarmes, cléricalisme, militarisme (personnifié, si j'ose dire, ici par un « testicule du soldat inconnu », là, par un « simple spermatozoïde d'officier »), etc.

Mais, on s'en rend compte, le but essentiel est d'épanouir le lecteur. Comme chez Rabelais, comme chez Alphonse Allais!

Il est de fait hilarant, par exemple, d'apprendre que la tour des miracles a sept ou six étages, selon que le temps est calme ou qu'il vente, qu'Un Tel est cocu à l'insu de sa femme, qu'un type en train de grimper les escaliers, s'apercevant soudain que l'expression est vicieuse (on dit : l'escalier, si vous l'ignoriez), se décide illico à prendre l'ascenseur.

Notre homme excelle dans l'art de (sur)prendre les choses par où on ne les a jamais prises, d'assimiler l'expression à ce qu'elle entend cerner, d'amalgamer l'esprit et la lettre, de s'attacher au pied de cette lettre-là, de le démonter, de le remonter autrement... bref de bâtir, à partir du mot, des situations impossibles, esbaudissantes, d'un comique bougrement consolant. N'est-il pas réconfortant d'entendre un personnage s'écrier : « Ma vie privée ne regarde personne. Pas même moi »?

Si l'absurde flotte au grand mât, si le non-sens est plus dingue que jamais (notamment dans *la Tour* : d'où mon épithète de « roman surréalisant »), le mot, lui, est roi. C'est lui qui prend souvent l'idée en charge.

Nous baignons bien en plein Brassens, qui eut de tout temps – ces textes nous le confirment – le culte du verbe, parce qu'il sait, de façon innée, que l'essentiel : l'esprit, l'émotion, la sensibilité..., passe par l'alchimie du langage.

Il y a, chez Brassens, une manière d'orgueil. C'est celui de l'artisan. Orgueil de bien ajuster les mots, en les forçant à se caresser ou à se refuser (c'est pareil).

Et aussi, le culte de l'expression éclairante, savoureuse, voire archaïque, de l'idiotisme, qui sont le sel de la langue. Il les récolte, les chouchoute, et ne trouve sa satisfaction qu'après leur avoir débusqué une place bien au chaud de ses couplets et de ses refrains.

Certes, Brassens a eu bougrement raison de s'orienter vers la chanson, qui en avait bien besoin.

A se plier à la discipline du vers, à la concision du genre, il a acquis une rigueur que le prosateur, le vers-libriste n'avait pas réussi totalement à maîtriser.

Mais sans ce roman fou, sans ce poème débridé, il nous manquerait quelques pièces importantes de cette mosaïque qui compose son tempérament et en fait l'originalité.

Je vivais sur la lune...

et j' tendais la patte
aux chats perdus

G. Brassens à Bruxelles en 1952.
« Je n'ai pas perdu mes jambes à la guerre, moi, c'est trop facile. »

Philippe Némo : « Le peuple est constamment présent dans votre œuvre... » Georges le 21 juillet 1968 à Crespières.

PORTRAIT DE CHEVALET

Les écrivains qui n'aiment pas Victor Hugo me sont ennuyeux à lire, même quand ils n'en parlent pas.

Jules RENARD

Il n'y a pas plus de génération spontanée en art, donc en chansons, que chez les êtres vivants (1).

Pourtant, lorsqu'en 1952 Georges Brassens monte sur la scène du music-hall, on ne s'aperçoit pas qu'il est l'héritier des Mireille, Jean Nohain, Piels et Tabet, Jean Tranchant et Charles Trénet. Fils de personne!

Ce n'est qu'avec le recul que la filiation a pu s'établir, et surtout, avouons-le, parce que l'intéressé ne s'est jamais fait faute de payer son écot à ses prédécesseurs.

On imagine mal aujourd'hui l'émotion que suscita, au début de ces années 50 un tantinet aseptisées, l'irruption sur les tréteaux de ce personnage « hir-

(1) Il s'agit du portrait que Georges Brassens m'avait demandé de brosser pour introduire un livre « qui n'a pas eu lieu ». Il l'avait agréé : je n'en ai pas changé un mot.

sute » et déconcertant. Une bombe! Un coup d'Etat! « Une émeute », dira René Fallet.

Plus qu'une tradition, c'est une rupture qu'il consacrait. Il jetait aux orties le rituel séculaire du métier : il ne saluait pas, se déplaçait d'un bloc sur scène sans arborer le sourire de rigueur, se dandinait d'un pied sur l'autre, tournait le dos au public, suait sang et eau, allait boire sans façon une gorgée d'eau pendant les ovations, à moins qu'il ne bougonnât quelques mots dans ses moustaches, qu'on donnait comptant pour des insultes, prenait, du moins on le disait, un malin plaisir à choquer, à bousculer le public, en crachant, aussitôt après avoir troussé le madrigal, « des pleines bouches de mots crus tout à fait incongrus »... Bref, l'anticonformisme parfaitement équarri! Du travail cousu main, mais pas la moindre concession. Et la timidité n'arrangeait pas les choses. Elle passa aux yeux des plus chatouilleux pour de la muflerie. Quel ours mal léché leur proposait-on là?

Il n'était pas rare alors – je veux dire : à ses débuts – de voir, sous les assauts du verbe dru, quelque bourgeoise s'en aller d'un gros derrière pincé, un père de famille quitter la salle avec sa tribu, un ancien combattant battre en retraite, l'œil féroce, fixé en dedans sur la ligne bleue des Vosges.

Mais les autres?

Les autres, ça les réjouissait plutôt le derrière pincé des rombières, l'effarouchement des pisse-froid, le courroux de ceux de Verdun et de Dunkerque. On était là pour ça, pas vrai?

En sus, ces mots-là, ce naturel, ce refus de la risette systématique, cette opiniâtreté à garder le froc à bonne hauteur, c'était le plus beau cadeau qu'on pouvait leur offrir. Ils n'avaient pas découvert une nouvelle vedette : ils venaient tout bonnement de rencontrer un vrai copain.

Ah! que nos cœurs ont été fous!

Je gagerais que, sur plus d'un quart de siècle, Brassens n'a pas perdu un seul ami, hormis ceux-là qui s'en sont allés au cimetière. Par contre, parmi les dragons de vertu et jocrisses de nos « batailles d'Hernani », j'en connais quelques-uns qui, mine de rien, ont rejoint les rangs des laudateurs du « grand poète Georges Brassens ». D'autres ont gardé la mine dépitée de ceux-là qui ont loupé le train. Et, bien sûr, il en est enfin qui s'enferrent dans l'indignation et l'incompréhension. On ne peut plaire à tout le monde et à son père.

Brassens eut donc d'abord autour de lui – aux « Trois Baudets » notamment – un noyau de supporters; mais c'est très rapidement qu'il réalisa ce rêve de tout artiste de music-hall, de théâtre, de cinéma : remplir les salles!

Ainsi, dès les présentations, le public fit le premier pas, Brassens fit l'autre. On connaît la suite.

RUPTURE, RÉUSSITE ET MATURITÉ

J'ai parlé de rupture. Il a semblé très tôt aux plus attentifs des gens de ma génération (donc, de la sienne) que ce que Brassens apportait de neuf à la chanson supplantait, et de loin, ce qu'il avait gardé des éléments traditionnels. Nous avions besoin d'une chanson différente : nous la tenions.

Ce qui est unique, en tout cas, dans les annales du métier, outre cette réussite quasi instantanée, c'est la maturité de l'homme : dès ses débuts, Georges Brassens sait exactement où il va, il a senti et compris tout de suite ce qu'il voulait faire. Il n'entendra jamais rien faire d'autre.

Son adolescence ayant coïncidé avec le succès de Charles Trenet, le jeune Brassens avait bien sûr écrit alors des chansons inspirées par le style du « fou chantant »; sur des musiques guillerettes, elles ajustaient des paroles bien intentionnées mais maladroites. Péchés de jeunesse, qui furent tôt oubliés. De toute façon, ces brouillons-là ne quittèrent le tiroir que pour être détruits.

Dès ses vingt ans, Brassens fait du Brassens!

Son premier disque (un 25 cm) est éloquent à ce sujet : l'auteur-compositeur-interprète s'y révèle en pleine possession de son art et de sa personnalité, en manière telle qu'on peut affirmer que toute l'œuvre de Brassens se trouve là, en puissance, dans ces huit chansons. Une simple énumération suffit à le prouver : *la Mauvaise Réputation, le Fossoyeur, le Gorille, le Parapluie, la Chasse aux papillons, Corne d'aurochs, Hécatombe,* sans oublier le poème mis en musique qui deviendra traditionnel : ici, c'est *le Petit Cheval* de Paul Fort.

Tout y est : la présence de la voix, le dépouillement exemplaire de l'accompagnement, la « pompe », naturellement, l'originalité des musiques, la rigueur poétique de la langue – que les situations, voire quelques termes un peu hardis, mettent d'aventure mieux en lumière (*le Gorille* par exemple est un modèle de classicisme sur un sujet pour le moins inhabituel, même scabreux) –, les préoccupations morales et sociales, les grands thèmes : le refus des lois, des contraintes et des gendarmes, l'amour, la mort, la paillardise, l'individualisme parfumé d'anarchie, la liberté...

On me rétorquera qu'il vient d'être question de vingt ans et que la carrière de Brassens ne débute qu'à trente et un ans. C'est oublier que toutes ces chansons-là et pas mal d'autres ont été écrites et composées entretemps : pendant la période S.T.O. en Allemagne, puis à Paris où Brassens lutine alternativement la muse et la « Musette »... Ainsi *Pauvre Martin*, qui appartient au deuxième microsillon de 25 cm, et *Bonhomme* qui figure sur le cinquième datent de l'époque du travail obligatoire en Allemagne. Le poète à vingt-deux ans possède sa langue, sa petite musique, sa morale, et il semble bien qu'il n'ait plus rien à apprendre de l'humaine condition.

On remarquera aussi qu'il existe chez Brassens, et

dès ses débuts, cet équilibre exact entre l'intelligence et la sensibilité avec quoi se font les chefs-d'œuvre.

Le premier café du matin

La nature a été aimable avec Georges Brassens. Elle l'a pourvu d'une voix singulière, reconnaissable entre toutes. C'est une voix qui ne triche pas. Venue, sans se pousser et avec l'évidence des beaux météores, des profondeurs où l'amitié a la tripe anarchisante, elle est réconfortante comme le premier café du matin. On la dirait volontiers fraternelle, si le mot n'avait été tant galvaudé. C'est celle du copain qui vous raconte sa petite histoire, les mains dans les poches. De toute façon, pour les oreilles qu'elle s'est choisies, sa sobriété, sa sonorité sont irremplaçables. Et, avec le temps, cette voix plutôt mâle s'est parée dans l'aigu de coquetteries auxquelles ne resteront insensibles que « les oreilles de lavabo » dont parle René Fallet. Il y traîne, en outre, suffisamment de rocaille et d'arrière-fond d'accent languedocien (très, très loin) pour qu'on soit bien persuadé qu'elle n'a pas une heure d'académie à faire valoir. Pas de chichis pour les amis, qui considèrent que Brassens est déjà tout entier dans cette voix. Portée à bout de cordes par une guitare qui a de la branche, elle a en outre la politesse de « détailler » la chanson comme aucune autre. C'est appréciable de savoir si le monsieur a dit « cocu » ou bien « mon cul »...

Accompagnement dépouillé

D'entrée de jeu également, Brassens opte pour un accompagnement réduit à l'essentiel. Sur scène : une contrebasse – Pierre Nicolas – qui, la plupart du temps, marque le rythme et soutient la guitare du chanteur. En studio – et notamment lors de l'enregistrement des disques – une deuxième guitare vient s'ajouter qui tisse les contre-chants.

Sans en avoir l'air, cette option est un coup de génie ou, pour le moins, une trouvaille. Brassens, à l'époque, a déjà vingt-cinq ans de chansons dans l'oreille et n'ignore pas que les orchestrations, les arrangements, soumis aux impératifs de la mode, font date très rapidement et frappent immanquablement les chansons de vieillesse prématurée. Lui, a choisi la durée, donc il limite les effets instrumentaux. Si les chansons de Brassens n'ont pas de rides, elles le doivent, pour une part, à cette sobriété de l'accompagnement. C'est ce dépouillement qui les a gardées automatiquement de cette emphase aristocratique que leur eussent conférée les orchestrations symphonisantes et, dans le même temps, les a aidées à demeurer fidèles aux vertus essentiellement populaires du rythme comme à celles de l'époque, sur laquelle plane la grande ombre du jazz (on s'apercevra un jour combien notre homme est proche de cette forme d'art).

Musiques intemporelles

Les oreilles de talent ont tout de suite senti qu'en Brassens elles tiennent un musicien. Qui plus est, un musicien qui ne se contente pas d'être inspiré : il va traquer cette inspiration en dehors des sentiers battus. A une époque où, déjà, les compositeurs avaient plutôt tendance à lorgner l'assiette du voisin pour y prélever ce qui leur convenait, l'originalité foncière des mélodies de Brassens aurait dû, en toute justice, faire l'unanimité, dans la mesure même où elles accusent des accents, des tonalités, des nuances qui, échappant aux manies des refrains dans le vent, semblent plonger leurs racines dans des territoires beaucoup plus secrets et s'abreuver aux sources mêmes d'un patrimoine lointain, ce qui leur confère quelque chose d'intemporel.

Brassens est assurément le seul compositeur français dont les airs pourraient être assortis de l'épithète « traditionnels »; c'est, à mon sens, le plus bel éloge qu'on puisse faire à un musicien.

En les écoutant avec quelque attention, on s'apercevra que les mélodies de Brassens sont délicatement ciselées et qu'elles sont si merveilleusement « creusées » qu'elles vous renvoient fréquemment à ces émois adolescents où le cœur hésite entre rire et chialer.

On a dû se rendre compte que les plus grands de la chanson nous gratifient parfois de musiques qui, comme on dit, en installent, en font des kilos; les mélodies de Brassens, elles, ne prêchent jamais.

Les musiciens et les oreilles de talent ont compris tout cela et ont rendu hommage à la personnalité des musiques de Brassens, ainsi qu'à leur diversité : quelques disques, strictement instrumentaux, enregistrés par Ray Ventura, Eddie Barclay, Oswald d'Andréa... en témoignent à suffisance.

Hélas! il y a aussi des sourds dans le Landerneau des « variétés ». L'un d'eux parle de la monotonie musicale de Brassens, parce qu'il a confondu mélodie et rythmique (la fameuse « pompe » à Brassens), une rythmique que le chanteur a voulue délibérément, non pas monotone, mais obsédante, pour que la phrase soit solidement martelée, pour que les mots sonnent mieux et soient mieux mis en valeur. D'autres sourds donnent dans le panneau et font le même amalgame. Peu enclin à la polémique, Brassens laisse pérorer et continue de remplir les salles, ce qui laisse à penser que les oreilles de talent sont malgré tout majoritaires...

Trente ans après son éclosion, *la Mauvaise Réputation* n'a rien perdu de sa pucelle juvénilité, alors qu'entre-temps pas mal de musiques de confrères ont terminé leur brève carrière dans les oubliettes du music-hall.

A n'en pas douter, cette « monotonie » des musiques de Brassens est une fable à l'usage des béotiens.

Le poète et les mots

Il semblerait quand même que les oreilles aient été plutôt conçues pour savourer les mots. Parce que, dans ce domaine, s'il n'y a pas unanimité – ce qui serait regrettable, le cent pour cent étant suspect –, on n'en est quand même pas loin, et la cote d'appréciation est impressionnante. « Brassens est un poète! » Imperturbable, notre homme refuse cette qualité qu'il juge un peu complaisante et se contente de rétorquer, non sans illuminer sa moustache d'un large sourire : « Moi, je fais des chansonnettes. »

Nous, qui n'avons pas à épouser ses scrupules, nous pouvons dire qu'à ce diapason, il n'est plus question de chansonnette, voire de chanson, mais bel et bien d'authentique poésie. Peu s'y sont trompés, et Alain Bosquet, cette exception qui – comme on dit – confirme la règle, donnerait gros, j'imagine, pour pouvoir rentrer dans sa plume d'oie quelques propos aberrants.

Lorsqu'on a, par exemple, à se mettre dans les pupilles ou dans les trompes d'Eustache une strophe de cet acabit :

Désormais le petit bout de cœur qui me reste
Ne traversera plus l'équinoxe funeste
En battant la breloque en souvenir de vous
Il a craché sa flamme et ses cendres s'éteignent
A peine y pourrait-on rôtir quatre châtaignes,
Le vingt(e)-deux septembre aujourd'hui je m'en fous,

on a la certitude qu'il s'agit effectivement de poésie et non point de sous-produit du prêt-à-porter de la chanson. Il va sans dire que ces vers ont été cueillis au hasard de la mémoire, ce hasard qui fait toujours aussi bien les choses avec Brassens.

Un poète comme il ne nous avait pas été donné d'en rencontrer dans la chanson sans doute depuis Béranger (1)!

Il convient, au passage, d'épingler le sens critique de l'auteur. Nous nous y attarderons tantôt, mais il faut remarquer ici que cet esprit critique vis-à-vis de ses propres œuvres, Brassens le possède très tôt. C'est lui qui, vers les vingt ans, informe clairement le jeune auteur de textes maladroitement démarqués de Trenet que tout ça ne vaut pas tripette et qu'il a pris jusqu'alors « pour génie un amour de rimer ». A cet âge-là, Brassens n'a que deux certitudes, mais elles sont solides : il est musicien et il est fait pour la chanson. Comme il s'est aperçu que la poésie c'est son tendon d'Achille, il va non seulement se mettre à potasser, avec une patience de fourmi (et la joie d'une cigale) tous les poètes : de Boileau à Verlaine, de Villon à Prévert, de Hugo à Apollinaire... mais aussi à s'initier farouchement à la prosodie, c'est-à-dire à l'art de faire des vers. L'ouvrier apprend à connaître son outil. Tant qu'à faire des paroles, qu'elles le soient bien! Voilà un exemple qui n'a pas tellement été suivi par la suite...

C'est l'époque de Jeanne et de Marcel, de l'impasse Florimont, des vaches maigres. Brassens grignote avidement la bibliothèque du XIVe arrondissement. Romanciers, philosophes, conteurs, moralistes, psychologues, tout y passe, mais, bien évidemment, « les poètes d'abord »!

Poète, on ne le devient pas d'autorité pour avoir lu Rutebeuf, Nerval, Rimbaud et tutti quanti. D'accord! mais voilà, c'est Brassens! Chez lui, l'effort, la patience et aussi le plaisir vont payer comptant.

Il dispose, quelque part entre la tête et le cœur, de cet alambic par où passent les mots pour être transfor-

(1) Béranger de Serge Dillaz, *Poésie et chansons*, éd. Seghers.

més en poésie, en émotion. Il ne lui manquait que la manière de s'en servir; désormais il l'a. Le voilà devenu alchimiste du verbe.

Ils sont plus rares qu'on ne l'accrédite ceux-là qui possèdent cet alambic, et notamment parmi les auteurs de chansons. Une attention quelque peu soutenue et un brin de perspicacité permettent de vérifier que beaucoup de paroliers – voire de versificateurs – passent pour poètes uniquement parce qu'ils trafiquent dans le chatoyant, parce qu'ils utilisent ce que Boris Vian appelait « les beaux mots » (souvenance, monotone, etc.), parce qu'ils misent sur la séduction des thèmes qu'ils exploitent, parce qu'ils préfèrent évoquer un arbre qu'un pylône à haute tension. Ces petites tricheries entretiennent souvent quelque malentendu. Faut-il répéter qu'il n'existe pas de mots poétiques : ça serait trop facile! La poésie – si tant est qu'on puisse la définir – réside dans l'alliance des mots, dans cette manière d'incandescence qu'ils laissent traîner derrière eux quand ils se sont frottés avec bonheur. C'est précisément dans l'alambic qu'ont lieu les noces en question.

Une chanson de Brassens, c'est toujours « une petite fête des mots ». C'est bien simple, sa tendresse a un tel talent que les mots viennent lui manger dans la main. Il nous les renvoie tout requinqués, flambant neufs comme s'il venait de les réinventer la minute d'avant pour notre plaisir, après les avoir gonflés d'émotion.

Ce sont des mots qui se sont rencontrés là au carrefour, venant des mille horizons du langage : verbe archaïque de Villon ou adipeux de Rabelais, expressions louis-quatorziennes, mots précis du XVIIIe, lyriques du romantisme, feutrés du symbolisme, tournures familières ramassées dans les sentes villageoises ou dans les caniveaux des périphéries urbaines, néologismes, vocabulaire de salle de garde, locutions fabriquées sur mesure...

Et l'argot vient piquer dans ce bouquet une fleur de pudeur. Mac Orlan, Céline, (voire Boudard) cassent la graine avec le bon La Fontaine; Villon glisse, dans un vers de Jean-Baptiste Poquelin, un mot de jargon Jobelin (pour la rime).

Tout cela donne un cru à nul autre pareil et, puisqu'il a été question d'alambic, un brassin (*sic*) au fumet plutôt enivrant.

Soit dit au passage, le verbe dru, un peu raide, venu de chez Gargantua ou de chez les carabins, dont il a truffé sa geste gaillarde a valu à Brassens une réputation plutôt comique de grossièreté auprès des jocrisses, des papelards et autres culs-bénits. Faut-il ajouter que la vulgarité n'est pas une affaire de mots, mais de ton, d'esprit et d'ambiance? La rigueur d'écriture de Brassens le met naturellement à l'abri de telles fautes de goût.

Il est certain que l'alchimie poétique n'a pas toujours lieu comme sous l'effet d'un coup de baguette magique, ainsi qu'un vain peuple voudrait le croire. Il arrive que les mots renâclent, qu'ils se marient imparfaitement, ce qui leur donne une mine tant soit peu fripée et peu avenante. L'ami Brassens s'efforce alors, avec autant de patience que de tendresse, d'éliminer les à-peu-près. Le travail chez lui consiste à gommer toute impression de labeur. C'est ici qu'intervient, dans la foulée de l'inspiration du poète, le métier de l'artisan.

On s'aperçoit, tout compte fait, que la filiation de Brassens auteur nous pousse à remonter tout autant à Ronsard, Georges Fourest et Norge, qu'à Jean Nohain et Charles Trenet.

Bien entendu, Brassens, classique par l'idée, s'est autorisé les licences que se permettent depuis toujours les auteurs de chansons, et notamment l'apocope, c'est-à-dire l'élision du « e » muet que proscrivaient les poètes à parchemin.

Par contre, il est piquant de remarquer combien ce poète de la chanson a le souci de la rime (riche, la plupart du temps), et avec quel bonheur il a réussi à faire oublier que l'alexandrin était ce « cache-bêtise » dénoncé par Stendhal, non seulement en l'escortant de musiques qui le dépouillent de sa solennité mais encore en le chargeant d'humour et de dynamite. Au besoin, il y ajoute un pied : « Le filtre magique avait tout du bouillon d'onze heures. » Ce pied supplémentaire est un aimable pied-de-nez!

Poète authentique donc, mais qui ne se prend pas au sérieux, dont la simplicité réussit à nous faire oublier les grands ancêtres à l'ombre desquels il a fait ses gammes et à nous donner ses petits chefs-d'œuvre pour de la chansonnette. Voilà pourquoi Brassens demeure aussi proche de l'ouvrier de chez Renault que du bachelier ès lettres et du bourgeois frotté d'humanisme.

LE SENS CRITIQUE

C'est ici que nous retrouvons le sens critique de l'artiste et ce qu'il faut bien appeler, quitte à le déranger un peu, son humilité.

Notre époque est féconde en auteurs-compositeurs-interprètes. Ce n'est pas faire preuve de méchanceté que d'affirmer que beaucoup d'entre eux éprouvent assez de complaisance vis-à-vis de leurs propres œuvres. C'est loin d'être le cas pour Brassens qui passe au crible ses textes comme ses musiques, avec une implacable lucidité. Si, un mois (par exemple) après l'avoir écrit, un texte lui déplaît, il le détruit, l'abandonne ou le refait complètement. On peut être assuré qu'il a jeté à la corbeille assez de vers pour assurer le succès de plusieurs vedettes de music-hall. Qui plus est : avant de présenter de nouvelles chansons au public, il tient à en soumettre les textes à trois ou quatre de ses fidèles (qui, dans le meilleur des cas, ne réussissent qu'à sauver *in extremis* l'une ou l'autre strophe que le « bon maître », s'apprêtait à « sucrer »); les musiques sont présentées à d'autres copains. On a vu, en 1969, le troisième ou quatrième jour de son tour de chant à Bobino, Brassens retirer du circuit une chanson : *le Blason*, parce que quelques-uns de ses amis avaient émis des doutes sur l'adéquation de la musique au texte et que ces réserves semblaient partagées par le public. En 1972, les paroles furent assorties d'une mélodie qui leur convenait mieux et fit le beau succès qu'on connaît. « Concession », clameront les bons apôtres, toujours soucieux d'être plus catholiques que le pape. Eh non! Tout simplement politesse vis-à-vis du public, à qui, ainsi qu'il le répète fréquemment, Brassens doit tout.

LE PEUPLE ET LES LETTRÉS

On a pu s'étonner que je parle de « supporters » venus de chez Renault, alors qu'il s'agit d'un auteur réputé savant (un autre malentendu!), qui, de toute manière, possède une langue beaucoup plus riche que n'importe lequel de ses pairs (1), dont les références mythologiques, par exemple, ne sont pas l'exception. Et pourtant...

D'abord c'est mal connaître le grand public que de croire qu'il doit nécessairement comprendre une chanson pour l'aimer, un auteur pour l'estimer. L'essentiel, en l'occurrence, se passe dans le domaine de la sensibilité et de l'émotion.

Il se fait que le public populaire, quand il a du talent, *sent* merveilleusement Brassens et ses chansons. Tout autant que les lettrés et les privilégiés de la culture.

On n'a sans doute pas assez attiré l'attention sur ce fait que Brassens se méfie des mots abstraits. On pourrait dire à la rigueur qu'il fuit comme la peste ces hochets grâce auxquels, à peu de frais, les esprits inconsistants entendent se distinguer du vulgaire et se

(1) *Le vocabulaire de Georges Brassens*, Linda Hantrais, 2 tomes. Ed. Klincksieck.

donner les gants de briller en société. Le populaire a toujours su gré à Brassens de demeurer à l'écart de cette bouillie pour les chats et de ces artifices.

Il est probable, en outre, que le peuple, plus que les autres classes sociales, est sensible à l'intransigeante sincérité de Brassens vis-à-vis de lui-même. Pas besoin d'avoir approché l'homme pour la vérifier sur pièce : elle crève les yeux et le petit écran. Brassens et son œuvre se ressemblent comme deux gouttes d'eau. Ce n'est pas courant que l'homme demeure ainsi à la hauteur de l'artiste : on en connaît, parmi les plus cotés, qui ne peuvent s'empêcher de faire du cinéma, et avec de gros sabots. Pas lui !

Les petites gens gardent une émouvante reconnaissance à ceux qui ne trichent pas. Que Brassens en bénéficie, ce n'est que justice : cet aristocrate du goût est demeuré fidèle à ses origines populaires, non seulement en évitant l'abstraction, mais aussi dans ses idées et dans ses sentiments. Les thèmes qu'il affectionne en font foi.

Tout compte fait, je me demande si, plus que par la rigueur et la poésie de sa langue, plus que par l'originalité de ses musiques, plus que par la rudesse chaleureuse de sa voix, Brassens n'a pas connu la popularité grâce à son naturel, et précisément grâce à ses thèmes de prédilection où affleure une morale solidement chevillée au quotidien, sinon à l'événement.

Une morale

Car notre homme possède une morale, cela ne souffre aucune discussion. Mais ce moraliste se trouve aux antipodes de l'esprit moralisateur : pas de leçons à donner! Pourtant, après avoir entendu les chansons de Brassens, il n'est plus tout à fait possible de regarder le monde, les hommes, les choses de la même façon.

Chacune de ces chansons est ainsi une rencontre

entre le rêve et la réalité de tous les jours ou de l'expérience individuelle.

LA LIBERTÉ DE L'INDIVIDU

Le grand mot vient d'être lâché : Brassens est d'abord et avant tout individualiste. Attention! ne pas confondre avec égoïste : c'est peut-être exactement le contraire. Car l'individu, c'est lui bien sûr, mais c'est vous aussi, c'est moi, c'est chacun d'entre nous. Fidèle à la morale anarchiste de ses vingt ans, Brassens voue un véritable culte à cet individu-là.

L'anarchiste n'étant pas, bien entendu, un terroriste, un tueur, un poseur de bombes, mais comme s'est plu à le dire Brassens à propos d'un de ses amis, « le parfait honnête homme ».

Cette morale se fonde avant tout sur la liberté. Et aussi sur la justice. Ce qui implique à la fois tolérance, générosité et tous les sentiments qui gravitent à la périphérie. Ça consiste parfois tout bonnement à se borner « à ne pas trop emmerder ses voisins », quitte à faire comme ce « Pauvre Martin » qui « creusa lui-même sa tombe... Pour ne pas déranger les gens ». De toute façon, pas plus d'aptitude à donner des ordres qu'à en recevoir!

En fait, le sentiment qui caractérise sans doute avant tout le tempérament de Brassens, c'est un sentiment dont on ose à peine encore prononcer le nom, tant il se raréfie en ces temps de profit et de technique : c'est la bonté. « L'Auvergnat », c'est lui! Nul acte chez lui n'est jamais motivé par une intention mauvaise. S'il adore « chambrer » les copains, voire les autres, c'est toujours avec une « bienveillante ironie ». Brassens accepte les gens tels qu'ils sont, quels que soient leurs défauts, leurs carences, leurs faiblesses. Cette passion pour l'humain s'accompagne inévitablement d'une répulsion instinctive à l'égard de tout ce qui tend à brimer l'individu, à le prosterner, à l'humilier. C'est peut-être le versant négatif de son œuvre (comme on dit le « négatif » d'une photo) qui est apparu de façon plus nette au grand public : ce refus obstiné des contraintes, de tout ce qui entrave la liberté. Il ne faut pas chercher ailleurs l'aversion de Brassens pour l'ordre établi et tous ceux qui le représentent : flics, magistrats, militaires, patriotards, sectateurs, bourgeois nantis, philistins, oppresseurs de tout poil – au petit ou au grand pied –, « braves gens qui n'aiment pas que... », canaille qui « crie haro sur le baudet », sans oublier bien entendu les cons qu'il n'a cessé de brocarder, simplement parce que leur bêtise, sous l'appellation d'opinion publique, constitue une tyrannie, qui, pour n'être pas toujours sanglante, n'en est pas moins insupportable.

Sa haine de la guerre (et des cocardes) est dans le droit fil du même sentiment. Quelque guerre que ce soit! On est toujours un tantinet sidéré chaque fois qu'un chroniqueur ou qu'un échotier demande à l'ami Brassens son opinion sur tel ou tel conflit, puisque aussi bien il n'a cessé de faire écho, dans ses chansons, à cette profession de foi de la toute première d'entre elles :

La musique qui marche au pas
Cela ne me regarde pas!

Il faut à tout prix respecter la liberté des individus, c'est là une des rares « certitudes » du moraliste Brassens, qui par ailleurs est plutôt enclin à une manière de scepticisme. Sûr de cette vérité, et aussi de quelques autres, il peut bien s'abstenir de les claironner, coups de menton et de talon à l'appui. Convaincu, il préfère utiliser, pour défendre sa cause, son arme favorite : l'humour, qui est l'exact verso de sa tendresse. Quitte à l'assaisonner de ces petits mots verts qui sonnaient la débâcle des fesses pointues il y a un quart de siècle.

Indépendance d'esprit

Jaloux de son indépendance d'esprit, Brassens n'entend pas se laisser confisquer par quelque secte. A chaque tentative, la réponse est sèche : une chanson ponctue son refus. Ses prises de position anarchistes des débuts lui ont valu bien des appels du pied de la part des factions politiques. La réplique a été cinglante : *le Pluriel!* Et aussi, dans un domaine assez voisin : *Mourir pour des idées*. Sur la foi de la générosité instinctive de Brassens, qu'il a prise pour une vertu théologale, un certain clergé a essayé d'annexer *l'Auvergnat*, de découvrir en l'auteur, et malgré lui, un croyant qui s'ignore (le procédé est vieux comme le monde). Notre homme y a fait opposition par des farces somptueuses qui frôlent le sacrilège : *la Religieuse* et, tout récemment *Mélanie*. On ne remet pas les gens à leur place, surtout ceux-là qui n'ont pas bien saisi vos propos, sans quelque peu les froisser, voire les vexer. Dans ces cas-là, l'outrance et la causticité sont des armes « tout terrain » dont la charge est redoutable. Et aussi l'impertinence. Si elle est l'apanage de la jeunesse, force nous est de compter Brassens-auteur parmi les perdreaux de l'année.

De toute manière, un seul parti possible : celui des myosotis!

Le refus des tabous

Sans doute a-t-on déjà remarqué que le thème de la révolte est sournoisement imbriqué dans celui de la défense de l'intégrité individuelle. Et comment en serait-il autrement dans un monde fondamentalement injuste, cupide, abject, où la tolérance et la générosité ne figurent pas souvent à l'affiche.

Face à une société où les gens au pouvoir avaient en quelque sorte codifié le langage et décidé, une fois pour toutes, quels mots étaient convenables, quels autres ne l'étaient pas, le refus viscéral de l'oppression s'est mué chez Brassens en une manière de petite sédition dans le domaine du vocabulaire. C'est ce qui nous a valu d'entendre pour la première fois sur les tréteaux du music-hall ces mots qui jusqu'alors étaient l'apanage de la rue et des étudiants... Je sais bien que c'est avant tout par plaisir, pour rigoler, que Brassens profère des gros mots. Pas n'importe lesquels, d'ailleurs, ni dans n'importe quel contexte. Mais ce plaisir est rarement gratuit. Sous la rigolade, se cachent des raisons plus profondes : le refus des tabous! Et après tout, si notre homme, dans ce domaine des mots – et dans celui-là seul –, avait annoncé mai 68? La libération des contraintes morales ne passe-t-elle pas d'abord par celle du langage?

La veine paillarde

De toute façon, quand Brassens se met à sortir des gaillardises, à manipuler la truculence, sur des musiques musclées de préférence, on a intérêt à attacher sa ceinture : quelques vérités pas bonnes à entendre pour toutes les consciences se profilent au coin des vers, des vérités qu'un certain confort moral préférerait laisser sous le boisseau. Le poète plaisante quand il entend révéler le fond de sa pensée. « C'est un modeste! »

Cette veine paillarde accuse une énorme santé et vise au premier chef à provoquer le rire, je le répète. Après tout, la chair n'est pas aussi triste que Mallarmé l'a affirmé. Elle se manifeste à la faveur de chansons d'une gauloiserie avenante qui campent des personnages sanguins, hauts en couleur, d'une seule pièce, de refrains qui retentissent joyeusement comme une claque sur des fesses affectueuses.

Naturellement ces gaudrioles et propos de salle de garde ont valu à Brassens une certaine réputation de misogynie, fabriquée de toutes pièces par des myopes qui, de surcroît, n'entendaient rien à la plaisanterie (1).

L'AMOUR ET LES CONTRADICTIONS

Car il suffit de pénétrer dans la chanson suivante pour découvrir des trésors de tendresse qui s'évertuent à porter le sentiment à hauteur respectable.

A l'égal de la paillardise, l'amour est un thème cher à Brassens. C'est une denrée qu'il convient de manipuler, plus qu'une autre, avec infiniment de précaution, sauf à verser dans la sensiblerie, la confiserie. Les fervents ne s'y sont pas trompés : ce luron est aussi un tendre, mélancolique à ses heures, qui peut passer de la fesse au cœur en moins de temps qu'il n'en faut pour le dire. Et vice versa.

On s'aperçoit que, mis à part ses quelques certitudes, il n'en est pas à une contradiction près, l'ami Brassens.

Pour ma part, j'ai toujours été fortement impressionné par les paroissiens qui décrètent sentencieusement : Brassens, c'est ceci ou c'est cela. Moi, par quelque côté que je tente de le saisir, c'est aussitôt à l'autre bout qu'il me sollicite. Il suffit que je m'excite sur sa révolte, ses refus ou ses mots drus, pour que, séance tenante, sa tendresse vienne me tirer par la manche. Si quelque image me barbouille d'émotion, en un éclair l'humour, l'insolence viennent rétablir l'équilibre rompu. Remarquable tempérament, consentant, sans passer de l'autre côté du cheval, à « assumer son ambivalence », comme disent les professeurs! En tout cas, ces contradictions sont pour moi le plus sûr gage d'authenticité pour un artiste, et la

(1) Ce cri du cœur de Patachou, orfèvre en la matière, au lendemain de sa mort devant les caméras : « Et comme il nous a célébrées, nous, les femmes! »

preuve certaine qu'il a réussi à tuer la marionnette au plus profond de lui.

Revenons aux amoureux de Brassens, qui ne sont pas tout à fait ceux de Peynet, puisque la plupart du temps le monsieur est paumé, bafoué, éconduit, ridiculisé, ou tout bonnement cocu. D'abord pour pimenter la sauce : il est succulent de se moquer de soi-même. L'humour, est-ce autre chose? Aussi, finalement, pour laisser monter à la surface une infinie mélancolie : c'est beau, c'est poignant, un amour qui se défait. « Jamais plus » est une expression des plus tristes qui soient, affirmait Edgar Poe, et la séparation définitive, une des choses les plus émouvantes. Brassens n'est pas loin de penser pareil, d'où cette profusion d'amants bernés ou délaissés dans ses chansons. Eh oui! à y regarder de près, les hommes y ont rarement le beau rôle. Et les chansons où la tendresse est réellement partagée n'en prennent alors qu'une valeur plus inestimable; là, le sentiment se libère à la faveur de mots secrets et délicats, entre lesquels on peut déchiffrer une émotion sans fard. Le public de Brassens a toujours ainsi considéré *la Non-Demande en mariage* comme une des plus jolies déclarations d'amour de tous les temps.

LES COPAINS D'ABORD!

L'amitié, c'est au même étage : la porte à côté. Mais il n'est vraiment pas facile de parler d'elle, après Brassens, pour qui elle est une manière de religion naturelle où on entrerait sans prononcer de vœux. Ce sentiment jouit près de lui d'un tel prestige, quelque tacite qu'il se veuille, qu'on est presque fâché de ne pouvoir le revêtir d'un vocable plus somptueux, d'un mot d'une physionomie plus chaleureuse, plus rayonnante d'intensité. Quelque chose qui sonne comme « le lait de la tendresse humaine » dont parle Shakespeare. Quoi qu'il en soit, ce sentiment, Brassens l'a habillé comme il fallait dans *les Copains d'abord*, cette « Marseillaise » de l'amitié ou, si le mot n'a pas été trop brutalisé par l'époque, de l'affection. Ce tube en forme de chef-d'œuvre ne doit pas nous faire oublier des réussites plus secrètes mais non moins ardentes comme *Au bois de mon cœur* ou ce *Vieux Léon* :

Parti bon train
Voir si l'bastrin-
gue et la java
Avaient gardé
Droit de cité
Chez Jéhovah.

La camarde

Nous voici précipités de but en blanc dans un autre domaine que fréquente volontiers le poète : la mort. Ah! pour ça, ce n'est pas ce spectre aux dents vertes que Villon a entrevu à plus d'une reprise et dont la hantise s'auréole chez lui des feux de la tragédie. Avec Brassens, elle a de tout autres façons.

Une de ses amies – pour tout dire : Pupchen, sa « favorite » – m'a un jour glissé à l'oreille, tandis que Brassens était occupé à en découdre sur scène avec l'*Oncle Archibald*, cette remarque qui résume assez joliment le problème : « Avec Georges, la mort n'est jamais désespérée. » C'est vrai, ça! Pourtant, il l'a vue d'aussi près que ce vaurien de Villon, même si ce fut en d'autres circonstances. N'empêche, pour lui, elle est « naturelle », sereine, il la toise. Il ne lui déplaît même pas, s'il le faut, de trousser son suaire. Et parfois, il le faut...

Cette mort n'est pas dramatique, dans la mesure où c'est sa mort à lui : *le Testament, la Supplique* la mettent en scène dans un théâtre bon enfant où l'humour n'en finit pas de relayer la tendresse et vice versa.

Mais qu'un ami s'en aille et aussitôt c'est moins drôle.

... les copains
Suivaient l' sapin
Le cœur serré
En rigolant
Pour fair' semblant
De n' pas pleurer!

Quand, à leur tour, la mère et le père ont fait leurs paquets pour l'au-delà, on peut déceler, au cœur même d'une farce encore plus truculente qu'à l'ordinaire, des craquements où perce un authentique désarroi :

L'ombre de l'ici-gît pas à pas me suivait
Une petite croix de trois fois rien du tout
Faisant à elle seule de l'ombre un peu partout.

Et l'amertume de cette conclusion :

Les vrais enterrements viennent de commencer!

La camarde, Brassens continuera de la moquer, de soulever son linceul, de lui faire la grimace, elle ne sera plus jamais tout à fait la même.

L'ARROGANCE DES ANNÉES

Le temps qui passe mène tout droit à la mort, paraît-il. Brassens lui a donné un boulevard en pâture à ce temps qui ne se lasse pas de nous tomber dessus à jours raccourcis :

L'été de la Saint-Martin
N'est pas loin du Temps des Cerises.

Pour Brassens lui-même, vieillir n'est pas un drame : « Trompe-la mort » a assez de tours dans son sac pour déjouer l'arrogance des années. Pour dire vrai, Brassens vieillit avec noblesse : comme ses chansons, comme les bons crus, « comme les meubles chez les antiquaires ». Mais que le temps vienne bousculer celle qu'il révère, et aussitôt la farce vire à la mélancolie :

Cette saison, c'est toi ma belle
Qui a fait les frais de son jeu
Toi qui as payé la gabelle
Un grain de sel dans tes cheveux

Une infinie délicatesse pour ne pas trop effaroucher le temps!

Mais il faut s'arrêter là. Ce serait trop idiot d'épuiser la question, outre que ce serait impossible.

Tout ces thèmes, et quelques autres que j'ai tus, sont éculés : des lieux communs! Il faut s'y faire : il n'y en a pas d'autres, ou guère. Ni pour Shakespeare, ni pour Malherbe, ni pour Aloysius Bertrand, ni pour J.-B. Clément, ni pour Aragon... Il y a longtemps que « tout est dit » et qu'« on vient trop tard »!

Pour notre bonheur cependant, il y aura toujours une nouvelle façon d'aborder les sujets, d'orienter son esprit, de placer sa caméra, d'assembler les mots, de manière à refaire une virginité au plus banal des poncifs. Pour l'artiste authentique, Vénus vient toujours de sortir des eaux!

Le lot du poète est de révéler des émotions nouvelles à l'aide de mots nouveaux, et non, ainsi que le répète familièrement Brassens, de mâcher le chewing-gum avant de le passer au public... c'est-à-dire d'aligner platement des banalités.

J'allais oublier de dire que cet artiste cajolé des dieux possède aussi une « gueule », comme on dit dans le métier. « Profil de médaille », « beauté jupitérienne », « faciès de tendre Bacchus »... à vous de choisir : ce livre vous y aidera assurément.

TOUS CEUX DE LA FAMILLE

Voilà, je ne vous ai pas fait visiter les chansons de Georges Brassens de la cave au grenier, jusque dans les moindres soupentes. J'ai voulu simplement vous présenter l'artisan sur scène et surtout dans l'atelier, le temps que vous puissiez vérifier la vivacité de son œil d'écureuil et respirer l'odeur de son tabac.

Ce mini-portrait achevé, auquel, comme eût dit Jules Lemaître, « il ne manque que l'esprit et le tour de main » de Brassens, je m'aperçois que je n'ai pas parlé du défaut de la cuirasse. C'est bien simple : je ne l'ai pas vu. « Si mon ami est borgne, je le regarde de profil », dit la sagesse des nations. Ce n'est pas ma raison, et pour cause. Si Brassens accuse l'un ou l'autre travers, je dois posséder le même à dose plus concentrée et ça me frappe de myopie : le rocher ne voit pas le grain de sable.

D'ailleurs, ceci n'est pas une thèse où le professeur entend briller, exhiber ses pectoraux intellectuels; ce n'est, je le répète, qu'un portrait.

Et puis, à quoi bon croquer quelqu'un s'il ne vous illumine pas le sang tout entier?

Qu'il trousse la farce, le madrigal, le fabliau, la pastourelle, la ballade, l'ode, la stance... qu'il me raconte des histoires – tristes ou gaies, peu importe –, je suis heureux : parce qu'il le fait bien. Je n'en demande pas plus. Je me sens toujours, un peu naïvement, son complice : je devine l'insolence de son bonheur derrière ce mot qu'il a choisi, au détour de ce vers, dans ce poème qu'il a organisé. Une insolence où n'entre pas pour peu le plaisir ultérieur des autres : tous ceux de la famille, son public!

Je ne suis pas le seul à décréter que toutes les chansons de Georges Brassens ont le même âge : vingt ans, une fois pour toutes. Pas une ride, pas un cheveu gris! Ce n'est pas un miracle. Enracinées dans une adolescence comme vécue hors du temps, elles ont été façonnées avec patience et à l'abri des modes.

Dès ses premières chansons, avec sa moustache, ses mots tour à tour drus et tendres, sa bonté foncière, Georges Brassens est entré dans la légende. Il n'en sortira pas de sitôt, à ce qu'il paraît.

« Excepté toutefois les marches militaires
Qu'il écoutait en se tapant le cul par terre. »

Dernière à Bobino, le 7 janvier 1973 :
G. Brassens, A. Tillieu, Sophie Duvernoy, Jean Rault.
« On n'était pas des Barbe-Bleue
Ni des pelés, ni des galeux. »

Bruxelles, Ancienne Belgique, 1967.

Georges et Boby Lapointe.
« On avait apporté les guitar's avec nous. »

« Quand les Gaulois
De bon aloi
Du franc-parler suivaient la loi. »

Bobino, 1977.

Au théâtre

ici

ce soir

sur ces tréteaux

Tournai, 18 janvier 1973.

« Serein, contemplatif, ténébreux, bucolique »

LES FAITS ET GESTES DE L'AMITIÉ

L'amitié, ce doux engagement du cœur, qui fait ici la douceur de la vie...

MONTESQUIEU

A mon avis, un des caractères essentiels de l'ami, c'est la durée, la longue durée; il se doit de nous occuper toute la vie.

Jacques PERRET

Un matin où nous en étions, Brassens et moi, à discuter à bâtons rompus, comme cela arrivait souvent, l'un de nous deux jeta sur le tapis l'épineux problème des thèmes dans la chanson. Dans un nuage de fumée qui lui bleutait la chevelure et les moustaches, Georges se mit à décliner sa « petite opinion », comme il disait, avec cette sérénité qui installait l'interlocuteur dans un état voisin du bonheur.

« Tu sais, en chanson – comme dans les belles-lettres d'ailleurs –, ce qui compte, c'est la manière : le style et la façon d'envisager le sujet qu'on traite! Car les thèmes, au fond, ne sont pas très nombreux : on peut les répertorier sur les doigts de la main. " Tout est dit et on vient trop tard ", ainsi que le prétendait le père La Bruyère. Comme thèmes, il y a la nature, la liberté, la justice, la mort et le temps qui passe, l'amour... »

En énumérant les sujets, Georges avait hérissé les cinq doigts en éventail, et comme il était à la recherche d'autres thèmes, j'apportai mon grain de sel dans la foulée de cet « amour » en suspens :

– Il y a l'amitié aussi...

Avec la promptitude de l'éclair et l'attitude de l'évidence, Georges m'interrompit pour laisser tomber fort sereinement :

– C'est la même chose!

La réaction vaut la peine d'être relevée : pour Georges Brassens, l'amitié est une des formes de l'amour. Une forme, sans doute, particulière, singulière. Mais les deux sentiments sont d'une qualité qui les apparente à la même famille.

On a beaucoup parlé du sens de l'amitié chez Brassens. Avec raison d'ailleurs. Son nom et le sentiment ont été si souvent associés qu'ils sont, en quelque sorte, devenus synonymes. Ce qui n'arrange pas les choses : cette amitié qui va de soi, accréditée une fois pour toutes, a un peu tendance, sinon à s'ériger en institution, du moins à prendre la tonalité un peu neutre d'une abstraction.

Or, il se fait que l'amitié n'était pas pour lui un simple thème littéraire, de ceux-là dont la chaleur et le magnétisme soulèvent les foules : elle faisait partie de sa morale quotidienne, de son comportement de tous les instants.

Le public sent bien qu'il devait en être ainsi : pas mal de chansons de Brassens l'y autorisent.

En me basant sur ma modeste expérience, j'aimerais bien montrer, faits à l'appui, que Georges était bien ainsi qu'on l'imaginait, donner à comprendre qu'à cet étage-là – celui de l'amitié – l'homme était aussi demeuré égal à l'artiste, ce qui ne court ni les rues ni les tréteaux de music-hall.

Il me plairait fort de montrer les faits et gestes de l'amitié chez Brassens.

Je sais que c'est un sujet en or. Sur lequel, par conséquent, on peut se ramasser de façon idéale. Tant pis!

De toute manière, une quinzaine de jours après son départ, quand l'hébétude a quelque peu cessé de me paralyser, la décision s'est installée en moi de ménager à Georges une sépulture à sa mesure dans mon propre souvenir, ainsi que dans celui de l'un ou l'autre copain, et – pourquoi pas? – dans la mémoire de ses nombreux amis anonymes qui le désireraient.

Ça sera ma petite couronne de « regrets éternels », le mot « éternels » recouvrant ici son sens le plus fort.

Quelques intimes de Brassens, parmi ceux qui furent les derniers à le côtoyer, m'ont, comme je l'ai déjà dit, encouragé à mener à bien ce projet.

Et aussi, sans qu'il s'en doute, René Fallet, l'ami « inoxydable » qui, opéré quelques jours après la mort de Georges, répondit à mes vœux de prompt rétablissement par une carte où la fatalité a la tripe lourde, où chaque mot a son poids exact d'émotion : « Nous avons eu la chance insolente de le connaître : il m'a accompagné vingt-huit ans, il m'accompagnera pour le restant et voilà tout... »

« La chance insolente de le connaître », on ne pouvait pas garder ça jalousement par-devers soi.

Bien entendu, je n'ai pas tant d'années de bons et loyaux services que l'ami Fallet à faire valoir. Qu'à cela ne tienne : une heure de bonheur pèse autant que l'éternité.

Qu'on ne se méprenne pas : je ne bondis pas sur le podium avec l'amitié de Brassens en sautoir, comme d'autres arborent une ceinture noire ou des muscles vaillants. Pas du tout. Cette amitié m'a beaucoup honoré; elle a exalté ma vie. C'était une « chance insolente » que de pouvoir partager un sentiment pareil avec Georges. Mais pour tout dire, maintenant qu'il s'en est allé, cette chance-là n'en finit pas de se parfumer d'amertume, de désarroi et de malédiction.

Je vais donc dévider ici les petits souvenirs de mes rencontres avec Brassens. Il va sans dire que d'autres copains y seront d'aventure mêlés : Roger Abat, Eric Battista, René Fallet, Louis Nucera, Mario Poletti, Sophie, André Tavernier, André Vers, etc.

Néanmoins, on ne doit s'attendre à trouver ici que ce qu'a pu voir, entendre, enregistrer un seul ami de Georges. S'il s'agit de moi en l'occurrence, c'est tout simplement parce que je me trouve au bout de la plume.

Peut-être demain Battista, Nucera, Vers – qui sont du bâtiment – apporteront-ils leur vision personnelle du personnage! Brassens en devrait sortir enrichi.

Du moins ai-je la faiblesse de croire en la fidélité de ma palette. Et s'il s'est glissé quelque inexactitude dans le croquis, c'est tout simplement que l'erreur est humaine.

Avant d'en venir à mon expérience propre, j'aimerais, grâce à deux éléments révélateurs, éclairer d'une lumière particulière ce sens de l'amitié que possédait au plus haut degré Georges Brassens.

On a vu ci-dessus comment il assimilait ce sentiment à l'amour.

Alors, c'est à l'amour tout d'abord que je vais furtivement m'arrêter.

J'ai évoqué ailleurs, en effleurant le sujet, les ébats amoureux du jeune Brassens dans les garrigues des environs de Sète, les rencontres féminines au hasard des pérégrinations à travers le Paris de l'Occupation et d'après la Libération. A plus d'une reprise, Georges m'a parlé de ces filles du peuple, ouvrières d'usine, petites employées dont les capacités d'amitié étaient telles qu'aux jours de manque on pouvait aller les vérifier près d'elles sous l'édredon. « On n'était pas tenu même d'apporter son cœur. » J'ai l'air de plaisanter, mais non. Chaque fois qu'il se souvenait d'elles, la tendresse se faufilait sans encombre dans ces mots et dans son sourire : « Il y avait de chouettes filles à Paris... »

Pourtant :

Faut voir à pas confondre amour et bagatelle,
A pas trop mélanger la rose et l'immortelle!

En 1946, Georges Brassens rencontra Pupchen, qui sera « la » femme, sa favorite, comme il disait. Jusqu'au bout. Tous les copains la connaissaient. Beaucoup d'autres l'ont découverte sur la fin de la vie de Georges, au moment où elle a consenti à sortir de l'ombre pour l'une ou l'autre circonstance, dont la plus douloureuse fut celle du grand départ. La dédicataire de *Saturne*, c'est elle! « Ma mie » de la *Non-Demande en mariage*, c'est encore elle!

Elle n'habitait pas au domicile de Georges, mais un appartement situé près de la mairie du XIVe arrondissement. Conséquent avec lui-même, l'anarchiste en avait ainsi décidé, d'un commun accord avec Pupchen d'ailleurs : que chacun puisse dans ces conditions sauvegarder sa liberté individuelle, se prémunir contre les volontés excessives de l'autre. En fait, tout jeune, Brassens avait deviné que le quotidien tue l'amour, que ce sentiment fragile ne s'accommode que de moments exaltants. D'où le refus du mariage qui « bureaucratise les cœurs » (Vialatte), mais aussi de la cohabitation.

Chaque après-midi, Pupchen rendait visite à Georges, que la célébrité contraignait à une claustration plutôt sévère. La règle supportait l'exception : si l'un des deux était malade, ou simplement n'était pas dans son assiette, Pupchen s'installait chez Georges, le temps que tout rentrât dans l'ordre. C'est là, au 42 de la rue Santos-Dumont, qu'elle vécut la dernière année, après que l'ami Brassens eut été opéré.

Si Georges parlait peu de Pupchen, c'est qu'il était bien rare qu'on le visitât sans la rencontrer. Vers les 4 heures, elle s'annonçait au bas de l'escalier en roulant les *r* avec une ferveur slave qui n'exclut pas la douceur.

Lorsqu'elle était absente et qu'il arrivait quand même à Georges d'en toucher un mot, c'était pour insister sur l'émoi dans lequel il s'était trouvé aussitôt qu'il l'avait rencontrée. Il mettait l'accent sur le côté physique, pour demeurer fidèle à sa pudeur traditionnelle qui l'incitait à mettre la sourdine à ses passions profondes. Il préférait étaler en plein soleil ses bas-quartiers plutôt que son cœur, mais personne n'était dupe; et il le savait bien. Il ajoutait souvent ceci : « Au cas où tu ne l'aurais pas remarqué, je te signale que Pupchen est une personne remarquable. »

Entre 1946 et la date fatidique, on ne lui a pas connu d'autre femme, pas de « petite fantaisie sentimentale ».

Il répétait fréquemment n'avoir jamais dit « Je t'aime » à une femme. Etait-ce vrai? En tout cas, il est resté trente-cinq ans fidèle à Pupchen, ce qui vaut bien tous les serments d'amour.

J'ai déjà dit qu'il n'y avait pas d'amis « privilégiés » chez Brassens, même s'il en était de plus assidus.

Il serait pourtant malséant de ne pas insister, au préalable, sur les liens solides qui unissaient Georges à Pierre Onteniente, qui deviendra bientôt l'énigmatique « Gibraltar ».

On se souvient sans doute que Brassens, bénéficiant d'une permission, avait laissé son ami au camp de travail de Basdorf, près de Berlin en mars 1944. Georges ne devait plus retourner en Allemagne; Pierre le savait fort bien, puisqu'il l'avait incité à se planquer. On avait décidé de se revoir à Paris, attendu qu'on avait la chance de vivre sous le même ciel : on s'échangea donc les adresses!

Rien d'autre n'avait été convenu entre eux.

Dans le Paris de mai-juin 1945, comme partout ailleurs, les prisonniers et requis S.T.O. rentraient d'Allemagne. Chaque jour apportait son contingent de rapatriés et les rumeurs allaient bon train.

On imagine sans doute qu'un beau matin – ou un beau soir – Pierre Onteniente arriva à cogner à l'huis de l'impasse Florimont. Eh bien! non, ce fut le contraire qui se passa. « J'étais dans ma chambre de Pigalle, raconte Pierre, j'entends frapper, je vais ouvrir : c'était Georges! J'ai été fort surpris de le voir déjà là. Je me doutais bien qu'on se reverrait tôt ou tard, mais pas si vite. Là, j'ai été soufflé. » Comme j'avançais à Pierre que Georges avait sans doute beaucoup de sympathie pour lui, il me répondit tout simplement, mais comme s'il en était encore étonné : « Il faut croire... »

Ils ne se quittèrent plus.

Pierre Onteniente travaillait à la perception d'impôts du IXe arrondissement. Il rencontrait Georges pendant ses temps de loisir : le soir, le samedi après-midi, le dimanche.

Dès 1953, quand il connut le succès, Georges Brassens demanda à son ami de s'occuper de ses affaires : contrats, fric, tournées, etc., pour quoi il n'était vraiment pas doué. Pierre hésita : « Il faut me comprendre : j'avais une place qui me garantissait la sécurité. A cette époque-là, Brassens, on n'était pas encore sûr que ça durerait. Alors j'ai refusé de tout lâcher. Seulement, je m'occupais quand même des papiers de Georges. Je le faisais à la place de son imprésario qui ramassait les dix pour cent et me lâchait des clopinettes. » A la fin de 1955, Georges est revenu à la charge : « Ça continue de rigoler pour moi. Alors, si tu veux, tu laisses tomber la perception, je t'offre le double de ce que tu gagnes et tu fais le boulot de secrétaire, dont je suis bien incapable de m'occuper. »

A ce moment-là, le généreux mais prudent Pierre Onteniente accepta sans barguigner.

C'est ainsi que, le 1er janvier 1956, il fit une entrée fort personnelle dans la chanson : il y est resté sous le pseudonyme héroïque de « Gibraltar ». Ni imprésario ni secrétaire de Brassens : son ami! Georges eut toujours à cœur d'insister sur la nuance.

Il y a deux ou trois personnes de ce côté-ci de la frontière pour m'appeler « l'ami belge de Brassens ». Georges a beaucoup fait pour accréditer cette flatteuse épithète, puisqu'il m'avait lui-même pourvu de cette appellation contrôlée : le Belge! J'y suis très sensible, mais c'est un monopole que je n'ai pas mérité. Il existe quelques autres sujets de Sa Majesté qui ont été les intimes de Georges, avant que je le devienne moi-même : les Cordier par exemple, toute une tribu qui l'a révéré dès ses débuts, ainsi que le mime Marcel Cornélis.

Il y avait en outre « une » Belge dans la bande à Brassens : Josée Stroobants, photographe de son métier, qui a planté le pays pour aller rejoindre Jean Rault, le facteur de l'Impasse – facteur au pied de la lettre, ajoutait l'espiègle René Fallet.

J'ai quelque peu joué les bons offices lors du rapprochement de ces deux esseulés, ce qui me valut d'être reçu un jour, chez Georges, sur l'apostrophe de « proxénète », lancée dans un vaste sourire de complicité, mais aussi sous le regard circonspect de Josy Andrieu et d'André Bernard qui m'avaient véhiculé jusqu'à Santos-Dumont (1). Jean est mort en 1979. Josée est restée seule à Paris. Elle a fait partie de tous les Etats généraux depuis 1972.

(1) Georges connaissait bien « la belle Josy » pour l'avoir vue et entendue dans *Le Temps des Guitares*, opérette dont Tino Rossi était la vedette, ainsi que son mari André Bernard qui est le manager de Manitas de Plata, un autre Sétois considérable. Il rencontra par la suite le couple à plus d'une reprise au cours des soirées balnéolaises du facteur, qui était devenu l'ami des Bernard. Là aussi j'avais joué quelque peu le rôle d'entremetteur... Une manière de vocation peut-être!

Paul Louka, auteur-compositeur-interprète belge de talent, est un des rares types du métier, avec ses compères parisiens Pierre Louki, Marcel Amont, Fred Mella, Raymond Devos, à avoir eu ses petites entrées chez Brassens. Faute d'une voyelle, Louka et Louki n'étaient pas parents. Chacun son tour, ils assuraient « l'américaine » des spectacles de Georges à Bobino.

Il y avait même une Fernande – qui n'est pas celle de la chanson – parmi ceux-là que Georges désignait sous la dénomination générique de « vaillante petite armée belge ». Brassens appréciait la ferveur discrète de Fernande Hoex.

Je dois bien en oublier l'un ou l'autre.

De toute manière, nous étions quelques-uns à partager la condition, aussi joviale qu'élogieuse, d'« ami belge de Brassens ».

Il se fait que les circonstances m'ont amené à être le plus assidu de ces paroissiens, outre que j'étais le seul d'entre eux à avoir la fâcheuse manie d'affronter la page « que sa blancheur défend ».

Voilà pourquoi, lorsqu'on parlait du « Belge » à la rue Santos-Dumont, soit dit sans rodomontade, souvent c'était de moi qu'il s'agissait.

J'ai connu, ma foi, Brassens un peu comme tout le monde : en spectateur. J'ai eu la chance – largement partagée – d'assister à toutes ses prestations bruxelloises, tant au music-hall de l'Ancienne Belgique qu'au Palais des Beaux-Arts, et notamment lors du premier passage de Georges Brassens sur la scène de la rue des Pierres, en 1954.

Les petites-bourgeoises pouvaient bien s'esbigner en plissant des bouches en cul-de-poule et en minaudant de l'auriculaire, nous, on jubilait, on buvait du petit-lait. Ce type-là, dégoulinant de sueur, qui grattait sa guitare « comme on secoue les grilles d'une prison » (salut, M. Fallet!), sortait tout droit de notre adolescence, plus volontiers turbulente que studieuse. Avec ses mots drus, jaillis de notre jargon d'étudiant mais proscrits dans les salons, avec sa langue châtiée, ses vers fignolés à l'ancienne, ciselés à la manière de nos poètes d'élection, tous un tantinet maudits sur les bords, avec sa morale sans apprêt, dérangeante, implacable, tranchante comme une serpe, avec le martèlement obsédant de ses musiques où les traits héroïques de nos esclandres rencontraient les pulsations du jazz, avec sa carrure d'Ulysse ruisselant au retour d'un raid amoureux dans l'île voisine, il venait de retrouver la règle d'or de notre bel âge : classicisme et romantisme y mêlaient leurs porte-drapeaux.

Chaque fois, l'enchantement se renouvelait : par exemple, le 21 mars 1956, entouré des Lafforgue, Catherine Sauvage, Marcel Cornélis et des « Cinq Pères », Brassens fit un tabac du tonnerre sur les tréteaux des Beaux-Arts. Comme d'habitude, me direz-vous. Certes, et si je cite cette prestation, c'est que Georges m'a appris, bien plus tard, que le lendemain de ce jour-là, il devait se produire à Reims; arrivé sur les lieux, il s'aperçut que le gala était organisé par une quelconque amicale de gardiens de la paix que le paradoxe n'effrayait pas. « Je ne chante pas pour des flics », et en route pour Marseille où avait lieu le prochain spectacle : en pleine tempête de neige! Il fallut bien sûr payer un dédit. « Gibraltar » à la vigie, le malentendu ne se présenta plus.

Ce n'était pas qu'un homme de scène, pour ça non!

Un après-midi, j'étais allé assister à son tour de chant en matinée (c'était en 1960), après quoi je m'étais attardé au bistrot qui se trouvait en face de l'Ancienne Belgique : une petite consommation était de nature à prolonger suavement l'euphorie où m'avait plongé le spectacle.

Tout à coup, sans crier gare, Brassens a jailli de la salle et s'est mis à arpenter la rue en plaisantant avec ses copains. Il se dégageait dans le sillage du bonhomme un tel parfum de jeunesse – il avait trente-neuf ans – d'amitié virile et de liberté que je fus vivement impressionné.

Nom de Dieu!

Le quotidien ne le rapetissait pas. Et puis son rire sonnait bougrement juste.

C'est là que je me suis dit, comme l'avait fait à peu près l'ami Fallet sept ans plus tôt : « Ce serait chouette d'être le copain de ce type-là! » Pour ma part je considérai aussitôt que c'était une chimère : il en avait déjà tant! Bah! j'attendrais ce qu'il faudrait au portillon, et éventuellement l'heure de la retraite, lorsqu'il aurait renoncé à propager sa « pompe » et ses œuvres sous les projecteurs; j'irais et je lui dirais : « Monsieur Brassens, j'aurais voulu... et puis j'ai pas osé... maintenant me voici ainsi que vous sexagénaire... si nous buvions un coup ensemble, etc. » La gamberge n'est pas l'apanage des perdreaux de l'année. Sans elle, à quoi bon s'obstiner à vivre?

Et puis voilà, la chance m'a offert une jolie prime. Ou plutôt, Brassens m'a fait une fleur. Une fleur extraordinaire, un tournesol pour le moins, qu'on appelle aussi soleil. Eh oui! il m'a fait un soleil. Il a pris mon rêve de vitesse en le reléguant à deux bonnes décennies.

Mais j'anticipe.

Cette impression que m'avait faite l'irruption de Brassens et de sa bande en pleine lumière, je n'ai jamais songé à en parler à Georges, malgré nos nombreuses rencontres, malgré nos multiples coups de fil. Ça ne s'est pas trouvé, voilà tout. Moi qui m'estime si vigilant au chapitre de l'amitié... je me reproche un peu niaisement cet oubli, même si, pour le reste, j'ai tout fait pour remplir mon contrat.

On passe ainsi sa vie à regretter ses étourderies : on aurait pu allumer une petite joie et, faute de rigueur, on ne l'a pas fait. Brassens était précisément de ceux qui savourent les petites joies...

Ne chialons pas! Le temps presse. En voyant passer Brassens, j'avais pris la résolution, ferme désormais, d'aller l'interviewer.

J'avais un prétexte en or : j'assurais une chronique « culturelle » dans un hebdomadaire qui annonçait la couleur : *la Gauche*.

Et tant pis si j'avais la trouille. Car Brassens, en 1960 encore, passait pour un ours mal léché, un type à qui on n'en contait pas, un individu difficilement abordable et plutôt susceptible.

Cette bonne blague! Grâce au coup de pouce magique de Pierre Nicolas, son bassiste, celui qui partageait avec lui le rond de lumière, j'obtins l'interview. Ça se passa comme sur des roulettes, bien que Brassens ait eu la fièvre, j'obtins l'interview : une demi-heure de propos aimables, fraternels. Qu'est-ce qu'ils avaient donc, ces cons, à considérer Brassens comme un type de mauvais poil? Je n'avais jamais vu personne d'aussi simple, sincère et coopérant.

En quittant l'Ancienne Belgique, j'avais deux petits ailerons en dessous de ma veste et je volais comme un séraphin. Non seulement le roi n'était pas mon cousin, mais je ne lui aurais pas permis de me cirer les souliers...

Mon palpitant venait de trouver le rythme précis qui lui convenait, sa vitesse de croisière; je promenais sur les béotiens ahuris le regard triomphant de ceux-là qui ont touché la main d'Apollon.

Je venais en outre de me délester de quelques années, au reste superfétatoires. Si ça ne se voyait pas, c'est qu'on était aveugle.

Ni moi ni mon inconscient ne savions encore que c'était l'amitié, qui me faisait tourner aussi allégrement au-dessus de mon régime. Je n'aurais pas osé donner à mon bonheur le nom de ce sentiment-là. La ferveur ne fait pas mauvais ménage avec la retenue!

Chaque fois que Brassens est revenu à Bruxelles, j'étais au poste : dans la coulisse dix bonnes minutes avant le début du spectacle, dans la salle dix bons centimètres au-dessus de ma chaise.

Et puis, cela n'a plus suffi, je suis allé chercher mon plaisir à domicile. Je veux dire : sur les terres de

Brassens. En 1966, au Palais de Chaillot, puis à Bobino.

Georges Brassens était toujours heureux, il rayonnait même, qu'on se fût déplacé de loin pour venir le voir. Et pour les gens qui ont appris à mesurer les distances à l'ancienne – avec les jambes –, trois cents kilomètres, ça n'est pas le coin de la rue!

Lors de son dernier tour de chant, en 1976-1977, un jeune Marseillais était monté à Paris et y était demeuré une semaine, uniquement pour Brassens. Il avait loué une place pour chaque soir et, après le spectacle, il venait « toucher la main » de l'artiste, apportant des disques à signer, des bouquins, des programmes... Georges était ravi. Mais à sa satisfaction se mêlait quelque gêne d'avoir astreint ce jeunot – qui, visiblement, n'avait rien de Crésus – à de telles dépenses. Quand nous fûmes rentrés un soir, « Gibraltar » fut invité à « filer quelques places de loge » à ce « gentil petit Marseillais » et à bien repérer sa bouille : au prochain « tour », on l'inviterait à bouffer. Cet ours était ma foi plus courtois qu'on ne l'imaginait.

Je profitai d'une de mes descentes à Paris pour intercéder auprès de Brassens, en faveur du directeur de l'Ancienne Belgique, Georges Mathonet, qui désirait l'installer quinze jours à l'affiche, et des « Jeunesses de la Chanson » qui lui proposaient un gala aux « Beaux-Arts ». J'intervenais, on s'en doute, avec enthousiasme : non seulement cela consolidait les liens qui patiemment s'établissaient entre nous, mais encore cela me laissait augurer, en cas d'accord, quelques jolies heures bruxelloises. Le oui ne fut jamais franc et massif; Georges nous laissait espérer. Et chaque fois il respectait une parole qu'il n'avait même pas donnée.

Il convient d'ajouter que Georges Brassens aimait beaucoup l'Ancienne Belgique, qui l'avait soutenu dès ses débuts. En outre le Palais des Beaux-Arts, avec ses deux mille places, ses balcons en hémicycle, l'avait toujours séduit : il en parlait avec des mots chauffés à point, admiratifs, respectueux. Il considérait cette salle comme une des deux plus belles où il se fût produit. Il était difficile, en l'écoutant narrer ses impressions, de ne pas croire qu'il avait vécu sur cette scène des moments intenses de griserie et d'exaltation. « C'est là, ajoutait-il, après Bobino, que j'ai fait mes plus gros succès. Les Belges ont, de tout temps, été gentils avec moi. »

Il appréciait en plus énormément notre pays. C'était bien simple : il ne faisait plus la différence entre la Belgique et la France : « On y parle le français, presque comme chez nous. » Ce « presque » était souligné d'un sourire malicieux. Et puis la physionomie des maisons lui plaisait autant que l'accueil des habitants. Les rues proprettes (à l'époque) et bordées d'arbres le baladaient dans un univers où la sérénité parlait avec la voix du bonheur.

En février 1970, donc, le gala des « Jeunesses de la Chanson »! D'emblée en arrivant dans les coulisses, j'eus la certitude d'avoir un petit strapontin dans la mémoire de Brassens : « Tiens, voilà Tillieu! » Vous savez, moi, il ne m'en faut pas tellement plus pour être peinard.

Mille excuses si je m'attarde sur cette année 1970; c'est mon année, celle où l'amitié va sortir de sa préface pour entrer dans le vif du sujet.

Le gala d'Angèle Guller connut un triomphe sans précédent. On s'y donna rendez-vous pour le début avril à l'Ancienne Belgique.

Six semaines plus tard, donc, Georges Brassens faisait salle comble quinze jours durant, et pourtant nous étions à Bruxelles qui, est, selon le mot de Jules Renard, « une capitale de province ». Rien n'y faisait : tous les soirs, dès 10 heures, Georges cassait la baraque. Il faut dire qu'il allait au charbon : vingt-cinq chansons pour le moins par représentation. Un récital, quoi!

Le succès était essentiel : il n'était pas tout. Pour moi, en tout cas. Il se trouvait décuplé, centuplé par la certitude que l'amitié était en train de s'installer entre nous : mille petits faits me renseignaient à ce sujet, des détails infinitésimaux lestés d'intentions, d'attentions, de complicités...

On était bien ensemble et ça se sentait : pas besoin de discours, de grandes déclarations ni de fanfares pour entériner la chose.

Quand je lui demandais d'interpréter une chanson qui n'était pas prévue à son tour, il s'exécutait, mais après m'avoir prévenu : « Je ne la connais pas par cœur. Les textes des autres, je ne les oublie jamais. Ce n'est pas le cas pour les miens. » Bien entendu, il la chantait sans une hésitation. C'est ainsi qu'il a exhumé un soir *les Bancs publics* de son tiroir à souvenirs, qu'il a placé une autre fois *les Oiseaux de passage*, un poème frémissant de Richepin, sur lequel il avait ajusté une musique non moins émouvante : il m'avoua après que c'était la première fois qu'il l'avait interprété en public; ce fut sans doute aussi la seule.

Donc, le 3 avril 1970 : « première » de Brassens à l'Ancienne Belgique. Il flottait dans la salle une odeur de poudre et de grand soir : pour toute l'assistance le bonheur, ce soir-là, avait les moustaches de Brassens.

Georges n'était pas venu seul outre-Quiévrain. Fallet l'avait accompagné, la charmeuse bourrée d'humour et d'incongruité, l'œil fureteur qui n'avait garde d'oublier dans ses travellings les personnes du sexe à la morphologie appétissante.

René Fallet a, de tout temps, eu trois passions : Brassens, les filles et le vélo. Brassens d'abord; pour les autres, je ne suis pas sûr de ne pas les avoir placés dans le désordre.

Puisqu'il se trouvait dans le pays où la petite reine est vraiment chez elle, il aurait bien voulu dégoter des maillots de course, avec le nom de la marque « en flamand dans le texte » et avec poche par-devant. Il n'y a que lui pour avoir des idées pareilles, mais ces idées-là réjouissaient fort son compère Brassens, d'autant qu'elles me mettaient dans un sérieux embarras car c'était moi qui aurais à les mener en voie de réalisation... J'apprendrais le lendemain que si la poche de poitrine avait une telle importance, c'est qu'elle était destinée au briquet et aux cigarettes. Voilà!

On allait donc, René et moi, se fixer rendez-vous pour le lendemain, et puis Fallet se ravisa : je n'avais qu'à l'appeler le lendemain matin à son hôtel, ça serait mieux.

J'appelai comme convenu. René n'était pas dans sa chambre. On le chercha. Et on finit par le trouver. Je tentai de lui proposer une heure, mais je fus interrompu par cette voix nasillarde où le verbe est toujours à la fête : « Te casse pas le tronc. On aura tout le temps d'en décider. Je suis dans la chambre de Georges : il t'invite à déjeuner. » Et il raccrocha.

Si le père Noël était descendu par ma cheminée en uniforme à queue, avec la casquette de Bigeard et des souliers à la poulaine, je n'aurais pas été tellement bouleversé. Mais bouffer avec Brassens...

J'ai sauté d'un seul bond dans mes deux jambes de pantalon, enfilé un pull, je suis allé quérir un petit bouquet, avec lequel j'avais sûrement l'air d'un con, à l'intention de la dame du gentleman qui m'invitait, je me suis engouffré dans le premier taxi en partance pour le centre-ville et, dix-sept minutes après le coup de fil, je débarquai à l'hôtel-restaurant en question, avec l'air ébahi de la première communiante qui tombe nez à nez avec le pape en personne.

Georges était déjà installé avec René Fallet, flanqué de son alter ego belge, Roger-Pierre Turine. Il rayonnait : la fumée qui se dégageait de sa pipe était son signe extérieur de bien-être.

Sont arrivés successivement, et coup par coup, Pupchen, Nicolas, puis « Gibraltar » et, en bloc, quelques amis parmi lesquels André Cordier qui a le privilège d'être le plus ancien brassénien de Belgique. Nous sommes passés à table où ledit André, en bon patriote, a conseillé du « waterzooi » qui est tout bonnement – je l'ai appris depuis – un bouillon de volaille. Peu porté sur les mets, surtout s'ils s'affublent de noms trop pittoresques, je me rabattis sur un plat de ravioli, moins sujets à surprises.

Georges ne mangeait de viande que contraint et forcé : on avait assuré à sa mère que, si elle voulait que le « petit » ne dépérît pas, il fallait le nourrir abondamment de viande rouge. Aussi, quand un morceau de bifteck ou une tranche de rosbif aboutissait sur son assiette, au lieu de détourner la tête comme son instinct l'y eût incité, Brassens pensait sûrement à la « mamma » Elvira, et il avalait sa « barbaque ». Sans le moindre plaisir.

Je partageais en l'occurrence – et je partage toujours – l'aversion de Georges, à cette différence que je serais bien incapable, même en me forçant, d'avaler le moindre soupçon de viande rouge, ne faisant pas la différence entre une entrecôte saignante et un hérisson victime d'un accident de la route.

Quelques années plus tard, nous déjeunions entre amis, à Paris : « Au repos des camionneurs », la fine fleur des gargotes de la rue des Plantes, dans ce XIVe où Brassens a découvert, dès dix-neuf ans, ses Iles Marquises. Rien que de la viande au menu, si ce n'est une raie au beurre noir que les estomacs un tantinet nonchalants n'apprécient guère. Georges et moi, nous optâmes pour une escalope panée. Eh bien! ça n'était pas si mauvais! J'en fis part à Georges qui m'approuva par le biais d'une tournure fort singulière : « C'est si bon qu'on ne dirait même pas que c'est de la viande! »

Revenons à notre « waterzooi ». Brassens en avait pris uniquement pour ne pas désobliger son ami Cordier. Mais il ne se leva sûrement pas la nuit suivante pour récapituler sa bonne chère, car, au cours du repas, il me demanda l'autorisation de goûter à mes ravioli. Je fus ravi de pouvoir partager ma pitance avec lui, comme on le serait vis-à-vis de n'importe quel copain. Il plongea sa cuiller dans mon plat, s'en barbouilla la moustache au passage et sa mine de satisfaction laissa entendre qu'il préférait nettement ça à la volaille dans son jus de légume. Je ne dus pas l'inviter deux fois à m'aider à terminer ma portion. C'était la première fois que nous mangions tous deux dans la même assiette. Ce ne fut pas la seule, tant s'en faut.

Le repas terminé, avec ce bel entrain que suscite l'absorption répétée de vins, millésimés ou pas, René Fallet et moi, nous avons planté là la compagnie pour partir à la quête de ce Graal que constituait pour le futur auteur du *Vélo* un maillot à poche de poitrine. Nous ne l'avons trouvé nulle part : les coureurs cyclistes ne fument plus, de nos jours, tout fout le camp! Mais sur notre route, qui sillonnait les Marolles – plus pittoresques que jamais –, nous avons rencontré de ces petits bistrots où il n'est pas possible de ne pas pénétrer tant ils vous sollicitent. Au reste, l'ami Fallet n'avait pas le cœur à dire non (et moi?) : la vie est trop brève et le pinard trop consolant. Quand nous avons réintégré l'Ancienne Belgique, il y avait un agréable petit vent dans nos voiles. Derrière son nuage de rigueur, Georges eut un regard amusé pour mesurer les progrès que nous avions faits depuis le « waterzooi ».

Durant ces quinze jours de gloire, nous ne nous sommes pas beaucoup quittés, Georges et moi. Nous avons cassé quelques croûtes de concert, avec Pupchen, « Gibraltar », Nicolas! Il y eut d'aventure des frites au menu...

Une chose m'était difficile entre toutes, c'était de me mettre à tutoyer Georges. Et pourtant, un dimanche, entre la matinée et la soirée, alors que nous en étions à discuter en sirotant quelque breuvage au bar de l'Ancienne Belgique, Brassens me dit à brûle-pourpoint : « Et puis merde, je te tutoie... » Pour ma part, je n'osais pas me risquer à en faire autant. C'est con, mais que voulez-vous? on ne se refait pas. Devant cette dérobade – c'en était une –, Geoges se remit vaille que vaille à me voussoyer. Et nous partîmes « souper », comme on dit par ici. Paul Louka nous accompagnait.

Pendant le repas, comme je m'étais absenté pour quelques instants, Paul dit à Brassens : « Tu sais, si tu ne dis pas à Tillieu qu'il peut te tutoyer, il va te dire " vous " pendant toute ta vie. Et je sais que ça t'emmerde. » Georges lui rétorqua en rigolant : « J'avais déjà remarqué qu'il était un peu raciste. »

Ce n'est que beaucoup plus tard que Paul m'a rapporté ce trait.

La nuit porte conseil. Le lendemain, d'entrée de jeu, j'optai pour le plus court chemin : le tu et le toi, comme j'y avais été pudiquement invité par Georges.

Le soir de la « dernière » de cette quinzaine, à marquer d'une pierre – que dis-je? d'une falaise – blanche, « Gibraltar » m'apostropha en ces termes :

– Georges voudrait bien que tu lui rendes un service.

– Ah bon! volontiers (naturellement). Qu'est-ce que je dois faire?

– Oh! pas grave! On a une maison de campagne à Crespières, à quarante kilomètres de Paris (Pierre Onteniente disait fréquemment « on » pour dire « Georges » tant le boulot et l'amitié l'avaient identifié à lui). Là-bas, il y a treize hectares, alors on a un jardinier : c'est un Chleuh (1). Il va se marier, en Allemagne évidemment. Vers juillet, en été en tout cas. Alors, on voudrait bien que tu nous gardes un peu d'argent en dépôt : on a l'intention d'acheter le cadeau en Belgique, quand on y passera pour aller aux noces. Ça serait plus facile.

C'était bien la moindre des choses. J'acceptai de

(1) Un Allemand! Qui verrait dans ce mot le moindre soupçon de racisme ou de mépris prouverait simplement qu'il lui reste sûrement tout à apprendre de la pudeur, et peut-être de l'affection.

grand cœur, on s'en doute, et pour toutes les raisons qu'on imagine, fier comme Baptiste d'avoir mérité en si peu de temps la confiance de Georges, de Pierre et sans aucun doute de Pupchen... Au jour d'aujourd'hui, où chacun se méfie de l'autre... Je me demandai quand même comment j'avais bien pu être élevé ainsi à cette dignité. Mais sans trop insister. Je préférai savourer ma satisfaction.

J'étais occupé à planer béatement quand Pierre Onteniente revint, à son habitude, en coup de vent, et me remit en main cinquante mille francs belges, sans autre cérémonie : « Voilà ! » Cinquante mille balles, en 1970, c'était déjà une petite somme (sept mille nouveaux francs français). De nos jours, pour pas mal de monde, ça n'est toujours pas négligeable. A dire vrai, je ne m'attendais pas à recevoir tant que ça en dépôt. A ma proposition de signer un reçu en bonne et due forme, je fus cueilli par un « Penses-tu ! » qui ne tolérait pas qu'on insistât.

Cette dernière soirée fut sublime. Feu d'artifice permanent. Sur scène, Georges battit tous ses records : quinze, vingt rappels ? On avait renoncé à les compter.

N'eût été ce paquet de cinquante billets qui me lestait démesurément la poche, je me fusse pris pour un pur esprit.

Chacun rentra dans ses foyers faire sécher son plaisir. Je demeurai bien évidemment en relations épistolaires avec Georges au sujet du pactole dont il m'avait laissé la garde.

Jusqu'au jour où « Gibraltar » me téléphona. Il était plutôt penaud : d'abord le « Chleuh » avait réfléchi et, se contentant de cultiver son propre jardin, renonçait à ses épousailles. De toute manière, eût-il convolé qu'il n'eût pas fallu traverser la Belgique pour assister aux noces puisqu'elles eussent dû se dérouler du côté de Stuttgart. Ce qu'il y avait de charmant avec Georges, c'est qu'il ne vous cherchait jamais de querelles d'Allemand pour des raisons d'ordre purement géographique. « Gibraltar » perpétue cette saine tradition depuis le départ de Georges.

De toute manière, il fallait ramener le pognon à Paris. Pierre m'assura que je n'avais pas de bile à me faire : Georges avait mon numéro de téléphone : « Il t'appellera tel jour à telle heure. Il va te demander si tu peux t'arranger pour le rapatrier. »

Si ça n'était pas une invitation en règle, c'est qu'il y avait quelque chose de pourri au royaume de Belgique.

Comme il avait été prévu, Brassens m'appela et il fut convenu que le 23 septembre 1970, nous déjeunerions, ma femme et moi-même, au numéro 42 de la rue Santos-Dumont. Il n'eût pas été question du magot, si je n'y avais moi-même fait allusion. Il semblait que Georges l'avait complètement perdu de vue.

Je n'ai pas tellement la mémoire des dates, mais il y en a trois que je ne puis oublier : celle de ma naissance, où on fête saint Valentin, le 11 novembre 1918 qui mit fin aux menaces de mort pesant sur mon père, donc sur moi-même, et ce 23 septembre 1970, pas seulement parce que c'est le lendemain d'un « Vingte-deux septembre » d'émouvante mémoire!

Nous arrivâmes donc à la date susdite, à la minute près, au n° 42 de la rue Santos-Dumont.

Un peu malhabiles dans nos petits souliers, certes. Mais nous étions là!

La rue Santos-Dumont est une rue provinciale du XVe arrondissement qui relie la rue de Vouillé à celle des Morillons en faisant un coude avant d'arriver devant la maison de Brassens : pour donner à chacun l'occasion de reprendre son haleine. A un rien près, c'était une impasse... En 1970, il n'y avait là que des maisons basses. Depuis on y a, comme partout, planté l'un ou l'autre immeuble. Mais pas trop monstrueux.

Pas besoin d'être grand clerc pour deviner, derrière ces petites maisons-là, des jardinets, puisqu'on en voit qui viennent d'aventure donner du mufle contre une ancienne porte cochère.

Des jardins, donc des arbres; des arbres, donc des oiseaux! On peut encore se rendre par là pour avoir des nouvelles de l'homme... Dans ce coin, les piafs ont le poète qu'ils méritent et vice versa.

Foin du morceau de bravoure à la Balzac, sinon nous risquerions de nous retrouver dans cent cinquante pages devant le bouton de la porte, sans avoir dévisagé le moindre chrétien.

D'ailleurs, nous étions en taxi.

A peine descendu, sans tergiverser, coup de sonnette au 42 et, selon les directives, j'annonçai la couleur au parlophone : « Ce sont les Belges! »

C'est pas pour dire, mais il y a des jours où le destin fait joliment les choses.

C'est M. Brassens en personne qui vint ouvrir, la pipe plantée dans un immense sourire où se baladaient en toute sérénité quelques douzaines de soleils, autant d'arcs-en-ciel, des théories de petits nuages, le reste de l'espace étant occupé par l'azur, l'azur, l'azur, l'azur... L'œil noisette s'en tirait merveilleusement pour faire passer tout cela : soleils, arcs-en-ciel, azur, etc., comme la moindre des choses.

Pour le reste, le bonhomme était comme vous l'avez vu sur scène : nature! Simplement, en lieu et place du costume bleu, un training de même couleur, au blouson largement échancré sur l'enclume velue qui lui tenait lieu de poitrine. L'élégance! En costume de velours, il renvoyait Cardin à ses chères études.

Le portail franchi, on grimpait un petit escalier feutré de moquette, festonné d'une rampe en bois, escalier qui vous propulsait en une courbe agréable au niveau où on vivait : en face, la cuisine donnant sur le jardin; à droite, la salle de séjour tout au long avec d'un côté une fenêtre toujours close ayant vue sur la rue, de l'autre, une grande baie, perpétuellement ouverte sur le jardin.

Cette salle de séjour aurait dû normalement comprendre un salon avec bibliothèque qui étaient au poste, mais aussi une salle à manger, absente pour sa part.

On avait commandé une table en acier et des sièges « curules », métalliques également. On les attendait.

Nous, on n'avait pas craint de nous inviter avant l'arrivée de ce robuste mobilier, parce qu'on nous connaissait bien. Mais pour Maurice Chevalier – l'ancêtre –, il en serait tout autrement : on passerait l'invitation après l'arrivée de la table.

« Tu comprends, toi, je puis sans encombre te faire déjeuner dans la cuisine. Avec Maurice Chevalier – note qu'il comprendrait, mais... –, c'est plus délicat. »

Et voilà, Maurice mourut (1) quand la table massive, cossue, luisante, respectable, venait à peine d'intégrer le décor et que l'invitation allait être lancée. Il n'a jamais connu la table qui, pour nous tous, porta désormais son nom. Quand on s'installait à la « table Maurice Chevalier », c'est qu'il y avait du monde à dîner!

Pour l'heure, elle manquait donc, et pourtant, le moins qu'on puisse dire, c'est que déjà on sentait cette pièce « habitée », habillée qu'elle était avec un goût sans faille.

Les murs étaient tendus de toile de jute couleur tabac. Le parfum de celui de Georges se mêlait harmonieusement au ton de ce tabac-là. Ce n'est pas une boutade. Dans les effluves de sa pipe, entre ces murs, au milieu de l'odeur émouvante des bouquins, avec cette fenêtre largement ouverte d'où montait une conjuration de senteurs venues du jardin : celle des plantes, des fleurs, de la terre et surtout du lierre – prélevé à l'impasse Florimont – aux feuilles larges comme des soucoupes, qui montait à l'assaut de la maison, des murs mitoyens, du cellier à mazout, ici donc, on respirait un air qu'on ne respirait – qu'on ne

(1) Un 1er janvier : « Il a bien choisi sa date », disait Georges.

respirera plus – nulle part ailleurs : il favorisait l'échange d'émotions de belle qualité, d'idées subtiles et généreuses et le rire y avait trouvé un gîte de choix. L'odeur des feuilles et celle de la pipe en particulier, quand elles se mariaient, prédisposaient aux sentiments forts et généreux, qui ne tiennent en équilibre qu'avec un solide contrepoids d'humour et de moquerie. Ces odeurs en ont entendu de toutes les couleurs.

Ces murs donc resteraient nus plusieurs années encore, parce que lorsqu'il n'y avait rien aux cimaises, Brassens y mettait en pensée, selon sa fantaisie, ce qu'il y voulait : un champ de blé de Van Gogh, un défilé de « la chevauchée fantastique », un décor de Paris de Villon, un tableau de Jean Tranchant, un vers d'Hugo, un sonnet de Nerval... « C'est si beau des murs nus! »

Et puis Eric Battista, qui apprivoise avec talent la lumière du Midi en général, et de Sète en particulier, a apporté quelques toiles. Georges les a placées aux murs parce que Battista était un ami, que ce qu'il peignait lui plaisait, et que des peintures sur les murs, ce n'était pas mal non plus, surtout quand elles vous proposent des coins où votre adolescence continue de palpiter toute seule sans demander votre avis.

Dehors, conscients d'avoir célébré l'équinoxe avec un lyrisme digne des lieux, les moineaux se disputaient à présent, avec des cris de chiffonniers, le festin du « bon maître ». Comme si elles venaient de quitter les toits tranquilles du Cimetière marin, les colombes du voisinage (qui n'étaient peut-être que des pigeons) venaient picorer son pain avec l'accent de Sète.

Au fond de la cour, contre une annexe qui couvait des trésors (je l'ai appris plus tard), un vernis du Japon, faisant fi de ses origines, rivalisait de mégalomanie avec les immeubles environnants.

On n'était pas trop mal auprès de son arbre...

Dans le jardinet même, les rosiers jouissaient d'un pouvoir régalien. J'ai bien essayé plus tard d'y planter quelques cyprès que j'avais importés clandestinement, mais ils ne se plaisaient pas dans la terre de Santos-Dumont.

Manifestement, dans cette oasis parisienne où la verdure consolait, Georges se trouvait bien. Heureux? Allez savoir. Pas malheureux, en tout cas, tant que le mal ne l'a pas tarabusté. Ne jamais oublier cette vérité première : « Le XIVe... le seul endroit au monde où on puisse vivre. » Cet appendice du XVe, où se situait la rue Santos-Dumont, y serait « vite fait » annexé...

Georges aimait Paris et surtout les environs de la rue d'Alésia, je l'ai déjà dit. Comme rien n'est jamais parfait, il m'a ainsi avoué un jour : « Ce qui me manque un peu ici, c'est la lumière. Je regrette un peu Sète et le Midi en général, à cause de la luminosité. Il y a de jolis tons à Paris, mais ce n'est pas pareil. » C'est sans doute la raison pour laquelle il avait accordé droit d'asile aux toiles de Battista... qui n'eût jamais pu accrocher aux cimaises du salon des vues des abattoirs de Chicago.

Eh oui, il se languissait quand même un peu de Sète, l'ami Brassens. En compensation, il en parlait : avec tendresse et volubilité.

La lumière, il l'avait gardée intacte au chaud de sa mémoire : elle éclairait ses propos, comme elle continue d'illuminer ses chansons d'un feu qui n'est pas près de s'éteindre, si ma pendule est à la bonne heure.

C'est pas tout ça, il était midi, il fallait opter pour l'apéro : le mieux serait de déguster une anisette pour faire honneur au maître de céans, méridional de pure souche.

Je ne suis pas trop porté sur l'alcool : un pastis suffit généralement à m'ouvrir l'appétit. Allez chercher pourquoi, avec Brassens, il m'arrivait parfois, sans m'en rendre compte, d'en siffler trois. Et pas des petits : des adultes! Lui, suivait la cadence. En bavardant de tout et de rien. C'était un régal!

Il a déclaré parfois aux journalistes qui le harponnaient de questions : « Je ne sais pas parler de moi. » En réalité, il le faisait très bien, mais uniquement quand il était en confiance, avec des amis. Avec eux il pouvait se permettre d'être franc et d'aller jusqu'au fond des choses.

Contrairement à ce qu'on croit communément, Georges Brassens était fort bavard. Mais sa faconde n'avait rien de gratuit : il ne parlait pas pour ne rien dire. Il s'exprimait avec simplicité et rigueur, adorant relever, comme il le fait dans ses chansons, une phrase châtiée de quelque terme argotique destiné à la garder de toute emphase. Il n'était jamais aussi heureux que lorsqu'il avait réussi à acoquiner quelque vocable emprunté à la langue verte avec un imparfait du subjonctif. Il jubilait en disant par exemple : « Il s'en est fallu de peu que ma voiture ne se retrouvât nazebroque (foutue). » Ou encore : « Qu'eussiez-vous voulu que j'en fisse de ce grisbi-là? » Il fut un temps où il répétait à propos de tel emmerdeur : « Il commence à me peler le jonc, ce fendeur de naseaux. » L'argot, c'était en quelque sorte le modérateur d'émotions de ce grand pudique.

Quant aux entourloupettes de la langue de bois, au jargon des technocrates, cet idiome que Robert Beauvais a ridiculisé sous le nom d'« hexagonal », Georges s'en détournait comme d'un plat abject et contaminé.

Un jour où un quidam – que le hasard avait parachuté chez lui – se mit à se gargariser de clichés dans le vent où il était question, par exemple, de « sensibilisation en prise directe au niveau du quotidien et du vécu », il leva la main en signe de danger en s'écriant : « Et si on parlait un peu français! C'est une langue qui n'est pas mal non plus... » Trissotin s'arrêta de jargonner aussi sec.

Il avait également horreur d'un certain puritanisme « rive gauche ». C'était pourtant sa rive à lui. Mais d'instinct, il évitait les tics irritants, le ton faussement solennel, l'intellectualisme de bazar propres à la faune du milieu. Pour atteindre à la qualité, il n'avait pas besoin d'être emmerdant.

Lorsqu'on l'interrogeait à son propos de façon pas trop superficielle (pas la tarte à la crème : « Vous faites d'abord les paroles ou la musique? »), il réfléchissait, descendait en lui-même, s'épiait, approfondissait son analyse : sa vie, son caractère, son art, etc. Si rien ne transparaît dans ses chansons de cette vigilance analytique, c'est qu'il possédait également un sens inouï de la synthèse, du raccourci, qui, toute discussion terminée, lui faisait cerner l'essentiel en une phrase.

En fait, sans doute l'ai-je déjà dit, il y avait chez lui cet équilibre précis entre l'intelligence et l'émotion, à partir de quoi les chefs-d'œuvre deviennent possibles : il s'était bellement arrangé pour qu'ils soient effectifs.

Il n'aimait pourtant pas qu'on parlât de son intelligence – qui n'était pas, à ses yeux, le contraire de l'imbécillité, encore moins de la connerie. Ses connaissances étaient très vastes, sa mémoire étant prodigieuse et sa curiosité toujours aux aguets; il était, de toute manière, comme on l'a dit, « notre auteur-compositeur-interprète le plus cultivé ». Mais fort conscient que l'homme de la Renaissance était mort (ce qui l'enchantait), il revendiquait, parfois avec quelque insolence, ses lacunes. Il était le premier à rire de son manque total d'intérêt, par exemple, pour la géographie, dont il a été question plus haut. « A quoi veux-tu que ça me serve de savoir où se trouve le Japon? » Evidemment, là, il exagérait un tantinet. Il ajoutait, en en faisant quelques kilos de plus : « Tu sais, moi, je suis un Français moyen. » Et il éclatait de rire. Mais aussitôt, la blague se muait en leçon de morale, le rire débouchait sur la réflexion : « On se définit tout autant par ses déficiences, par ses zones d'ombre, que par ses connaissances. Moi, il y a des choses que je voudrais toujours ignorer; je suis persuadé que, si je les savais, cela me priverait de facultés autrement importantes et peut-être cela étoufferait-il en moi ce qui fait ma modeste singularité. »

Il est vrai que la sensibilité peut être ensevelie sous le poids d'un excès de science ou d'informations. Et que porter de l'intérêt à tout, c'est ne s'intéresser profondément à rien.

Je crois bien ne pas trahir Georges Brassens en affirmant qu'à son sens l'intelligence était cette qualité qui vous rend capable de vous mouvoir avec aisance dans le domaine de l'abstraction. C'était tout à fait à sa portée, mais il se détournait instinctivement de ces vaines et grandiloquentes préoccupations que la vie n'irriguait pas. Il pouvait se plonger dans tel ou tel système philosophique parce que ça s'avérait être « excitant pour l'esprit », mais il insistait rarement : il savait, par expérience, qu'un système est toujours, à brève échéance, supplanté par un autre et que ces savantes et rebutantes constructions cérébrales, outre qu'elles sont prétentieuses, sont la plupart du temps très gratuites. Il se méfiait au plus haut point des mots ronflants et vidés de leur sève, qu'on utilise volontiers en guise de balançoire.

Je partageais assez les opinions de Brassens au sujet de ce que recouvre la notion d'intelligence. Je les partage toujours.

C'est d'ailleurs – remarquez-le bien – une qualité qu'on envoie à la tête d'un chrétien quand on entend lui reprocher de ne pas faire assez confiance aux qualités du cœur. A mon sens, on a raison : sentir me paraît, depuis pas mal de temps, autrement important que comprendre.

Pour situer Georges Brassens dans ce domaine, je parlerais plus volontiers de vivacité d'esprit. La sienne était d'une impertinence rare et le renvoyait, à chaque phrase, à l'autre bout de lui-même. Toute nouvelle approche du sujet s'effectuait grâce à une modification – parfois imperceptible – de l'angle sous lequel il avait été envisagé. C'est ici que l'esprit de contradiction, hérité du grand-père Jules, faisait florès : il incitait Georges à mettre en doute ses propres opinions pour l'installer dans un état de disponibilité d'où les choses se percevaient mieux.

Afin d'en terminer avec l'intelligence, le tour d'esprit et tout ce qui se situe dans ces eaux-là, j'aimerais m'inscrire en faux contre les allégations de suaves minus qui ont prétendu Brassens « difficile ». Difficile, oui, mais seulement pour les minus : comme il est difficile au mineur de regarder la lumière lorsqu'il refait surface après un séjour prolongé au fond de la terre. Ce n'est pas Brassens qui est difficile, ce sont Machin, Chose, Un Tel, Une Telle qui sont débiles et dont le commerce finit par émousser nos facultés naturelles.

Il fallait voir le populo de Bobino – du XIVe – jubiler à l'écoute du *Gorille*, ce texte d'une rigueur exemplaire, pour réaliser que cette prétendue difficulté ne pouvait se défendre que par référence à l'à-peu-près, à la navrante niaiserie de la production courante, disons le mot : que par rapport aux navets qu'on donne à bâfrer au public. Brassens disait : « J'écris des chansons populaires qui n'en sont pas. » Tout est là : il faut seulement que le bon peuple écoute, avant de demander à saisir. Il faut être résolument optimiste : on écoute encore...

S'il préférait, à la philosophie, la morale et la poésie, c'est qu'il sentait celles-ci plus proches de la vie. Son horreur de l'abstraction était, en fait, le verso de sa passion du concret. Demeurer concret, c'était sa façon à lui de rester fidèle à ses origines modestes, à sa « petite extrace ».

Il n'aimait pas pour autant qu'on lui donnât du poète.

Or, certains journalistes, pas plus futés que des percherons, entendaient à tout prix lui faire délivrer des « messages » – il considérait ce mot comme obscène – et accréditer en sa présence sa qualité de poète. Pas moins! Dans ces cas-là, Georges se trouvait fort embarrassé. On l'eût été à moins. Ces sommations hippopotamesques ne laissent pas beaucoup de champ libre à ceux qui en sont la cible. Ou l'auteur renchérit ingénument sur son interlocuteur, exhibe ses lauriers, se gargarise de son état et il a la grosse tête (et on lui entasse le casque du pompier jusqu'aux épaules); ou alors il se récuse, décline cet honneur, quitte à s'assimiler à la clique des gugusses qui encombrent la profession, et à irriter ses amis.

Même en petit comité, Brassens récusait l'épithète trop complaisante de poète. Bien entendu, il y en avait toujours un parmi nous pour insister, exemples à la clef. Rien n'y faisait, Georges s'obstinait : « Moi, je fais des chansonnettes. »

Quand nous n'étions que deux, il se laissait aller à dire qu'il avait tenté, ainsi que l'un ou l'autre de ses pairs, d'écrire des textes châtiés et non exempts de vertus poétiques. De là à se considérer comme un troubadour... Il plaçait tellement haut la poésie qu'il lui eût paru prétentieux de s'installer de propos délibéré parmi les élus.

Ce genre de discussion se terminait souvent par une boutade : « D'ailleurs, ce mot " poète " n'est pas beau! Pour désigner une condition, qui compte sans doute – pour moi, en tout cas – parmi les plus chouettes, les plus nobles, on n'a rien trouvé d'autre qu'un mot dans lequel il y a un affreux hiatus : po-ète. Cette rencontre du *o* et du *è* à l'intérieur du mot est pour le moins regrettable, surtout quand on sait que la prosodie proscrit l'hiatus. Il faudrait prononcer ça comme une diphtongue, et ça fait pouette. Pouette, pouette, c'est rigolo, ça! »

Au fond de lui, je reste persuadé que, malgré l'hiatus, cette qualité de poète dont on le gratifiait le flattait plutôt. Mais il entendait garder ça pour lui tout seul.

Il se foutait royalement de tout ce qui est honneur et distinction. S'il en parlait, c'était pour s'en gausser.

Quelques amis académiciens : M. Pagnol, M. Achard. J. Kessel, L. Armand, R. Clair, etc., auraient bien voulu l'attirer sous la Coupole, dans la foulée du Prix de poésie que l'Académie française lui avait attribué en 1967. Il en rigolait doucement : « Trenet d'abord! »; ça lui promettait quelque répit. Ou alors il ironisait de sa grosse voix : « Non, mais tu me vois avec une épée et un bicorne? » Bien sûr que non : on ne le voyait pas. Il ajoutait : « Je resterai jusqu'au bout fidèle à mon public. Entrer à l'Académie, ça serait me foutre de lui. » C'est par égard pour ce public, et aussi pour rester conséquent avec ses principes qui refusaient à la fois les récompenses et les diplômes (comme les punitions d'ailleurs), qu'il déclina la Légion d'honneur quand on proposa de la lui accorder. « S'accommoder de tels hochets me paraît un signe évident de médiocrité. Aucun intérêt! »

Quand un petit – tout petit – excès d'anis lâchait la bride à mon audace, je me hasardais à lui promettre fraternellement l'éternité (ce dont je ne doute pas), une jolie place dans la mémoire des civilisations. Il fallait être seul avec lui – et être un peu pompette – pour se permettre de telles extravagances.

Ça le gênait, de toute façon, et cette honte était mêlée d'un certain scepticisme, cette autre dominante de son caractère.

Il répondait : « Tu sais, on s'est toujours trompé à propos de ceux qui demeureraient et des autres. Le nez sur l'événement, on se goure. Le manque de recul altère le jugement : on ne voit qu'une partie des cartes. " Racine passera comme le café ", affirmait Madame de Sévigné. Racine est resté. Madame de Sévigné aussi d'ailleurs. »

Le pastis m'incitait à engager mes éléphants dans le magasin de porcelaine : « Mais enfin, Georges, tu le sais bien que dans cent ans, tes chansons seront toujours là. »

La réponse ne se faisait pas attendre, où Léautaud pointait le bout de l'oreille : « Ça me fera une belle jambe puisque je serai mort. »

Le débat se terminait en général par une pirouette qui ne manquait pas de pertinence : « Dans cent ans, tu t'imagines? Est-ce que le monde existera encore?... S'il est encore là, on ne parlera peut-être plus le français... »

Mais au fond de lui-même, Brassens se félicitait d'avoir été choisi par le destin pour représenter l'époque dans les siècles à venir.

Mille excuses, nous en étions à l'apéritif et j'étais venu pour restituer à Georges les petits écus qu'il m'avait laissés en dépôt.

Je m'exécutai. En déposant négligemment les billets sur la table, Georges eut cette réflexion pour le moins surprenante : « Dire que je ne peux rien faire avec ça. Il n'y a que les Belges qui ont le droit de changer de l'argent belge par ici. » Je savais qu'il n'en était rien. Mais je me gardai bien d'insister trop; je préférai me proposer d'assurer l'opération quand il le voudrait. « Oui. Oh! il n'y a rien qui presse. »

Plus j'y pense, et plus je me demande si l'ami Brassens n'avait pas utilisé ce stratagème pour m'inviter, mine de rien, en ménageant, pour l'un comme pour l'autre, cette réserve sans laquelle la vie manquerait vraiment d'intérêt.

Entre ses amis et lui, même aux heures d'anisette, la pudeur était devenue la règle commune : les sentiments étaient, dès lors, tenus de se faufiler dans la conversation par le biais de l'humour, de l'euphémisme, de la litote, de l'antiphrase, voir de l'invective. C'était un exercice où personne ne faisait vraiment le poids face à Georges : dans ce domaine, ses ressources étaient infinies, et son catalogue inépuisable.

Or donc, nous passâmes à table : dans la cuisine! La

cuisinière était neuve et la pizza un peu brûlée. A peine. Qu'à cela ne tienne! Ce fut un festin. D'autant que l'essentiel à table, c'est ce qui s'y dit.

Dans sa cage, le perroquet n'en finissait pas de réjouir l'atmosphère à coups de questions : « C'est bon ça? »

Nous sommes plutôt polis : nous proposâmes de nous retirer après l'heure des alcools blancs.

Mais Georges nous retint : rien ne pressait, il avait tout son temps, etc. La conversation roula sur tous les grands problèmes de l'heure, mais aussi sur le quotidien. Bourvil venait de mourir : en quelques phrases bien senties, Georges lui ménagea des obsèques chaleureuses. Il me questionna aussi sur mon boulot, mes perspectives d'avenir, la retraite, etc. C'était fait avec attention, gentillesse, simplicité. Au fond, je le trouvais là comme dans ses chansons où, mine de rien, il s'est souvent affairé de nos grands et de nos petits soucis. Il le faisait poliment, sans tapage, en évitant de chausser ses gros sabots et comme s'il nous entraînait à l'écart du siècle pour mieux nous réconforter.

C'est ainsi que notre amitié prit comme une bonne mayonnaise.

Il était temps de partir pour ne pas trop effaroucher notre plaisir.

Nous aurions bien voulu, ma femme et moi, aller après cela fumer un voltigeur à la terrasse d'un café, en buvant quelque cordial, ainsi que le faisait le touriste Stendhal quand il était heureux. Comme nous ne fumons pas, nous nous sommes contentés d'un solide remontant : pour rester à la hauteur de l'événement!

Dès le lendemain, coup de fil de Georges pour s'informer si le retour avait été bon, etc. Il le faisait quasiment après chaque visite. C'est dire si j'ai tout oublié du détail de cet entretien. Sauf l'essentiel : « A bientôt. » Il ne faut pas toujours une « Iliade » pour conforter votre alacrité : deux mots y suffisent, si on a bon caractère.

Je déteste jouer au démolisseur de légendes. Il en est une pourtant qu'il faut jeter bas, parce qu'elle est incompatible avec le sens de l'amitié chez Brassens : c'est celle qui accrédite son horreur du téléphone, cet instrument prétendument barbare.

Eh bien! pas du tout : il adorait ça, tout au contraire. Il vous téléphonait parfois pour rien, enfin pour dire simplement bonjour : « Salut, c'est Georges! Ça va? » Hop, on avait le moral! Maintenant le bigophone est devenu réellement un instrument barbare : il n'y a plus aucun espoir de le décrocher sur cette voix qui vous requinquait. Qu'il en reste d'autres ne nous console pas.

Georges téléphonait très souvent : il appelait Pupchen au moins deux fois par jour et « Gibraltar » au moins une fois.

Pour le reste, il y avait sur le guéridon où trônait l'appareil, à côté de lui, un répertoire avec tous les numéros des copains, et quelques autres plus utilitaires : taxis, médecins, négociants du coin, etc. Une trentaine : à vue de nez, bien sûr. Je ne me suis jamais permis de recenser les noms, mais en passant cent fois devant ce catalogue, en m'installant devant lui pour téléphoner, j'ai pu constater que tout le monde était présent. Par ordre alphabétique, comme il se doit.

De temps à autre, un nom était biffé : un mort! C'est ainsi que j'ai vu disparaître celui qui me précédait sur la liste : André Tavernier; puis il y a eu Jean le facteur...

Georges avait un besoin constant et impérieux de téléphoner. « Gibraltar » était là, pour préserver sa solitude, et il le faisait avec une autorité irréprochable; le téléphone, quant à lui, était l'instrument qui permettait à Georges de sortir de cette solitude-là, quand elle lui pesait trop.

Tous ses amis vous le confirmeront : sauf pendant les derniers mois de sa vie, Georges était passionné de « bigophone » comme pas deux. Spécialiste au demeurant des coups de fil prolongés – parfois une demi-heure – où on débattait de mille choses... Il arrivait fréquemment à Georges de m'appeler lorsqu'il se trouvait en joyeuse compagnie; alors, chacun – Sétois, Parisien, voire Belge – venait au bout du fil avec un petit mot cordial.

Une nuit, vers 2 heures du matin, je fus même arraché des bras de Morphée par la sonnerie du téléphone. C'est un Georges, manifestement éméché, qui m'apostropha jovialement : « J'espère que tu ne dormais pas encore! », avant de me passer une kyrielle de gais noctambules. Mario Poletti m'a appris depuis peu que, ce coup-là, Brassens avait lancé avec un sourire malicieux : « On va réveiller le Belge! » « La farce était bien bonne et valait »... le réveil.

S'il aimait ainsi appeler ses amis, il ne détestait pas qu'on en fît de même. Chaque copain avait son numéro, avec la manière de s'en servir, une sorte de code secret qui était peut-être différent pour chacun. Tout cela parce que le numéro avait été vite éventé et que Georges ne pouvait quand même pas répondre à tous les casse-bonbons (son mot à lui faisait moins confiserie).

Sauf sur la fin, même en vacances, je ne crois pas être jamais resté sans nouvelles de lui pendant plus de quinze jours. Ni moi ni les autres. Je parle de nouvelles téléphoniques, bien sûr : il n'écrivait guère de lettres. Ecrire qu'il était sorti à 5 heures pour rentrer à 8 lui paraissait, à juste titre, totalement dépourvu d'intérêt.

Lorsqu'il préparait son tour de chant ou qu'il avait découvert un bouquin exaltant dont il aimait parler, alors c'était un festival : il faisait signe tous les jours ou presque.

Il m'appela ainsi pour m'annoncer la sortie d'un livre épatant de Cavanna : *les Ritals* : « Lis-le, toutes affaires cessantes. C'est un bouquin formidable. Non seulement il est bien écrit, mais il est admirablement bien senti. Cavanna met en scène les Italiens avec une authenticité, une truculence sans pareilles. Leur mentalité, leurs habitudes, tout est juste. Jusqu'à leur accent, qu'il transcrit avec beaucoup de saveur. A Sète, il y avait beaucoup d'Italiens dans ma rue. Eh bien! en lisant *les Ritals*, je me serais cru là-bas... » Il rappela peu après pour s'informer si je l'avais lu...

Quand il fut pris d'une véritable fièvre pour Jules Lemaitre, il me téléphona deux ou trois fois par semaine pour m'entretenir de ce « prodigieux écrivain ».

Mais ses coups de fil n'étaient pas exclusivement littéraires, on s'en doute.

Parfois, il entendait annoncer qu'il « faisait une télé », mais il ignorait la plupart du temps la date de l'émission. Il fallait insister pour qu'il rappelât afin de la préciser : quand la séquence était mise en boîte, il l'oubliait, et il fallait que « Gibraltar » vînt au secours de sa mémoire défaillante.

Un soir de 1976 (je crois bien), il me passa un coup de fil pour m'annoncer qu'un « Belge » venait de sortir de chez lui. Je me creusai les méninges pour deviner de qui il s'agissait : les Cordier... Mathonet... Cornélis... etc? Georges interrompit cette litanie :

– Te casse pas la tête : c'est le « Grand Jacques »!

– Brel? Je le croyais au bout du monde...

– Eh bien! il est venu à Paris pour enregistrer un trente-trois tours. Deux chansons à la fois : il ne peut en faire plus depuis qu'il lui manque un poumon... Il a un peu grossi : il a pris du bide. Il porte la barbe, une moustache. Complet blanc, grand chapeau, blanc également. Lunettes noires. Mais je l'ai reconnu tout de suite : grâce à son sourire. Pourtant, je ne l'attendais pas : il s'est pointé à la surprenante.

« N'en parle à personne. Il n'y a que Barclay, Lino Ventura et moi qui sommes au courant. Il ne veut voir personne d'autre... »

Quand quelqu'un était malade chez vous, quotidiennement il venait aux nouvelles, avec les mots exacts qu'il fallait pour vous requinquer : « T'en fais pas. C'est emmerdant, mais pas grave. »

La dernière année, évidemment, il était moins assidu; pourtant il lui arrivait quand même de faire signe pour dire qu'il avait ceci ou cela, que le moral y était, mais que, fatigué, il ne pouvait ni lire, ni écrire, ni écouter de la musique : « Jouer de la guitare, n'en parlons pas. Alors je m'emmerde comme un rat mort! »

Le téléphone était pour lui le sésame de la solitude, le véhicule magique de la cordialité.

Un soir d'octobre 1970, Fallet m'appela de chez Georges. Contrairement à ses principes presbytériens, René était assez éméché, du moins m'a-t-il semblé. Il voulait m'annoncer que la semaine suivante, on tournait l'émission de Guy Béart : « Bienvenue à Brassens » et qu'on comptait bien m'y voir. « Viens, il n'y aura que des cons. » Il était bon, lui, il ne demandait pas si Georges était d'accord. Celui-ci prit le relais au téléphone : il n'avait manifestement pas regardé boire son ami. Cela ne l'empêcha pas de terminer son allocution sur cette invitation marquée au coin d'une réserve que l'alcool n'avait pas dissipée : « Tu sais, on est toujours heureux d'avoir un cheminot belge parmi nous. »

Il se fait que je suis cheminot belge : pour tout dire, je travaille à la revue *le Rail.* Vous savez tout.

« Heureux d'avoir un cheminot belge parmi nous! » Passez muscade. Elle est émouvante la pudeur, quand elle saupoudre l'amitié de telles élégances!

Le 3 novembre, quand j'arrivai rue Santos-Dumont, la plupart des copains étaient déjà là, et notamment ceux-là qui avaient eu le temps de blanchir sous le harnais et près de qui j'avais peur de faire un peu figure de bleu. Mais non! pas de bizutages, ni d'humiliations, ni de brimades, dans la « bande à Brassens ». Aussitôt, on faisait « partie de la famille ». C'est là que j'ai vraiment compris que, si on n'entrait pas comme dans un moulin sur ce bateau-là, lorsqu'on y était embarqué, c'était pour la vie, comme on dit. De mémoire d'homme, personne n'avait jamais été répudié.

Eh bien! ce lendemain de la fête des morts était plutôt vivant, croyez-moi.

Pour ma part, il me restait à faire la connaissance de tout un chacun, puisque j'étais l'ami de la onzième heure, et cela tandis que les bons mots fusaient, que les rires pétillaient, que le téléphone se transformait en une succursale de « farces et attrapes ».

Il y avait là les Sétois.

D'abord, Loulou Bestiou, l'exilé de mai 1940 : un type charmant, qui, contrairement à Georges, avait persévéré dans la branche industrielle : après être passé chez Renault, il travaillait pour l'heure en usine à Puteaux. Depuis l'adolescence, Georges et lui, c'étaient Oreste et Pylade.

Et puis Henri Delpont, avenant, élégant, la moustache aux intentions précises, aux lèvres un éternel mégot qu'il ne cessait de rallumer en soulevant ses lunettes pour les préserver d'un sinistre qui, on le devinait, s'était déjà produit.

Eric Battista était présent également : il venait d'abandonner le triple saut au profit du trait d'esprit, avec une singulière escalade de la voix aux moments les plus désopilants. Il était à la fête! Ses saillies fusaient : on ne pourrait pas toutes les répéter. C'est qu'il a l'esprit caustique, Battista!

J'ai appris par la suite que cette causticité était une autre variante de la pudeur sétoise : Eric est un tendre, mais il faut du temps pour s'en apercevoir, car dans la vie courante, il ne cesse de plaisanter, de se gausser.

Après les Sétois, les Parisiens!

Jean Rault, le facteur : un collègue en quelque sorte!

Enfin, celui que tout le monde, y compris Georges, appelait monsieur Tavernier. Très « vieille France », ancien violoniste, il était alors secrétaire général des

Concerts Lamoureux : c'est lui qui présidait, malgré ses soixante-quinze ans ou presque, à l'enregistrement des disques du « bon maître ». Détail piquant : s'il était le seul à qui Georges disait « Monsieur », lui aussi était l'unique à appeler Georges par son patronyme : « Brassens »! Et ça ne choquait pas.

André Tavernier avait donc passé, depuis belle lurette, l'âge de la retraite. Sa femme était alitée depuis des années, et la pension officielle n'eût pu suffire aux soins qu'elle exigeait. Alors il continuait de bosser. Grâce à Georges. Chaque fois qu'il était question de renouveler son contrat, sa firme de disques demandait à Brassens ses conditions. Il eût revendiqué n'importe quoi qu'on le lui eût accordé. Il disait simplement : « Gardez monsieur Tavernier! » C'est ici que le « monsieur », sorti avec naturel, était précieux.

Soit dit en passant, Georges Brassens, pendant toute sa carrière, n'a jamais changé de maison de disques, malgré les offres mirobolantes, les ponts d'or que lui proposait la concurrence. Rien que pour signer un contrat dans sa firme, sans promesse de disque pour une date déterminée, tel producteur lui envoyait plusieurs millions (nouveaux, bien sûr). Ce fut toujours « non ». Pour avoir le plaisir de pouvoir m'affirmer, comme il le fit sans aucun doute à d'autres : « J'aurai au moins eu cette consolation de n'avoir pas été vendu comme un joueur de football. » La fidélité est comme ça, parfois, un corollaire de l'amour-propre.

J'ai gardé pour la bonne bouche Colette Chevrot, parce que le beau sexe mérite la vedette. A l'époque, elle avait déjà déserté la chanson pour aller élever des chèvres dans les Cévennes, ou par là.

Ce matin de la « Bienvenue à Brassens », la luronne, divinement inspirée par Georges et Eric Battista, utilisait le téléphone à des fins exclusives de mystification. Ce n'étaient que blagues dont firent les frais René Fallet, qui s'en tira merveilleusement à son habitude, et surtout la pauvre secrétaire de Béart qui frôla assurément la crise de nerfs, ou peut-être la démence, quand elle apprit insidieusement que Brassens était « parti se promener en forêt, certain que l'émission n'avait lieu que le lendemain ».

Georges, lui, allait de groupe en groupe, rayonnant, gamin, ruminant de fines boutades dans sa moustache, visiblement ravi de se trouver au milieu de cette ruche turbulente, qui suintait la sympathie et le désordre par tous ses alvéoles.

Il faut renoncer à évoquer plus longuement l'atmosphère du 42, rue Santos-Dumont ce matin du 3 novembre 1970. Où irions-nous? On dirait d'une classe de potaches à la veille des vacances : la mélancolie n'avait pas sa place sous ce toit ce jour-là!

Avant de cingler vers les studios de Boulogne-Billancourt, on cassa la graine tous ensemble. J'ai oublié le menu, mais il était sûrement composé de charcuteries diverses, de poulet froid, de carottes râpées, peut-être d'artichauts, sans oublier les fromages et le vin rouge. Une vaste senteur d'amitié flottait au-dessus des assiettes (et des verres) : Georges apportait aux agapes un ton délibérément optimiste. Novembre commençait bien.

Je ne parlerai pas de l'enregistrement lui-même de cette « Bienvenue » héroïque. Ce n'est pas mon propos. Mais il faut quand même ajouter qu'on rejoignit aux studios d'autres membres de la famille : les frères Fallet qui allaient, en cours d'émission, brandir des litrons pas du tout postiches, imités par leur éternel complice André Vers; Jean Bertola, conseiller musical de Georges (1); Louis Nucera que je connaissais déjà en tant que représentant d'une firme de disques; René Bourdier, journaliste aux désormais défuntes *Lettres françaises*, qui, disait-on, avait l'oreille d'Aragon, ce qui lui valait d'aventure quelque cordiale estocade de la part du « grand Fallet » (l'expression est de Georges).

Ainsi, parmi tous ses côtés attachants, Georges en

(1) Il a enregistré les chansons posthumes de Brassens, et c'est justice.

possédait un qui m'a ménagé d'agréables surprises : il aimait faire se rencontrer ses amis. Je n'ai pas manqué d'en avoir la preuve, et pas seulement à l'occasion de cette émission de télévision. Et s'il en est quelques-uns que je n'ai jamais approchés, c'est uniquement la faute à pas de chance : dès 1970, Jean-Pierre Chabrol avait décidé de se retirer du siècle, pour se terrer dans ses Cévennes; Bonnafé ne quittait plus le Midi; quant à Boby Lapointe, il a préféré disparaître une fois pour toutes. Voilà, ça s'est trouvé comme ça!

Et puis, il faut bien avouer qu'il en est d'autres qui n'ont fait que traverser le marché avant de retourner à leurs oignons.

En attendant, cette télé mise en boîte, j'avais toujours la responsabilité de ces cinquante mille francs belges qu'il me faudrait bien, un jour ou l'autre, aller transformer en espèces sonnantes et trébuchantes françaises, puisque j'étais le seul, etc.

Le plus tôt serait le mieux. Rendez-vous fut pris pour la fin novembre.

« Gibraltar » m'attendait à la gare du Nord. Je convertis le pognon sans avoir, bien évidemment, à exhiber mon passeport. C'en était fini avec « la délicate question d'argent »...

Après quoi, Pierre me mena à la rue des Plantes chez Mario, le tailleur de Georges : un Rital, comme tout coupeur qui se respecte. Il y avait là une partie de « la famille » : Monsieur Tavernier, René Bourdier et René Fallet.

On prit un solide apéritif au bistrot le plus proche, après quoi Mario, le régional de l'étape, nous mena dans un bouchon qui en valait bien un autre et dont l'enseigne roturière recueillit l'unanimité des suffrages : « Au rendez-vous des camionneurs. » Elle inspira à l'ami Fallet le début d'une nouvelle version des *Copains d'abord*, la muse l'ayant visité impromptu après les digestifs d'usage :

Au rendez-vous des camionneurs
Y avait pas toujours les meilleurs.

C'était bienvenu, mais ça ne prétendait pas rivaliser avec l'original. D'ailleurs, René Fallet n'a pas dû lutiner sa muse plus avant, car rien d'approchant ne figure dans *Chromatiques*, le recueil de ses œuvres poétiques complètes.

Les ripailles furent, comme on le devine, populistes à souhait, plantureuses, bruyantes et absolument exemptes d'hypocondrie.

Georges, René et moi, nous devions normalement clore le débat en éclusant, à la rue Santos-Dumont, le dernier verre qui, on le sait, est rarement orphelin. Hélas! Georges, victime au retour d'un violent mal de dents, dut aller se faire soigner d'urgence. C'est en petite forme qu'il nous déposa au métro Alésia, en s'excusant ainsi auprès de moi : « J'ai moins de scrupules à t'abandonner, parce que je te sais entre les mains de René. »

De bonnes mains! Elles me menèrent tout droit du côté du faubourg Saint-Denis, où le beaujolais nouveau venait d'arriver.

Nous le partageâmes avec des personnes, inconnues de moi mais non de René, qui exerçaient sans tapage le plus vieux métier du monde.

Le petit rouge illumina les trognes, délia les langues, mais se garda bien, je le jure, d'envoyer nos mains en reconnaissance sur les champs de plaisir de ces demoiselles. Notre comportement dans ce quartier chaud fut superbement oxfordien.

Il arrivait à l'ami Fallet d'avoir le vin triste. Ce fut le cas ce soir-là. Peut-être la compagnie des filles qui « se marient vingt fois par jour » lui avait-elle fait réaliser, *a contrario*, l'impossibilité de l'amour fou, total et définitif. Qui sait? En tout cas, il se mit à mélancoliser amèrement. La larme au carreau, il évoqua la mort de son père et, dans la foulée, celle – tant redoutée – de

Georges. C'est là, à l'ombre de feu les Halles, qu'il m'a narré cette touchante aventure : un soir de cafard, où Eros l'avait bafoué, il était allé pleurer dans le gilet de son copain Brassens qui l'avait laissé partir éploré; la nuit, on avait frappé à sa porte, c'était Georges qui, guitare au poing, venait lui chanter quelques chansons pour consoler sa peine.

A ses moments de vulnérabilité, le redoutable Fallet pouvait être d'une tendresse sans faille. Il me récita ces vers, que je retrouvai le lendemain dans ses *Dix-neuf poèmes pour Cerise* qui venaient de paraître :

Georges, joue-moi de la guitare
Voilà quinze ans qu'on se connaît
Que dans les ronds de nos cigares
On trouve le monde imparfait
Georges, joue-moi de la guitare
Pour que j'oublie la chanterelle
Chante-moi le chant du départ
Pour le pays des étincelles.

Voilà qu'il me filait le bourdon, à moi aussi, avec son vague à l'âme : mon vin à son tour virait au noir.

René se reprit pour me sermonner gravement : « Ecoute, vieux, tu es entré dans la bande. Et on n'y entre pas comme on veut. Georges t'a adopté. Alors, ne te fais pas trop désirer. Le Gros, il faut le comprendre à demi-mot. Quand il aura envie de te voir, tu le sentiras bien. Alors, viens! »

Ce ne sont pas des choses que je me fais répéter deux fois, surtout quand le beaujolais aiguise mes audaces. J'avais attendu, sans piaffer (comme il le fallait), au guichet pendant dix ans. Maintenant qu'on m'offrait une petite place autour de la table, je n'entendais pas la laisser plus souvent vide que de raison.

Les fêtes de fin et début d'année ayant épuisé leurs plaisirs sur commande, je retournai chez Brassens à la fin janvier 1971 pour partager en sa compagnie des nourritures plus consistantes.

Nous étions, comme à l'accoutumée, convenus d'une heure. Quand j'arrivai, Georges m'attendait.

Dès que quelqu'un était en retard, il était alarmé, s'impatientait. Il répétait souvent la phrase que Saint-Exupéry prête au renard dans *le Petit Prince* : « Si tu viens, par exemple, à quatre heures de l'après-midi, dès trois heures je commencerai d'être heureux. Plus l'heure avancera, plus je me sentirai heureux. A quatre heures, déjà, je m'agiterai et m'inquiéterai : je découvrirai le prix du bonheur! Mais si tu viens n'importe quand, je ne saurai jamais à quelle heure m'habiller le cœur... »

Lui était toujours à l'heure, et même souvent en avance, aux rendez-vous. Parmi mes multiples défauts, j'ai cette qualité d'être ponctuel : simple respect du temps de l'autre!

A deux, nous pouvions attendre en toute quiétude l'arrivée de Pupchen et de M. Thebault, le concierge à qui Georges confiait son perroquet, les week-ends où il avait à s'absenter, pour que ce beau parleur ne demeurât pas seul, donc triste, à la maison.

Et puis, un beau jour, Georges offrit purement et simplement Jaco à M. et Mme Thebault : « Tu comprends, ils l'avaient pris en affection, ce perroquet. Pendant toute la semaine, ils se languissaient de lui. Je ne pouvais pas les priver de ce plaisir qu'ils auraient de le garder tout le temps auprès d'eux. Alors, je le leur ai donné. Je vais le voir quand je le désire... Hélas! on lui a appris des gros mots... » Savoureuse remarque dans la bouche de Brassens, mais tout à fait justifiée : pour lui, il y avait des mots qu'on ne pouvait à aucun prix utiliser...

Quand Pupchen fut arrivée à son tour, le perroquet étant parti à vélomoteur vers sa conciergerie dominicale, nous n'eûmes plus qu'à partir pour Crespières, dans une propriété que Georges avait acquise en 1957.

Crespières était à l'époque un village de quelques centaines d'âmes; il est situé à une quarantaine de kilomètres à l'ouest de Paris, pas loin de la forêt de Marly.

Vivement conseillé par son entourage, et bien qu'il prétendît détester la campagne, Brassens avait racheté là un ancien moulin avec la terre qui y était attenante, c'est-à-dire treize hectares de prairies que traversait un ruisselet tumultueux (1) : elles se poussaient mollement en coteau vers un petit bois qui conférait à l'ensemble un supplément de caractère. Crespières était un enchantement; la maison du meunier avait été transformée en une somptueuse demeure. Georges, fort de son ascendance, avait largement mis la main à la pâte.

Ainsi que la maison du XVe arrondissement, la résidence de Crespières – fût-elle secondaire – était « habitée », on ne peut plus. De l'âme ras les charpentes! C'était un charme princier de converser avec Georges et l'un ou l'autre visiteur sous les vénérables poutres du moulin, en laissant errer son regard à travers les grandes baies vitrées vers le troupeau qui broutait l'herbe de Brassens, en toute innocence, et vers les bosquets qui humanisaient l'horizon.

Evidemment, la stature de Georges convenait admirablement à ce logis d'un chic fou, dans la salle de séjour duquel on eût pu, sans faillir à la vraisemblance, mettre en scène quelque roman de Walter Scott. Sa dimension, son mobilier (une longue table dont le chêne continuait de vivre avec noblesse...), son feu ouvert, sa hotte, ses chenets... autorisaient un tel pari.

Quel que fût le décor, il faut dire que, dès qu'on s'approchait de Brassens, l'air changeait de qualité, se

(1) Ce ru de Gally prend sa source dans le grand canal de Versailles : à défaut d'avoir « les grandes eaux de Versailles dans la tête », Brassens les avait quand même dans son jardin!

chargeait ingénument de quelque chose d'exceptionnel, d'indispensable, qui ne doit d'ailleurs pas porter de nom mais n'en doit pas moins favoriser les contacts amicaux. Georges était l'amitié en chair et en os. Si j'osais, je dirais « militante »...

Je ne sais quel idiot de village avait propagé la légende de sa muflerie. Il était, aux antipodes de cela, un des derniers aristocrates, de la seule aristocratie qui compte : celle de la bienséance, de l'amabilité et du bon goût! Mais sa pudeur était telle qu'il eût été difficile à un rustaud de s'en faire une idée avec ses seules ressources personnelles.

Quand on était à ses côtés – à Crespières, à Santos-Dumont ou ailleurs – on assistait toujours à une manière de « fête ». Tant pis si depuis dix ans on a galvaudé le mot, ce n'est pas ma faute. Une fête des mots, des émotions, des idées à la portée de toutes les bourses (ou presque). Soudain le monde paraissait différent.

Cette pudeur prenait d'aventure des couleurs assez vigoureuses, mais l'amitié s'y retrouvait aisément. D'autres fois, elle s'avérait paralysante jusqu'à s'identifier avec une insurmontable timidité.

Près de Crespières, de l'autre côté de la colline, Bourvil avait sa maison. A une portée de fusil, quoi! Ils étaient donc voisins, et ils le savaient, l'un comme l'autre. Ils auraient bien voulu se rencontrer parce qu'ils s'estimaient mutuellement, mais aucun d'eux n'osait prendre la liberté d'aller visiter l'autre sur ses terres. Il fallut toute l'insistance de Louis Brassens, qui jugeait que les limites de la tolérance avaient été dépassées, pour que Georges décidât de l'emmener chez Bourvil, sous le prétexte... d'emprunter une tondeuse à gazon. C'est un Brassens un peu gêné qui concluait ainsi l'aventure : « Des tondeuses, il y en avait trois et en parfait état de marche. Il faut s'y mettre à plusieurs ici quand on tond les pelouses... »

Il y avait toujours quelques amis pour nous rejoindre sous les poutres du « manoir ». René Bourdier et sa femme, Loulou et Vonette, Henri Colpi, la famille Delpont...

Quand on était à Crespières, on allait d'habitude déjeuner ou dîner « Aux routiers », une auberge où l'accueil était familial, la chère succulente et les rillettes à vous damner. Les maîtres de céans étaient devenus naturellement des amis de Georges et, en arrivant comme en se quittant, on s'embrassait.

L'atmosphère de Crespières même était propice au repos. Les nuits étaient tendres, frémissantes de feuillage ou craquantes de gel. Les matins triomphants autorisaient les plus folles audaces. C'est un de ces matins-là que j'entendis Georges saluer le frère de Pupchen, lituanien en rupture d'Est (fort éphémère), par un « Haben Sie gut geschlafen? », claironné avec l'accent de Basdorf.

A la fin juin, nous nous installâmes, ma famille et moi, pour deux jours dans l'ancien moulin, aux côtés de Georges et de Pupchen.

Il se fait qu'il fallait tourner, avec une équipe de la télévision flamande (*sic*) de Belgique, un film de variétés (re-*sic*) avec Georges, bien sûr, Charles Aznavour, René Fallet, Paul Louka, les peintres belges Paul Klein et Charles Delporte et quelques chanteurs néerlandophones. Ce film, Georges avait accepté de le tourner, à la demande de Georges Mathonet, directeur de l'Ancienne Belgique, à condition que cela se fît amicalement, c'est-à-dire qu'on s'installât tous chez lui à Crespières et que les soins de l'interview me fussent confiés : « Tillieu, je le connais », avait-il affirmé péremptoirement sans imaginer ni ma trouille ni mon inexpérience en la matière. Dans ces cas-là, on ne réfléchit pas trop : on ferme les yeux et on bondit. Comme le guépard. Ce que je fis.

L'émission ne vit jamais le jour – et c'est sans doute tant mieux pour tous : on n'a jamais pu rendre compatibles l'image et le son, m'a-t-on dit. Ils étaient parfaits l'un et l'autre, mais chacun de son côté...

Pour le reste, ce furent deux jours d'un aimable délire.

Nous étions donc arrivés à Crespières, les miens et moi, la veille du tournage. Henri Delpont était au poste, comme dans toutes les grandes occasions; avec cette façon de cordonnet noir qui lui tenait lieu de cravate et, aux lèvres, son éternel mégot, qu'il ne cessait de rallumer (et hop! les besicles sur le front), il apportait à la fois les marques d'une amitié évidente à l'égard de tous ceux qui approchaient Georges et le charme d'une décontraction d'un autre âge. Pour lui, se trouver aux côtés de Brassens, ce n'était pas que les vacances, c'était en quelque sorte la perpétuation du bel âge.

Brassens avait invité, pour la soirée, Guy Béart, qui se pointa accompagné de deux nymphettes fort décoratives.

La discussion roula sur la chanson et aussi sur l'humour au sujet duquel d'ailleurs les nanas n'avaient pas tout à fait la même opinion que Georges : « Si on veut, ça aussi, c'est de l'humour », dit-il en se fixant les pouces dans les oreilles et en agitant ses mains comme de petites ailes.

Mais comme à l'ordinaire, tout cela se termina fort gaiement : la joute fut dissoute dans l'apéro. Et puis, toute la compagnie se rendit « Aux routiers » où Guy Béart, qui avait peut-être un peu forcé sur le gros bleu, réclamait à l'hôtesse des lieux le pain, le vin et la moutarde en vers de mirliton, sous les rires amusés de tous, Brassens en tête.

Le lendemain, toute l'équipe, après le tournage, alla fêter l'enfant autour de la même table, sans savoir qu'il était mort-né. La gaieté était souveraine et l'auberge acquit sans doute ce jour-là une étoile dans le Michelin en raison du cosmopolitisme de sa clientèle. Il y eut notamment au comptoir une savoureuse conversation entre un chanteur néerlandophone et Georges, qui essayait de s'en faire entendre en usant d'un allemand élémentaire mais efficace.

Si on allait fréquemment se restaurer dans cet antre de la grande bouffe, la règle supportait l'exception. Les repas qu'on prenait dans l'immense cuisine de l'ancienne maison du meunier baignaient dans une atmosphère différente et la carte y était moins bigarrée. Ils affichaient un charme intimiste qui convenait peut-être mieux à l'impressionnisme de Brassens. Le grand cartel sonnait les heures, qui n'étaient jamais ni celles du conformisme, ni celles de l'austérité.

Il n'était pas rare, lorsque nous nous rendions à Crespières, que nous allions cueillir au passage Loulou Bestiou et sa compagne Vonette. Loulou n'a pas dû avoir, dans son milieu ouvrier, une existence particulièrement exaltante, mais ça n'a en rien aigri son caractère où dominent à la fois la cordialité, une franchise sans faille et le souci de ne pas gêner. C'est sans aucun doute pour cette dernière raison que Loulou entendait le soir, en compagnie de sa femme, regagner son appartement de Puteaux, bien qu'il y ait eu de quoi loger à Crespières. Alors, à la nuit tombante, Georges les reconduisait en voiture jusqu'à la gare de Saint-Nom-la-Bretèche, d'où partait le train vers Puteaux. Il fallait pour cela traverser la forêt, peut-être celle de Marly déjà, et j'étais invité à faire partie du voyage, au cas où on serait tombé en panne, au retour. Georges était angoissé à l'idée qu'un pépin pourrait l'immobiliser sous les grands arbres où il n'y avait âme qui vive. Que faire alors? Attendre? Laisser la bagnole et revenir à pied?

Cette inquiétude m'arrangeait car, à l'aller comme au retour, la conversation se poussait à petits coups d'émotions, de confidences et d'observations. Je me calais douillettement dans mon siège et dans le parfum rustique de la pipe. Au retour, on suçait quelques bonbons qu'on avait échangés contre une ou deux thunes au distributeur automatique de Saint-Nom-la-Bretèche, ce point ferroviaire qui, la nuit surtout, ressemble étonnamment à « la gare forestière » de Paul Delvaux.

De quoi on discutait lors de ces retours vers Crespières à travers la forêt, allez savoir. Je revois les phares de la voiture qui débusquent de la nuit de nouveaux arbres à chaque sinuosité de la route. De jolis sujets en général, que la lumière brutale démesure. Nous avions un peu l'air de prospecter une crypte avec une torche : c'était exaltant!

Les mots, ils se sont enfuis pour toujours. Il ne reste qu'une sonorité, une tonalité où tenait l'essentiel de la morale de Brassens, où se ciselait sa langue avec la précision d'un joyau d'orfèvrerie, où l'amitié avait fait son rond.

J'ai quand même un souvenir précis d'un de ces échanges, parce que nous avons prolongé la conversation dans le salon, tandis que Pupchen en finissait avec le feuilleton télévisé.

J'avais dit à Georges comment j'envisageais sa conception de l'amour à travers ses chansons : entre la gauloiserie, la farce gaillarde et l'amour courtois, la tendresse, pas de place pour l'érotisme! Et il était d'accord. Mais Brassens n'était jamais totalement d'accord et c'est ça qui était fascinant. « Tu as raison, mais si sincère qu'on soit, quand on écrit, et aussi quand on vit, on est toujours un peu littéraire, on ajoute à sa personnalité des tas de notions que la culture nous a apportées. Certes, en dehors de la gaudriole, j'ai plutôt tendance à proposer des amours saines et pas vicelardes. Mais je ne suis sans doute pas plus pur qu'un autre. Dans la préface de *Physique de l'amour*, qui est un chef-d'œuvre (je te le dis au cas où tu ne serais pas au courant), Remy de Gourmont cite ce mot de Diderot : " Il y a un peu de testicule au fond de nos sentiments les plus sublimes et de notre tendresse la plus épurée (1). " Ça doit être vrai! Bien entendu, chez moi, la passion, le sentiment, la tendresse prennent le

(1) Je n'ai pas retrouvé cette préface.

pas sur les manifestations physiques de l'amour. Mais ça ne peut pas être pur à cent pour cent. »

Impossible de restituer les mouvements de cette conversation dont je n'ai noté que les temps forts. A un moment, Georges m'a concédé : « Cela dit, je suis assez d'accord avec le père Hugo : " Le bordel est l'abattoir de l'amour "; et les putes n'y peuvent rien. »

Est-ce en guise de conclusion que Brassens me déclara ce qui suit? Je ne sais plus. Qu'importe, l'essentiel est dans le propos lui-même : « Les femmes sont mieux – je veux dire : plus heureuses – avec des types cons. Les types pas cons s'occupent de leurs poèmes, de leur essai philosophique, de leur roman, de l'article à boucler, etc., et négligent un peu leur femme. Elle parle, toi, tu rumines un vers, tu polis une expression, tu saisis une image, tu redresses une phrase qui ne tournait pas rond... alors elle croit que tu ne t'intéresses pas à ce qu'elle dit, c'est-à-dire pas à elle. Les types cons sont plus souvent aux petits soins avec leur femme. S'ils ne le sont pas, ils n'ont aucune excuse... »

« Il y a aussi que, quand on est amoureux, on est con! Pour les intéressés, c'est une connerie pas trop désagréable... »

Rentré à Crespières, on sacrifiait à la tradition du dernier verre et puis on se couchait. Sans somnifère : Crespières était apaisant, je le répète.

J'ai rencontré pas mal de monde dans la maison du meunier : outre ceux que j'ai cités plus haut, je me souviens avec beaucoup d'exactitude, et tout autant de plaisir, d'Henri Colpi, Sétois d'adoption, mais avant tout homme de cinéma dont le film *Codine*, haut en couleur, pittoresque, ardent, m'avait bouleversé au plus profond, tandis que *Heureux qui comme Ulysse* avait réveillé en moi une Margot qui ne dormait que d'un œil. Ce qui m'avait conquis chez cet homme, c'est sa douceur et cette sensibilité sans cesse en éveil, prête à se frotter aux milliers de nuances dont l'instant peut assortir la réalité quotidienne. Trop épris de cinéma, et pas assez intrigant, trop intransigeant et pas assez coulé dans le dernier vent de la mode, trop lui-même pour se prosterner, pas assez introduit dans les sphères où s'achètent les bénédictions, Henri Colpi n'a pas fait la carrière qu'il méritait : c'est le cinéma qui en pâtit. L'amitié que Georges lui témoignait doit le consoler de ses déboires. Il était de toutes ses fêtes : première, dernière, « vingt ans de chansons », vernissages, etc., mais si effacé que beaucoup ont dû le louper. Dommage : chaque fois sa dignité, qui vous parvenait par le biais de la modestie, vous rendait meilleur.

Il m'est même arrivé à Crespières de vivre des moments qui valaient leur pesant d' « Hécatombe ».

Georges avait abandonné à un musicien une énorme bâtisse qui devait jadis faire partie des dépendances du fameux moulin : elle était sans grâce, mais on ne devait pas s'y sentir à l'étroit. Ce croque-notes avait un jour logé une jeune fugueuse. C'était en 1971, et on ne badinait toujours pas avec la vertu des filles, même si celles-ci avaient décidé délibérément d'un peu la laisser bousculer.

Bref (ce que j'ai pris pour), un sergent de gendarmerie et un brigadier (deux flics, quoi!) sont venus interroger à ce sujet Georges qui, au moment des faits (lesquels? mystère!), était à Paris, c'est-à-dire à quarante kilomètres à vol d'oiseau.

Je voulus m'esquiver dans une autre pièce dès l'arrivée des pandores, mais Brassens me fit signe de n'en rien faire. Je restai.

J'assistai à une déclaration désopilante, où le vocabulaire de salle de garde s'insinuait en douce, sur l'évolution des mœurs, l'âge où les filles se déniaisent, le retard des pouvoirs publics sur les notions de majeur et mineur, et l'impuissance où l'on se trouve à révéler ce qui a bien pu se passer dans une maison qu'on loue

– même si c'est à titre gracieux – surtout si elle est située à huit lieues d'où vous êtes, etc.

La maréchaussée encaissa ce morceau de bravoure comme on prend huit jours d'arrêt! De toute manière, elle n'était pas chaude, après ce monologue, pour dresser le rapport. Si elle le fit, c'est sans doute parce qu'elle était bicéphale et qu'on ne sait jamais ce qui se passe dans l'autre tête.

Le plus cocasse reste à venir. Quand tout fut consigné – c'est-à-dire rien –, le brigadier (enfin le sous-fifre) demanda timidement :

– Monsieur Brassens, pourriez-vous me donner un autographe?

– Qu'est-ce que vous dites? intervint le maréchal des logis.

– Je demande un autographe.

– Ah! ben, on peut dire que vous ne manquez pas de réflexe.

Avec courtoisie, Georges alla quérir une photo et, à des fins de dédicace, demanda le nom de ce fan improvisé :

– Comment? fit l'autre.

– Votre nom!

– Quoi? rétorqua le brigadier qui, habitué à prendre l'identité des autres, n'imaginait manifestement pas que l'inverse pût se passer.

– Votre nom! c'est pour la dédicace, expliqua Brassens.

– Ah! fit l'homme, soulagé... Ernest.

Constatant le peu de formalités que nécessitait l'obtention d'un autographe – qui plus est : personnalisé –, le gradé en sollicita un à son tour. Avec le même succès.

Georges les reconduisit à la porte et revint en s'esclaffant : « Des flics demandant un autographe à “ Monsieur ” Brassens, c'est le monde à l'envers. Et pourtant, ces deux-là m'ont tout l'air de n'avoir jamais contemplé le nombril de leur propre légitime. Il est vrai que les gens d'exception ne sont pas gendarmes... »

Crespières ne m'a laissé que de bons souvenirs : amusants, charmants, séduisants. Je m'y sentais bien dans ma peau.

Et puis, Georges a abandonné cette demeure où il avait tant investi de lui-même. Moi, j'en aurais été terrassé de chagrin. Lui l'a fait sans le moindre regret : « Je m'en fous, répétait-il à tout venant, le décor ne compte pas. » C'était vrai. Nous sommes nombreux à avoir besoin de sites pour compléter nos paysages du dedans. Il faut croire que l'univers intérieur de Brassens était plus riche et plus foisonnant! C'est là qu'il faisait assurément ses plus beaux voyages. Aussi le monde extérieur n'avait vraiment pour lui qu'une importance infime.

En fait, Georges fut contraint de quitter Crespières. On s'était ingénié à venir construire un millier de maisons à côté du havre de silence qu'il s'était ménagé. Il disait, goguenard : « Ils ont pris le mot d'Alphonse Allais au pied de la lettre : maintenant ils construisent les villes à la campagne. Alors pour venir déguster le week-end le bruit de mille radios, de mille télés, de mille tondeuses à gazon, pour être épié par cinq mille paires d'yeux, non, merci, je préfère rester à Paris. D'ailleurs, c'est le seul endroit où je me sente bien. »

La maison de Crespières avait déjà été, à plusieurs reprises, visitée par les cambrioleurs; les *Stances* en attestent. Georges trouvait d'ailleurs que c'était « triste de devoir gagner sa vie comme ça », mais il ne portait jamais plainte.

Quand, poussé par les événements, il renonça à y venir, la demeure fut la proie des pillards. Tout ce qui traînait par là, tout ce qui pouvait être démonté : portes, châssis, évier, cuisine équipée, salle de bains... tout fut emporté. On réussit à récupérer juste à temps quelques meubles : avant la curée! Georges ne vendit que des murs, en quelque sorte. Il avait gardé les prairies dont l'acquéreur n'avait pas voulu. Il ne s'en était pas attristé : « Il doit y en avoir des mômes dans ce dortoir; ça leur fera une jolie plaine de jeux. »

Il n'y était jamais retourné.

Georges Brassens aimait beaucoup la Bretagne : il y était venu du temps de Jeanne et le pays autant que ses habitants l'avaient subjugué. Il trouvait là exactement ce qu'il désirait : la mer bien évidemment, où n'en finissait pas de batifoler son adolescence et, en outre, la garantie d'une relative solitude. Une solitude que Sète lui refusait, en raison même des attaches qu'il y avait gardées. Chaque séjour dans sa ville natale était une course contre le chrono : tant de parents et de copains à aller saluer!

C'est après avoir passé ses vacances à plusieurs reprises dans le coin qu'il acquit une maison à Lézardrieux, dans l'estuaire du Trieux. C'était une bâtisse toute simple, à laquelle un toit d'ardoise, très abrupt, conférait une physionomie avenante et pour ainsi dire familière. Tandis que trois ou quatre pins parasols montaient une garde vigilante près du portail de « Ker Flandry » (le nom de la propriété), une large sente en pente douce invitait au contraire à descendre vers le perron, au pied duquel il y avait un jardin carré, à peine plus large que la maison. De l'autre côté du mur d'enceinte, le Trieux retenait sa respiration avant d'aller se jeter dans l'Océan.

A Lézardrieux, l'amitié portait un nom : Battista! Chaque année, depuis 1970 ou 1971, la tribu sétoise des Battista passait une bonne partie des vacances à Lézardrieux avec Georges et Pupchen. Leur voiture devait pouvoir se repérer aisément au début juillet : alors que tout l'Occident du septentrion transhumait vers « les pays imbéciles où jamais il ne pleut », les Battista mettaient le cap au nord-ouest et, sur des routes dont ils étaient quasiment les seuls usagers, cinglaient vers Paimpol où les attendaient, outre Georges et Pupchen, un petit coin de paradis et le parapluie sans lequel ce coin-là ne figurerait pas dans les anthologies.

Georges m'avait invité à Lézardrieux pour quelques jours, dès mes premières visites à Paris. Je n'avais pas osé accepter l'offre : je n'étais pas seul, j'avais peur de m'imposer. Je regrettai vite ma pusillanimité.

J'allai quand même cette année-là (en 1971) avec femme et fille à Paimpol, où j'avais retenu des chambres. Je me trouvais ainsi à cinq kilomètres de « Ker Flandry » où séjournaient Georges et Pupchen en ce début juillet.

Sans trop les importuner, nous pourrions les rencontrer.

Je fus tancé d'importance pour être allé me loger ailleurs. Après quoi nous avons vécu entre Lézardrieux et Paimpol une semaine exaltante de vacances. Nous dînions à « Ker Flandry », mais Georges accepta malgré tout de casser deux fois la graine dans quelque gargote paimpolaise, lui qui redoutait les restaurants : « Où on casse la croûte, on me casse aussi les pieds » (ici, il plaçait un vocabulaire plus viril). Il eut chaque jour pour agréable de nous faire visiter la région : Loguivy, Pors Even, Ploubazlanec, etc. Nous dûmes un jour prétexter une excursion dans l'île de Bréhat pour le laisser souffler un peu.

L'avant-veille de notre départ, Eric Battista arriva avec sa femme et sa fille. L'amitié en vacances, il est le seul à avoir autorité pour la raconter.

Pendant le reste de l'année, je rencontrais Georges à Paris, pratiquement quand je le voulais.

Mais c'était fréquemment lui qui prenait les devants : quand il y avait de l'événement dans l'air, il me conviait à le partager avec son urbanité coutumière : cocktails, qu'il ne détestait pas si des amis l'encadraient, sorties de livres (de Fallet ou autre) ou de films..., anniversaire des vingt ans de chanson, etc.

C'est ainsi que j'ai pu, toujours en 1971, assister à l'avant-première du film de Michel Audiard : *le Drapeau noir flotte sur la marmite*, tiré du livre amusant de René Fallet : *Il était un petit navire.* Il n'a pas laissé une marque indélébile dans les annales du septième art, mais Georges lui avait ménagé une musique aux accents joliment creusés qui, moi, m'enchanta et qui continue de m'escorter ici ou là.

Après la projection, nous fûmes impromptu invités au « Fouquet's », le restaurant des Champs-Elysées où Raimu, m'a-t-on dit, avait toujours son couvert installé. Outre l'ami Brassens, Fallet et Audiard, il y avait là Jean Gabin et Pierre Tchernia; Jean Rault, le préposé, faisait équipe avec moi sous le maillot des sans-grade. Nous n'avions absolument pas les tenues qui convenaient pour nous attabler dans ce resto quatre étoiles : René Fallet arborait sans le moindre complexe le blouson qu'il porte à la pêche, quant à Georges, Jean et moi-même, nous portions des pulls qui tranchaient sur la dignité des lieux. Au contraire de Fallet, Brassens regrettait quelque peu ce laisser-aller vestimentaire : « Ils vont croire qu'on l'a fait exprès, ce qui eût été de mauvais goût. » Je pense que ses scrupules étaient exagérés : on ne m'avait pas semblé aussi chatouilleux sous le rapport de l'étiquette.

Mes visites à la rue Santos-Dumont étaient fréquentes pour d'autres raisons. Je travaille à la revue des œuvres sociales de la S.N.C.B., et tout naturellement, j'expédiais chaque mois *le Rail* à Georges, qui ne le lisait sûrement pas *in extenso*, mais le parcourait.

A preuve!

A cette époque-là, la bibliothèque des chemins de fer belges – se foutant le doigt dans l'œil jusqu'à l'épaule – liquidait des livres de littérature (romans, nouvelles, essais, traités d'histoire, etc.) pour ouvrir ses rayons à des ouvrages techniques plus utilitaires. Un signe des temps, quoi! Il y avait dans les bouquins ainsi mis à l'encan de véritables petites merveilles dont se seraient enorgueillies pas mal de bibliothèques publiques. Chaque livre (ou lot) était attribué à l'offre la plus intéressante. Notre revue donnait la liste des livres sacrifiés à la boulimie technocratique. Georges constata, en compulsant une de ces listes, qu'y figuraient les huit tomes de l'*Histoire de la littérature* de Petit de Julleville (l'aîné de Lanson). Il les avait jadis (en 1944?) empruntés à la bibliothèque du XIVe arrondissement et y avait grapillé ce qui l'intéressait. Depuis, il avait tenté vainement de les dégotter chez l'un ou l'autre bouquiniste. Et voilà qu'ils étaient à portée de la main. Georges me téléphona d'urgence, en me demandant de « remettre prix » pour lui, si c'était possible. C'était un jeu d'enfant, mais quel prix proposer? Il n'avait aucune idée : que je fasse selon ma propre estimation! A tout hasard, je remis une offre de quatre cents francs belges (cinquante francs français), ce qui était ridiculement bas : je n'avais pas la moindre compétence en la matière. C'est à ne pas croire, nous eûmes le lot : huit bouquins reliés, avec des illustrations en couleurs de toute beauté dans les deux ou trois premiers tomes, après quoi l'édition avait « baissé », en gardant quand même une tenue fin de siècle des plus enviables. Une aubaine! Le bibliothécaire s'estima tout heureux que ce lot fût tombé chez nous. Ces ventes inconsidérées lui fendaient l'âme et sa tristesse était quelque peu tempérée à l'idée que ces somptueux volumes allaient émigrer vers une bibliothèque qui les méritait : celle de Brassens!

On imagine mal le poids de la littérature : près de cinquante kilos pour les huit tomes! Pour un type de mon acabit qui n'a rien du coltineur ni de l'haltérophile, qui, en sus, ne se déplace qu'en train, c'était un fardeau! Il m'a fallu l'amener en trois fois à la rue

Santos-Dumont : quinze à dix-huit kilos à chaque coup, c'était mon maximum! Je jure que je n'ai pas limité la charge pour me pointer plus fréquemment chez Georges. Bien entendu, ça m'était infiniment agréable de le faire : j'étais bien payé de ma peine.

A la suite de ce coup fumant, nous prîmes goût à la chose et quelques autres lots passèrent la frontière : « Le cours de littérature » de La Harpe (± vingt volumes), l'œuvre complète d'Alphonse Daudet en six (ou huit) volumes, des pièces de Capus, etc.

Quand les rayons de la S.N.C.B. furent débarrassés de leurs trésors, Georges continua bien entendu de me faire signe régulièrement. Les prétextes ne manquaient pas. « Samedi, il y a Un Tel qui vient bouffer. Ça ne te dit rien? » Il n'en fallait pas plus; j'empoignais ma valise et je rappliquais.

Si Georges était fort occupé, qu'il tardait à me convoquer, je lui téléphonais afin de m'enquérir s'il ne pouvait me réserver un week-end, ou bien je lui écrivais un mot où je lui avouais qu'il me tardait de revoir son vernis du Japon qui me manquait depuis deux mois... Je n'attendais jamais longtemps. Il m'appelait pour me dire : « Tâche de t'amener samedi, parce que, après, pendant un mois, j'ai des week-ends fort chargés » ou alors : « Pas avant quinze jours, pour telle ou telle raison. » Les années creuses – c'est-à-dire quand Georges ne se produisait pas sur scène –, je descendais au moins six ou sept fois par an dans le XVe. Quand il était à Bobino, la fréquence montait.

Mes raids parisiens avaient pris une dimension supplémentaire depuis que Georges, une fois pour toutes, m'avait convié à dormir sur place. Rester en sa compagnie jusqu'au coucher, me lever en même temps que lui, prendre le café de concert, déjeuner ensemble, ça n'était pas rien, on le devine! Je bénéficiais, en quelque sorte, du « régime des Sétois » : Battista,

Delpont, l'abbé Barrès, le cousin Georges (Cocotte), etc. Les « Parisiens », quant à eux, après les festivités, rentraient fatalement se glisser dans leurs propres draps.

Ce privilège – c'en était un – me ménageait donc, au-delà des réunions chaleureuses avec les copains autour de la table Maurice Chevalier ou dans les fauteuils du salon, au-delà des agréments partagés en commun, pas mal d'heures en tête à tête avec Georges où il n'y avait place que pour une vaste félicité.

En fait, il était comme tout le monde : il se livrait un peu plus quand il se trouvait seul à seul avec quelqu'un; il colorait alors de manière différente ses propos, qui devenaient plus directs, peut-être plus nuancés. Parfois, il se laissait aller aux confidences. Je le répète : comme tout un chacun! Le dialogue à deux épure la conversation, en la gardant des aspérités et des tensions dont est gros tout entretien collectif.

Le « régime des Sétois » me fut accordé dès le début de 1971. Mais il était accommodé à mes singularités propres.

Le matin, Georges faisait notre café (un peu de poudre, de l'eau chaude, un sucre), n'ignorant pas que mes compétences dans le domaine matériel en général, culinaire en particulier, sont navrantes, pour ne pas dire nulles. Par contre, lui pouvait parfaitement se subvenir à lui-même, n'étaient les courses dans les magasins dont se chargeait Sophie, sa gouvernante, ou alors « Gibraltar ». L'ami Brassens était capable de mijoter des petits plats simples; il se targuait ainsi de faire des frites comme personne, mais je n'ai jamais eu l'occasion de vérifier la véracité de cette affirmation; il avait en outre hérité de sa mère le secret d'accommoder les pâtes à l'italienne, ce qui ne l'empêchait pas de laisser calciner un rien la pizza... Il faisait la vaisselle, au fur et à mesure, avec un naturel de grand chef.

A ce propos, je ne suis pas près d'oublier l'ahurissement de ma fille qui, m'ayant accompagné à Bobino, avait assisté à un véritable triomphe du « tonton » avec des rappels à n'en plus finir, son ahurissement donc lorsqu'elle vit « la vedette » laver les verres, les assiettes, les couverts que nous avions utilisés la veille au soir pour nous caler l'estomac après le spectacle. Elle se précipita pour le suppléer, et il fallut qu'elle insistât fort pour qu'il consentît à céder sa place. Il résistait en la voussoyant avec une grâce infinie, malgré les trente-cinq ans qui les séparaient : « Non, laissez-moi faire, j'ai l'habitude. »

Il mangeait rarement le matin, pour ne pas prendre de poids. « Quand je bouffe, je ne m'arrête pas », disait-il. Mais il était fréquent qu'il s'affairât à vous beurrer votre tartine avec sollicitude, en vous disant comme pour s'excuser : « Il y faut la manière. Tu n'y arriveras pas " que " le beurre sort du frigo et qu'il ne s'étendra pas sur ton pain. » (Ce « que » utilisé pour « parce que » était fréquent chez lui : il se laissait aller volontiers aux tournures du parler méridional.)

Quand le petit déjeuner était prêt, il s'asseyait sur un tabouret de la cuisine et, pendant qu'on mangeait, il vous entretenait de ce qui lui passait par la tête. Ça n'était jamais n'importe quoi.

Un matin, le hasard l'amena à me parler de la *Genèse d'un poème* d'Edgar Poe.

Il faut dire que, lorsqu'il était en conversation avec vous – on s'en rendait mieux compte lorsqu'on était seul à seul avec lui –, il avait une façon extraordinaire de planter son regard au fond du vôtre, souvent avec douceur, aménité, affection, d'aventure avec un rien de provocation ou d'ironie si vous vous mettiez à « déconner ». Ce geste de loyauté suscitait en vous des ondes magnétiques de belle intensité. Avec Brassens, il n'était jamais question d'écouter d'une oreille. Les deux n'y suffisaient pas; même le regard était à l'écoute.

« Dans un coin pourri
Du pauvre Paris. »

Jean Giono 12 . 2 . 63
Manosque.
Basses Alpes.

Cher Georges Brassens.

J'ai une grande admiration pour vous. Vos chansons me touchent par leur poésie, leur rythme et leur désinvolture. Il y a bien longtemps que j'avais envie de vous le dire et je m'excuse de le faire au début d'une lettre qui a d'autres fins, mais je crois que vous dire mon admiration est la principale et, au surplus, explique ce qui suit.

On est en train de tourner dans les montagnes de la Lozère un film d'après mon roman : Un roi sans divertissement. J'aimerais que vous fassiez la musique de ce film. Si le principe a votre agrément, je vous ferai envoyer un découpage dramatique. Vous y verrez qu'il s'agit d'abord, d'une complainte 1830 tragique mais légèrement gouailleuse, d'un cantique de Noël qui ne se perd pas au [illegible], le reste de la musique

... et la lettre – retrouvée – de Giono à Brassens.

UN ROI SANS DIVERTISSEMENT

un film écrit par Jean Giono
et
réalisé par François Leterrier

mon cher André
voici le découpage du film de Giono dont je devais écrire la musique
amitiés

Découpage technique

(je ne retrouve plus la lettre par laquelle Giono me demandait d'écrire quelque chanson sur son histoire)

Page de titre du découpage technique du film *Un roi sans divertissement* que Jean Giono avait expédié à Georges Brassens.

Georges à la campagne. Crespières.
« Il suffit de passer le pont
C'est tout de suite l'aventure. »

*« J'ai tout oublié des campagnes
D'Austerlitz et de Waterloo. »*

L'ultime « dernière » de Bobino, le chœur vociférant des « copains » – 23 mars 1977.

« Gloire à qui n'ayant pas d'idéal sacro-saint
Se borne à ne pas trop emmerder ses voisins. »

Georges et Gibraltar : Tournai, 22 janvier 1973.
« C'étaient pas des amis choisis
Par Montaigne et La Boétie. »

Georges et Pupchen Crespières, 21 juillet 1968.
« Je n'avais jamais ôté mon chapeau
Devant personne
Maintenant, je rampe et je fais le beau
Quand elle me sonne. »

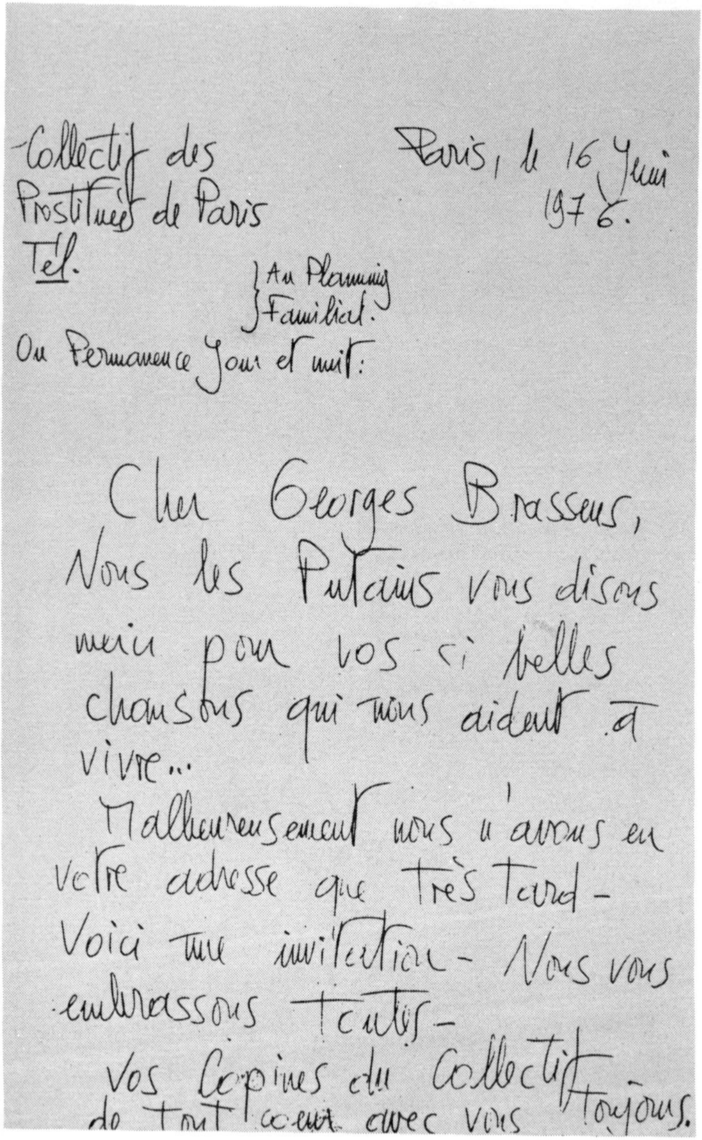

Collectif des Prostituées de Paris
Tél.

Paris, le 16 Juin 1976.

Au Planning Familial.
ou Permanence jour et nuit :

Cher Georges Brassens,
Nous les Putains vous disons merci pour vos si belles chansons qui nous aident à vivre...
Malheureusement nous n'avons eu votre adresse que très tard —
Voici une invitation — Nous vous embrassons toutes —
Vos Copines du Collectif de tout cœur avec vous toujours.

Un des plus beaux hommages : celui des filles de joie!
« Il s'en fallait de peu, mon cher
Que cett' putain ne fût ta mère. »

Pendant tout le temps où je mangeai, il me raconta donc le texte de Poe : comment le poète en était venu à écrire *le Corbeau* et s'en expliquait. Il me dit d'où Poe était parti : du beau, que la vraie beauté est triste et mélancolique, qu'il n'y a rien de plus poignant qu'un amour désormais impossible, que le mot le plus désespéré est « jamais plus ». Ce mot-là, on ne peut pas le faire prononcer par un perroquet... « Alors, Edgar Poe a jeté son dévolu sur un corbeau. »

Son regard était vrillé sereinement dans le mien. Georges parlait de cette voix fraternelle, qui rassurait même quand le propos était alarmant. C'était la voix – irremplaçable – de l'amitié, de la cordialité. Mais j'enfonce des portes ouvertes : ceux qui ont bien écouté ses chansons connaissent tout ça par cœur. Dans la conversation la plus anodine, cette voix gardait les mêmes vertus de réconfort.

Et puis il racontait clairement, distinctement, en articulant avec une politesse exemplaire : pas un mot ne vous échappait. Vous demeuriez braqué sur ce petit écran qui cernait ses yeux, sa bouche, sa moustache, son masque. Un masque que les nuances de l'émotion ne cessaient de modifier. A un mètre, Brassens, c'était, plus que jamais, une gueule extraordinaire.

« Mais tout ça, je te l'explique très mal. Je m'en vais te chercher le bouquin. »

Il revint avec les *Œuvres en prose* d'Edgar Poe, éditées dans la « Bibliothèque de la Pléiade ». Il se mit à me lire tout le début de la *Genèse d'un poème*. Sans réciter : en disant tout bonnement, en évitant de faire un sort à chaque mot, mais en donnant à la phrase le sens exact, la coloration précise que l'écrivain avait voulu lui communiquer. Toujours premier en récitation! Il avait l'art de vous faire découvrir tous les secrets d'un texte. Avec un naturel sans faille.

Il revenait, en pointant vers le plafond un médius attentif, sur les passages qui lui paraissaient les plus importants, mais avant tout sur les propos qui étaient le plus heureusement formulés.

Brassens possédait assurément une morale où la justice était inséparable de la liberté; dans ce domaine, aucune compromission n'était possible. Il était aussi, en même temps, un artiste, sensible au plus haut point à l'association des mots et aux intentions qu'elle impliquait.

Pour lui, une idée qui n'était pas formulée de façon rigoureuse était nulle et non avenue : sans la magie de l'artisan, elle virait au galimatias ou au lieu commun. Comment douter de cette interpénétration du fond et de la forme? C'est le pont aux ânes de l'écriture!

Il considérait par exemple la peine de mort comme une iniquité fondamentale. Mais pour restituer à cette idée quelque originalité, donc quelque efficacité, il fallait, à son sens, la remodeler dans un langage différent, l'insérer dans une fable nouvelle. Sinon on demeurait empêtré dans le poncif : « Et le poncif n'alerte personne. »

Il se méfiait en outre des idées toutes faites et qui, comme il disait, « traînent dans tous les ruisseaux ». Il poursuivait volontiers : « Tu sais, il vaut parfois mieux se tromper tout seul que d'avoir raison avec les autres. Parce que se tromper seul, c'est la preuve qu'on a réfléchi. Les autres n'ont peut-être raison que par hasard, parce qu'ils ont suivi comme des moutons. Evidemment, ça ne veut pas dire qu'on ne peut pas avoir raison aussi avec les autres. Dès *le Gorille*, j'ai marqué, par un certain biais, mon opposition à la peine de mort; si j'ai tenté de le faire de façon originale et amusante, je n'ai pas la prétention d'avoir été un novateur, ni un solitaire. »

Quand Georges eut terminé la lecture du texte de Poe, il décréta sans appel : « C'est un chef-d'œuvre. » C'est ainsi d'ordinaire qu'il concluait ses plaidoyers, après les avoir abondamment illustrés.

« Tiens, poursuivit-il, emporte ce livre : il est remarquable. Sans lui, il te manquerait quelque chose. »

Je refusai; il insista, en me disant qu'il s'en procurerait un autre. Je lui rétorquai que je pouvais très bien en acquérir un moi-même. A quoi il répliqua : « Non, non, prends-le. Je crois bien que je dois avoir un second exemplaire dans la bibliothèque du bas. » Je n'en crus pas un mot, mais devant une telle insistance, il ne me restait plus qu'à accepter. Il profita même de ma reddition définitive pour me refiler un livre d'histoire à l'usage des enfants. « C'est pour ta fille. » Pour couper court à toute tentative de gratitude, il ajouta : « Je l'ai trouvé aux Puces. »

Ces conversations en tête à tête se déployaient dans tous les sens, et la diversité de leur contenu n'était pas leur moindre charme.

Au reste, je suis persuadé, et même certain, que Georges choisissait son sujet en fonction des goûts de son interlocuteur. Avec Delpont, outre de leur jeunesse, il devait parler de théâtre et de télévision. Avec Battista, débattre de bouquins, de bricolage, de médecine pratique (de peinture, je ne crois pas). En compagnie de Poletti, il s'entretenait fréquemment de photos, de cartes postales, et aussi de bouquins. Avec l'abbé Barrès, peut-être discutait-il de la messe en latin.

Moi, mon dada, il savait que ce sont les livres et les mots. Comme il était orfèvre en la matière, le terrain était idéal.

En quelques visites, j'eus vite fait un catalogue – sommaire – de ses écrivains d'élection. J'y reviendrai plus loin. Mais, puisqu'il s'agit de nos entretiens seul à seul, je dois confesser que la poésie s'y arrogeait tout naturellement la part du lion. Ce sont d'abord les poètes que Brassens me présenta, dans un désordre qui était plus que jamais un effet de l'art.

Maintenant qu'il s'en est allé, je me reproche d'avoir pris peu de notes lors de mes excursions parisiennes. J'avais inconsciemment misé sur son éternité; c'est-à-dire que je partirais avant lui, alors à quoi bon? Au mieux, dans le train du retour, je griffonnais, en marge d'un livre, quelque remarque piquante qu'il avait faite, les vers qu'il m'avait répétés, une phrase qui m'avait bousculé.

S'il était très exigeant en matière de poésie, il lui suffisait pourtant d'un rien – un seul vers – pour être heureux.

Il ne se privait pas de répéter ce distique de Tristan Derème :

Et son souffle était si puissant
Qu'il déroulait les cors de chasse.

Il me l'avait cité lors d'une de nos premières rencontres, en me disant : « Ces deux vers-là, dès que je les ai découverts, je me suis baladé avec eux et je m'en suis régalé pendant plusieurs semaines. Maintenant encore, quand je me les récite, ils me procurent du plaisir ».

Il était également fort sensible à l'*Epitaphe du poète* de Francis Jammes qui n'a pourtant pas plus de deux vers non plus, mais où une forme rigoureuse s'allie à une tournure d'esprit plutôt surprenante :

Ci-gît un tel; quand il s'en allait à la vigne,
S'il rencontrait une oie, il disait : « C'est un cygne! »

Georges commentait : « Tout l'état d'esprit du poète est là-dedans, qui exalte les choses, les magnifie. Avec un petit truc comme ça, je ne m'ennuie jamais. D'autant que, au-delà de son sens, sa musicalité me satisfait. »

Il y en avait comme ça des dizaines dans sa musette qu'il sortait selon les circonstances : Villon, Hugo, Apollinaire, Nerval...

Il aimait tous les poètes. Enfin, il en aimait énormément. J'avais remarqué que le soir, il emportait un livre de poèmes dans sa chambre; il y faisait une petite randonnée en attendant que le somnifère fît son effet. Il arrivait que ce livre fût prélevé sur un rayon presque au hasard. Une fois, il prit négligemment un François

Coppée en me disant : « Je vais lire deux ou trois lignes de l'épicier : pour aider le somnifère. » Le lendemain, dans la matinée, l'air ravi, il s'exclama : « Eh bien, dans Coppée, j'ai quand même trouvé un beau vers. Ça a dû lui échapper. »

Mais il adorait aussi beaucoup les moralistes, ceux-là précisément qui réussissent à donner à leur pensée une frappe lui restituant en quelque sorte une manière de virginité.

Parmi ceux que nous avons un peu oubliés, il en était un notamment qu'il ne perdait pas de vue, c'était Rémy de Gourmont, dont la démarche le séduisait, même quand il ne parvenait pas à être d'accord avec sa logique, et à qui il eût été reconnaissant pour cette seule pensée désenchantée : « Les jets d'eau que je regarde retombent toujours. »

Paul Léautaud était également un de ses auteurs de prédilection. Il regrettait de ne pas l'avoir rencontré. Il était fort lié avec Marie Dormoy qui avait été, en quelque sorte, l'égérie de Léautaud puisqu'elle se chargea de dactylographier tout son *Journal littéraire* et qu'elle fut son amie durant des décennies.

A propos de cet écrivain singulier, à l'esprit d'une farouche indépendance, Brassens était intarissable. Une phrase comme celle-ci, chaque fois qu'il la sortait, le mettait en joie : « Si les lièvres avaient des fusils, on en tuerait moins ». En sus, elle le vengeait, vaille que vaille.

Ils s'étaient un jour réunis à quelques-uns autour d'un micro : Georges, René Fallet, Louis Nucera et qui encore? Avec l'intention de discuter, au gré du caprice de chacun, à propos de Léautaud. Je ne sais pas s'il n'y avait pas eu quatre heures de conversation non-stop. Les bandes se sont perdues dans les couloirs d'une station de radio périphérique... comme de vulgaires coups de pied au cul.

A part cela, il prétendait qu'il lisait peu : « J'ai beaucoup lu jadis. » N'empêche, vous pouviez évoquer n'importe quel bouquin qui venait de paraître, il le connaissait, soit qu'il l'eût parcouru, soit qu'il eût jeté un œil sur un article le concernant, soit qu'il en eût entendu parler. De toute manière, il le cernait souvent avec beaucoup d'à-propos, se posant à son endroit les questions qu'il fallait se poser, vantant ceci, critiquant cela. Quand il ne connaissait pas, il se taisait.

Nos goûts ne coïncidaient pas totalement, mais nous connaissions nos classiques.

Le débat prenait de la dimension, se pimentait, montait d'un ton, lorsque nous nous découvrions une commune estime pour un de ces écrivains obscurs, pittoresques, qui avaient charmé notre adolescence et que l'époque, dans sa précipitation et son étourderie, avait oubliés en route.

Un jour que nous parlions de *l'Auvergnat*, Georges me confia ceci : « J'ai composé cette chanson, bien entendu, en hommage – si j'ose dire – à Jeanne et à Marcel, mais également stimulé par l'épilogue d'un livre qui a sombré dans l'oubli, que tu n'as sûrement pas lu, parce que personne ne l'a lu, et qui m'avait plu énormément : *le Bachelier sans vergogne.* »

– *Le Bachelier* d'Albert Marchon?

– Ouais.

– Je l'ai lu en 1944!

– Ah bon!... Eh bien! alors tu l'as lu avant moi...

L'occasion était trop belle de ranimer une séduisante image de notre passé : nous fîmes appel à nos souvenirs, à notre ferveur, et ce bachelier-là, ce hippie avant la lettre, revécut chaleureusement; on peut même dire qu'il fut littéralement porté en triomphe. Le gaillard nous rajeunissait de trente ans.

Après quoi, Georges me récita par cœur le début du dernier chapitre du *Bachelier sans vergogne.*

Il s'avéra par la suite que ce livre n'avait pas été aussi peu lu que Georges le craignait. Roger Abat – auquel je reviendrai – le connaissait, ma foi, très bien.

Comme nous ne pouvions quand même pas nous tromper tous les trois en même temps à propos de ce bouquin, nous avons décidé de lui assurer une « seconde carrière », en le propageant à la ronde. Les bouquinistes furent ratissés, quadrillés, pillés, etc. Mario Poletti, Eric Battista et d'autres encore furent sommés de faire à ce bachelier le pas de conduite qu'il méritait. Personne ne fut fâché d'être allé s'abreuver aux sources mêmes de *l'Auvergnat*. C'est ainsi que vit le jour, le plus tacitement qui soit, une amicale des « lecteurs du *Bachelier* ». Elle existe toujours.

C'est peut-être à la suite de cela que Georges me fit parmi les copains une renommée, flatteuse, mais exagérée, de « lecteur frénétique ». A moi qui ne cessais de me plaindre du temps qui fait défaut et des livres qu'on n'a pas lus...

Frénétique ou pas, j'étais avant tout là pour Brassens, qui, jusqu'à preuve du contraire, faisait une jolie carrière dans la chanson.

Or donc, la chanson était, plus qu'à son tour, le sujet de nos fraternels débats.

Georges Brassens connaissait son métier dans les moindres recoins. Il était totalement vain de vouloir rivaliser avec lui sur le répertoire de l'entre-deux-guerres, d'avant 14 ou de la vieille chanson française. Incollable! Il devait bien connaître cinq mille titres, avec le refrain et les couplets.

Il n'était pas seulement informé, cultivé dans ce domaine.

Il affichait en outre une perspicacité étonnante, un goût sûr, une vision claire. Dès qu'une opinion lui était opposée, il réagissait avec la rapidité du faucon qui fond sur sa proie.

Nous échangions fréquemment nos avis, ou plutôt nous confrontions nos sensibilités, quitte à aborder des problèmes comme celui de la rime, de la consonne d'appui, de la fluidité du vers, du mètre, du tour d'esprit... avant d'en revenir au succès, c'est-à-dire à la surprise – donc au bonheur – du public.

Je l'interrogeais souvent sur sa manière d'écrire et de composer. Très tôt, il m'expliqua comment il s'y prenait : « D'abord, il n'y a pas de recette pour faire de bonnes chansons. Sinon, tout le monde en ferait, ce qui est loin d'être le cas... Pour ma part, dès que j'ai en tête deux ou trois idées, deux ou trois vers, quelques images pas trop dégueulasses qui m'ont visité et que j'ai notées, et un vague canevas, je m'attache à trouver une fin. Après cela, il n'y a plus qu'à découvrir le chemin qui mène à cette fin. Il y en a toujours un, et parfois plusieurs. Il arrive que cette route-là mette des années à se dessiner, et puis, un beau jour, elle est là. La chanson s'est faite presque d'elle-même, quasi spontanément. La *Supplique* a attendu comme ça fort longtemps, faute d'un couplet essentiel qui me manquait : je le sentais là, mais je ne parvenais pas à le sortir de sa gangue. Et puis il s'est présenté sans prévenir. Par contre, j'en ai " sucré " des tas d'autres. A l'origine, j'avais de quoi faire une chanson qui durerait vingt minutes, elle n'en a que sept...

« Donc, j'ai mon premier jet. C'est alors que je travaille d'arrache-pied, et parfois nuit et jour, pour éliminer la moindre sensation de labeur, le plus petit accrochage. Notre spontanéité, notre inconscient sont parfois lourds et malvenus (je pensais à Achille Chavée : " Un imbécile a un inconscient d'imbécile "). Après quoi, j'ajuste la musique qui non seulement doit convenir au texte, mais qui, la plupart du temps, va me contraindre à le modifier : il faudra un pied en plus ici, là il y en a deux de trop, d'un autre côté l'alexandrin doit faire place à un octosyllabe... Et il faut, pour que ça soit idéal, que ça reste simple. Pas simpliste : simple! La chanson n'est vraiment terminée que lorsqu'elle a l'air de s'être faite toute seule. »

Il arrivait parfois qu'une image, une petite idée gentiment formulée le « visitât » quand on était présent. Il s'excusait, se retirait quelques instants – en haut à Crespières, dans son bureau du rez-de-chaussée à la rue Santos-Dumont. Ah! pour ça, la bonne fée ne devait pas toquer deux fois à la porte de son logis. Son émotion était vigilante vingt-quatre heures sur vingt-quatre.

Quand la chanson était finie, avec cet « air de s'être faite toute seule », tout n'était pas terminé pour autant. « Je laisse ainsi dormir un bout de temps toute chanson quand je crois en avoir fini avec elle, afin d'avoir plus de recul pour la juger. Celle qui, passé ce temps-là, ne me satisfait pas, je la jette. »

Il fallait bien constater cette évidence que cette sensibilité, cette vivacité d'esprit étaient contrôlées, épiées, mises en question par un sens critique impitoyable. Quand il revenait sur ses textes, il les analysait avec une clairvoyance sans défaut. Rien ne lui échappait : ni les fautes de goût et les faiblesses, qu'il éliminait aussi sec, ni les bonheurs d'écriture qu'il savourait à part soi.

Il y a dans la *Supplique* un vers qui m'a toujours plu :

Le long de cette grève où le sable est si fin...

Un jour, j'avais fait part à Georges du charme sous lequel ce vers me mettait et de l'impossibilité où j'étais d'en expliquer la raison.

Georges me répondit illico : « Ce doit être parce qu'il est presque exclusivement composé de monosyllabes; ça lui confère une fluidité particulière. »

J'en restai baba : je n'y avais jamais pensé!

Il n'était pas rare qu'on demandât à Georges Brassens son opinion à propos de tel ou tel de ses confrères. Naïveté de journaliste ou tentative délibérée de soutirer une information qui fît scandale! C'était selon. Dans tous les cas, il se gardait bien d'éreinter l'intéressé, encore moins de se situer par rapport à lui. Comment eût-il pu le faire sans prêter le flanc à la critique. Aux questions pièges ou déplacées, il répondait par une bienveillance un peu vague qui ne l'engageait pas. Ceux qui le connaissaient savaient à quoi s'en tenir. Au reste, ils n'avaient aucune peine à cerner ses préférences et à identifier les membres de sa « famille ».

Car il en avait une. Comme tout un chacun, il préférait l'un et prisait peu l'autre de ses collègues. De toute manière, il avait sur chacun des vues très précises. Mais qu'on ne compte pas sur moi pour les révéler : il me les a déclinées sous le sceau de l'amitié, c'est-à-dire de la confiance. Trahir ces sentiments-là serait un comportement de bas étage. Mais il n'est interdit à personne d'épingler des faits qui parlent par eux-mêmes. Par exemple, si Brassens a fait appel, plusieurs fois, à Pierre Louki et à Paul Louka pour étoffer ses programmes, c'est peut-être que ces artistes – et ces individus – ne lui étaient pas indifférents. S'il interprétait certaines chansons de Charles Trenet, de Mireille et Jean Nohain, de Ray Ventura, de Jean Tranchant, de Vincent Scotto... ce n'était pas par pur masochisme. En outre, ce qu'on peut révéler sans désobliger personne, ce sont les généralités qu'il ne cessait de répéter autour de lui, et notamment la piètre opinion en laquelle il tenait la chanson d'aujourd'hui, passée en si peu de temps de l'artisanat à la production industrielle. « Jadis, dans l'entre-deux-guerres, les chansons étaient quand même mieux faites : ne s'en occupaient que ceux-là qui étaient faits pour cela. Même les chansons les plus dénuées de prétentions, voire les plus grotesques, étaient écrites par d'habiles faiseurs qui, pour n'avoir pas tous du génie, n'en connaissaient pas moins leur " art " et les ficelles de leur métier. Maintenant que la chanson est devenue une industrie, qu'il y a pas mal d'argent à gagner avec relativement de facilité, tout le monde s'en mêle, et notamment des gens qui, en temps normal, se fussent préoccupés de tout autre chose. Le résultat n'est guère probant. Naguère, les chansons étaient en général – je dis bien : en général – mieux écrites. » Le plus souvent, il appuyait son raisonnement d'exemples plutôt éclairants, et les moins sollicités qui soient.

D'autre fois, fatigué de démonstrations, il attaquait le problème par le biais de l'humour. Un humour plutôt décapant! Ainsi ce soir où nous étions quelques amis belges (1) à dîner en sa compagnie dans un des rares restaurants qu'il consentait à fréquenter, il lança avec une manière de provocation : « On croit parfois que je ne connais pas la chanson actuelle, que je ne la suis pas bien. Et pourtant, je l'écoute, et pas qu'un peu : tous les matins, quand je prends mon bain, je mets la radio, là où on ne passe que des chansons. Eh bien! mes enfants, c'est pas un cadeau, je vous jure. Quelle platitude, quelle banalité, quel manque de rigueur! C'est bien simple, je crois que je ne vais plus me laver... »

Sous l'énormité de la boutade, la « vaillante petite armée belge (2) » s'écroula, tout entière, sous la table! Comme en 40!

Nos palabres, on s'en est déjà rendu compte, ne se déroulaient pas exclusivement entre littérature et chanson, somme toute bonnet blanc et blanc bonnet. Tant s'en faut : elles étaient d'une diversité d'autant plus grande que Georges manifestait curiosité, et fréquemment passion, à l'égard de tous les sujets, à condition qu'ils ne fussent pas scolaires.

Contrairement à ce qu'on a pu dire, il n'avait pas déserté le siècle : il s'intéressait énormément aux « événements ». Il les commentait parfois avec sérénité, souvent avec inquiétude. L'avenir qu'on nous propose, sans nous demander notre avis, ne lui paraissait pas tellement exaltant : il ne lui disait même rien qui vaille. Il refusait cette forme de civilisation que les technologies nous imposent par le fait du prince, par la tyrannie du fait accompli. Il aurait sûrement adhéré

(1) Fernande Hoex, André et Pierre Cordier, Marcel Cornélis.
(2) Nous avons débarqué un 11 novembre : c'était en 1977.

à la phrase de Marcuse : « Le fascisme aujourd'hui, c'est la technique. »

Il y eut bien sans doute quelques étourdis et quelques pisse-froid pour crier au passéisme. Ils n'en ratent pas une.

En réalité, il s'attristait – et il n'était pas le seul – de voir l'humain régresser un peu plus chaque jour sous les assauts d'un modernisme de pacotille et sans âme, au profit la plupart du temps de prothèses monstrueuses.

Georges, qui était du bâtiment, ne cessait de répéter par exemple : « On construisait mieux avant : on faisait appel d'abord à un maçon et à un architecte. Aujourd'hui, il faut, pour commencer, passer par le promoteur qui ne connaît rien de l'art de bâtir, et qui ne voit que le pognon. »

Passéiste! Les mots ne coûtent pas cher pour les frénétiques des lendemains robotisants. Est-on passéiste parce qu'on préfère le pont du Gard à la tour Montparnasse, Villon à Isidore Izou, Mireille et Jean Nohain à Plastic Bertrand? Et la déstabilisation de la jeunesse d'aujourd'hui, n'est-elle pas précisément due à son angoisse face à un monde qu'on vide de plus en plus de sa substance?

Mine de rien, Brassens se tenait vaguement au courant de la politique, même si elle était loin de le combler. D'ailleurs il ne votait pas : par conviction anarchiste. Comme il ne dédaignait pas la télévision, qui faisait partie des « choses supportables » dans le domaine du progrès, il ratait rarement les informations.

Bien entendu, ces sujets épineux, il n'en parlait qu'à un cercle relativement restreint d'amis. Au reste, ainsi que dans ses chansons, il gardait toujours une position morale d'où tout esprit partisan avait été banni et sur laquelle flottait obstinément le petit drapeau de la liberté.

Ses idées morales, Brassens a pu les développer dans un livre que lui a permis d'écrire, sous forme d'interview, le Père André Sève : *Toute une vie pour la chanson.* Il ne parlait pas autrement face à ses amis. Alors, inutile de refaire ce livre-là avec d'autres mots. Toute l'éthique de Georges Brassens tient là-dedans. Comme dans ses chansons.

Georges s'intéressait vivement à la vie quotidienne de ceux qui l'approchaient : leur boulot, leurs difficultés, leurs soucis familiaux! S'il était intarissable dans la discussion dès lors qu'il s'était passionné pour un sujet, il possédait aussi cette qualité – plutôt rare – de savoir écouter. Et il ne s'agissait pas d'attention feinte ou de pure forme. Il suivait l'autre de très près, relançait le débat par des questions appropriées, demandait quelque complément d'information, s'inquiétait, donnait un conseil. L'ami, quoi!

Il était également agréable, voire fascinant, de remâcher un bout de temps le même silence en sa compagnie, lorsque chacun avait besoin de se retirer un moment en soi-même, pour faire ses comptes ou recharger ses batteries. Le commerce de cet homme vous enrichissait : on eût dû paniquer lorsqu'il se taisait. Eh bien! non, ses silences n'étaient que des haltes, plus ou moins prolongées, de l'autre côté des choses; seul le regard serein dans les volutes du tabac attestait que tout continuait d'être pareil... On apprenait vite, à son contact, à apprécier ces moments fragiles où, pour communiquer, l'amitié peut fort bien se passer de mots. Elle a mille façons, au reste, de manifester sa vigilance.

Il était une autre manière que Georges affectionnait pour témoigner le plus pudiquement qui soit son sentiment, et sur laquelle il faut revenir : il s'attachait à vous présenter ses copains, il se passionnait à vous voir lier connaissance, puis amitié, avec eux. En une seule année, pour ma part, tant à la rue Santos-Dumont qu'à Crespières, j'avais fait pratiquement le tour du petit cercle d'intimes qui se réunissaient fréquemment autour de lui.

On se sentait l'ami de Brassens aussi parce qu'on se

sentait l'ami de ses amis. Bien entendu, là comme ailleurs, il y avait des affinités électives. Mais dans l'ensemble la bande était soudée. Même ceux qui se faisaient plutôt rares et qu'on ne rencontrait qu'aux grandes occasions étaient, sitôt dans le cercle, reconnus, authentifiés, pourvus du label. Il suffisait parfois pour cela d'une simple plaisanterie, qui creusait quelque galerie miraculeuse dans les mémoires.

J'ai contracté, grâce à lui, des amitiés d'une qualité exceptionnelle, et à un âge où d'habitude on a scrupule à encore se livrer. De celles qui ne se rompent qu'à « l'ombre de l'ici-gît ».

Les occasions où la famille se retrouvait au grand complet, c'étaient, bien évidemment, les soirs de première à Bobino, ou ceux de la dernière, ou quelque anniversaire : ainsi les cinquante ans de Georges.

Le 22 octobre 1971, comme il se doit, « tous les grognards petits » de Brassens étaient là. Réunis dans la maison de l'impasse Florimont, que Georges avait prêtée au comédien suisse Armand Abplanalp, et où il revenait pour la première fois depuis 1966 (aussi pour la dernière fois).

C'était aussi la première fois, pour ma part, que je rencontrais Mario Poletti, dont la cordialité accuse des tons pastel sous tous les climats et quelque temps qu'il fasse. Je crois bien que s'il nous reste quelques photographies de l'événement, c'est à lui que nous le devons.

Les Sétois n'étaient point là, et pour cause. Pour le reste, l'Impasse affichait complet ce soir-là : outre Mario et Georges, bien évidemment, on trouvait Pupchen, Agathe et son époux René Fallet, Vonette et Loulou Bestiou, André Vers, Louis Nucera, Jean Bertola, M. Tavernier, Pierre Onteniente, naturellement, Abplanalp qui avait organisé la réception, et moi qui vous parle.

Brassens avait apporté quelques « roteuses » qui dégelèrent rapidement les plus réservés, mirent de jolis mots dans la bouche et des guitares au bout du cœur.

C'est avec une correction exemplaire et dans un enthousiasme général que Georges accéda au quinquagénariat, assis sur la marche de la chambre où il écrivit *le Gorille, la Mauvaise Réputation,* etc., avec ses pieds dans les empreintes du plancher creusées par sa cadence.

Je n'ai jamais appris comment Mario avait connu Georges. A vrai dire, cela m'importe peu. On ne présentait pas ses papiers chez Brassens. Mario était là, il y était bien, il devint un des plus assidus de la rue Santos-Dumont : il habitait à deux pas. Il y habite toujours.

Tout compte fait, pour moi, il n'y avait, outre les Sétois (et pour cause) qu'un absent de marque : Roger Abat, Sétois de Paris (comme Loulou). Il n'avait pas renoncé aux festivités du demi-siècle de Georges pour se solidariser avec ses concitoyens retenus sur le sol natal. Tout simplement, il n'avait pas encore été placé sur orbite. Par une manière de discrétion qui mérite d'être épinglée.

Roger Abat est né trois ans avant Georges. C'est dire si, au collège qu'ils fréquentaient l'un et l'autre, celui-là considérait celui-ci comme un gamin, voire un petit morveux. Nous sommes tous passés par là...

Il ne faut en général pas longtemps pour que ces comportements pubertaires apparaissent ridicules et cessent, toute adolescence bue.

Quand Brassens se mit à montrer le bout de ses moustaches sur les scènes de music-hall, Abat et lui avaient désormais sensiblement le même âge...

Roger alla, tout naturellement, assister au tour de chant de son ex-cadet, chaque fois qu'il en eut l'occasion. Un soir, il se hasarda même jusque dans sa loge, après le spectacle, pour lui « toucher la main ». C'est exactement ce qui se passa : ils se touchèrent la main, mais dans un tel brouhaha, une telle affluence de population qu'il ne fut guère possible d'en faire plus, ni de placer le moindre mot.

L'ami Abat n'insista pas : cette réserve légendaire

dont la nature l'a affublé à la naissance lui interdit de récidiver.

Il ne s'y est risqué une seconde fois qu'une vingtaine d'années plus tard. Notez qu'il n'a pas eu plus l'occasion de parler que la première fois, car c'est Georges qui l'a apostrophé en le voyant. « Toi, tu es un ancien du collège de Sète. Tu devais te trouver deux ou trois années au-dessus de moi. Tu ne t'appelles pas Abat? » Voilà, c'était parti.

Je mets l'accent sur ces copains-là : Mario Poletti et Roger Abat parce que, aussi bien dans les derniers livres qui ont été écrits sur la vie de Brassens que dans les articles qui lui ont été consacrés au moment de sa mort, je n'ai pas rencontré une seule fois leurs noms. Je sais d'ailleurs qu'ils s'en foutent avec une superbe léonine. Mais là n'est pas la question. Curieux chroniqueurs qui gomment ainsi de l'existence de Brassens ceux-là qui en ont partagé essentiellement les sept ou huit dernières années! Je puis bien affirmer que, le week-end, on ne rencontrait plus qu'eux chez Georges ou que Georges chez eux. Comme si les uns et les autres avaient voulu rattraper le temps perdu.

Ces deux-là furent parmi les seuls, avec les Sétois, à être mis dans le secret de l'opération que Georges eut à subir en novembre 1980. C'est dire.

Je m'en voudrais de ne pas citer également une personne qu'on côtoyait assez fréquemment à la table de la rue Santos-Dumont : Mme Parmentier qui avait soigné Georges lors de sa dernière opération au rein (en 1968).

Les habitudes avaient beaucoup changé chez Brassens depuis quelque temps. L'ami Fallet y faisait peu d'apparitions les week-ends, il les trouvait sans doute trop encombrés. Il faut dire que cet « artisan à domicile » avait tout le loisir de rencontrer Georges, seul à seul, pendant la semaine.

Louis Nucera n'était pas plus visible les samedis et dimanches, où le vélo l'accaparait (et l'accapare toujours) totalement : cet écrivain, sacré Prix Interallié en

1981 quelques jours après la mort de Georges, est un stakhanoviste de la bicyclette. Alors, lorsque l'envie nous prenait de nous réunir ensemble avec Georges, il fallait que j'avance mon raid d'une journée. Je le faisais d'autant plus volontiers, qu'on convoquait un autre ami discret : Alphonse Boudard, le truculent auteur de *la Cerise,* de *l'Hôpital* (hostobiographie), des *Combattants du petit bonheur* (Prix Théophraste Renaudot 1979), qui est bien un des rares écrivains actuels – avec Cavanna et l'un ou l'autre loup blanc – capables de vous intéresser, de vous passionner, de vous émouvoir en racontant sa vie.

Dans ce parcours, en rase-mottes, de l'amitié, je n'aurai garde d'oublier Pierre Nicolas. Si je le cite en dernier, c'est un peu parce que, à l'égal de Pupchen et de « Gibraltar », il mérite une place à part.

On ne le rencontrait chez Georges que lorsque le métier l'y convoquait, c'est-à-dire fort rarement. Au reste on avait tout le loisir de le côtoyer, de le fréquenter, de sympathiser avec lui dans les coulisses de Bobino ou aux abords immédiats des scènes où Brassens se produisait.

Enlaçant sa contrebasse, tout contre le piano à queue dont la destination essentielle consistait à servir de support au verre d'eau où Georges allait s'abreuver après chaque chanson, Pierre Nicolas a figuré, pendant un quart de siècle, la statue vivante – et souvent fort souriante – de la fidélité.

Bref, Georges Brassens avait eu la coquetterie de me présenter ses amis les plus assidus.

J'aimerais être complet.

Si je n'ai rencontré qu'une fois, chez Georges, René Iskin et Victor Laville, le hasard seul en porte la responsabilité : nos temps de loisirs ne devaient que rarement coïncider, et voilà tout.

Pourtant ils faisaient partie de la famille : à preuve, on s'est croisés à plus d'une reprise dans quelque coquetèle ou vernissage, dans les coulisses de Bobino, et là où l'ami Brassens était à l'affiche, où, partant, il y avait tant de monde que les contacts ne s'établissaient qu'entre ceux qui se fréquentaient déjà régulièrement.

René Iskin avait connu Georges en Allemagne, à l'époque du S.T.O.; il fut aussi le premier interprète de Brassens, puisqu'il chanta ses premières chansons à Basdorf.

Victor Laville a été son condisciple au lycée de Sète, dans les années 30, et lui fut de très bon conseil à ses débuts.

Je regrette d'autant plus de ne pas les avoir côtoyés plus souvent du vivant de Georges que, pour l'avoir fait depuis son départ, j'ai pu apprécier qu'ils sont l'un et l'autre des hommes de cœur et d'excellente compagnie : « Naturellement, dirait-on, puisqu'ils étaient de la famille... »

Victor m'a raconté un souvenir d'enfance qui vaut son pesant d'alexandrins. Ça me peinerait vraiment de le garder pour moi seul.

Cela se passait au cours de mathématiques.

Georges et Victor devaient avoir autour de treize ou quatorze ans et étaient assis côte à côte sur le même banc. L'enseignement des sciences exactes ne les passionnait pas exagérément. Si peu même que, ce jour-là, Georges profitait de la leçon de géométrie (ou d'algèbre) pour lire à son voisin les derniers-nés de ses poèmes.

Hélas, le professeur s'aperçut du conciliabule et interpella Victor :

– Il me semble que monsieur Laville est fortement intéressé par ce que lui raconte monsieur Brassens.

Pris sur le fait, Victor eut ce geste des épaules et des mains qui a valeur d'aveu lorsque le regard le prolonge.

Le professeur poursuivit :

– N'est-il pas indiscret de vous demander, monsieur Laville, ce que monsieur Brassens vous narre d'aussi passionnant?

– Il est en train de réciter des poèmes : je crois qu'ils sont de lui.

Le professeur, jetant les bras en l'air, lança ironiquement :

– Ah! parce que monsieur Brassens est poète! Eh bien! vous viendrez tous les deux dimanche matin faire de la poésie, etc.

C'est aujourd'hui que ce persiflage – « Ah! parce que monsieur Brassens est poète » – prend toute sa saveur.

Mais un gentilhomme (un gentleman, si on y tient vraiment) ne se distingue pas seulement par sa façon de donner, mais aussi par son art de recevoir, qui sont les deux facettes d'un même égoïsme : l'égoïsme, quand il se pare de distinction.

Attentif à vous faire connaître ses amis, il ne dédaignait pas qu'on lui amenât les siens, bien qu'on se bousculât au portillon. Chacun avait à cœur de ne point passer les bornes.

C'est ainsi qu'un soir, à Bobino, je me suis pointé avec Bernard Clavel, que j'avais rencontré au détour d'un livre généreux, et qui nourrissait, depuis belle lurette, le désir d'aller dévisager de près ce « poète de la chanson », planté dans la vie comme un « grand chêne ». Il en résulta un article chaleureux où Clavel dit finement de Brassens qu'il était « timide jusqu'à vous intimider ». Ce qui était pure vérité. Mais cette timidité n'allait pas jusqu'à refuser l'invitation des Clavel à dîner, ni les boissons qui escortèrent ce dîner-là : bref nous rentrâmes dans le XVe nuitamment et un peu éméchés.

Par la suite, Bernard Clavel assura la préface des poèmes de Georges que publièrent les Editions du Grésivaudan, et fit appel à lui lors d'une émission « Apostrophes » où nos deux comparses étaient opposés aux généraux, dont Bigeard en personne, et que Bernard Pivot entama malicieusement sur ce couplet de circonstance :

Quand l'jour de gloire est arrivé
Comm' tous les autr's étaient crevés
Moi seul connus le déshonneur
De n' pas êtr' mort au champ d'honneur.

J'avais rencontré Aline Giono à une première de Georges à Bobino : ça n'était pas tout à fait un hasard... Il était fascinant pour un fervent de Giono et de Brassens de réunir la fille de l'un avec l'autre. Une date fut donc décidée. Pour authentifier la rencontre, furent également conviés aux agapes Louis Nucera et Alphonse Boudard. Une jolie brochette : un prix de poésie de l'Académie française, un (futur) prix Théophraste Renaudot, un (futur) Interallié et la descendante directe d'un des plus grands écrivains du siècle. Moi, je m'enivrais sous ces lauriers. Le courant passa aussitôt de Georges à Aline. Sans manquer à la bienséance, Brassens lança quelques mots verts, qu'il n'employait qu'avec ses intimes, et qui permirent d'assurer que la nouvelle venue n'était pas seulement tolérée, mais admise.

Mais il n'y en avait pas que pour les célébrités. Lors de son passage à Tournai – berceau des rois francs, ne vous en déplaise – en 1973, Georges eut pour agréable de rencontrer mes amis du coin au cours d'un gueuleton qui eut lieu chez Freddy Depoître. Les caisses de bière eurent tôt fait de hisser la cérémonie au bon niveau : celui d'une parfaite cordialité!

Tout ce qui précède – rencontres, casse-graine, visites – n'était concevable que lorsque l'artisan se reposait, c'est-à-dire entre deux tours de chant. A la rigueur, bouffait-on en sa compagnie lors de l'une ou l'autre étape en tournée.

Quand il passait à Bobino ou qu'il préparait son tour, les choses se déroulaient tout autrement.

Je dis bien Bobino, à l'exclusion de toute autre salle, parce que je n'entends parler que de ce que j'ai connu... A dater de 1966, Brassens a opté définitivement à Paris pour le music-hall de la rue de la Gaîté. Or, moi, je fis irruption à l'automne 1970...

Assez paradoxalement, la première fois que j'assistai, après cette date, à une prestation de Georges Brassens à Bobino, ce ne fut pas à l'occasion d'une première, mais d'une émission télévisée.

François Chatel – le père de Philippe – réalisateur à la télévision française, avait demandé à Georges de pouvoir le filmer pendant une heure au cours de laquelle il interpréterait le répertoire de son choix.

C'était fin 1971. A l'époque, il n'y avait positivement plus de censure à la radio ni à la télé, en ce qui concerne les chansons de Brassens, mais celui-ci se méfiait quand même encore. Il accepta la proposition de Chatel à la seule condition que l'émission eût lieu en direct. Affaire conclue. Mes archives ont beau être incomplètes et mal tenues, elles me rappellent quand même que la date fut fixée au 19 janvier 1972.

Quand j'arrivai ce jour-là, en début d'après-midi, rue Santos-Dumont, Sophie, la gouvernante de Georges – qui gouvernait d'ailleurs avec prévenance et bonhomie à la satisfaction de Georges et de tous les copains – m'apprit que « le bon maître » répétait à Bobino. C'était ainsi qu'elle l'avait baptisé, entre moquerie et tendresse, et chacun avait suivi.

Je me rabattis donc sur la rue de la Gaîté. Dans un nuage de tabac, la pipe au bec, Georges fredonnait *Bonhomme,* tandis que les cameramen cadraient, que les preneurs de son faisaient leur « balance », que des tas de gens couraient dans tous les sens avec du câble à la main, que des dizaines de photographes, éparpillés à travers le parterre, prenaient des clichés tous azimuts dans le crépitement agacé des appareils et l'orgasme des flashes. François Chatel paraissait, au milieu de tout cela, envisager l'avenir avec beaucoup de calme.

Le topo terminé, Brassens me semblait fort nerveux. Je préférai accompagner « Gibraltar » chez lui et laisser aller Georges se reposer seul avant le grand choc.

Quand nous réintégrâmes la maison de Santos-Dumont, sur le coup de 6 heures et demie, Brassens décida de partir illico pour Bobino. Pourtant rien ne pressait : l'émission ne débutait qu'à 8 heures.

J'ai déjà dit que Georges ne se présentait jamais en retard à un rendez-vous, et Bobino en était un! Sa ponctualité n'était en fait que la manifestation la plus apparente de sa politesse et, au-delà, de l'amitié.

Mais ce soir, c'était plutôt l'impatience qui le tenaillait.

Quand « Gibraltar » eut sorti la voiture du garage, Georges lui dit aussitôt : « Laisse-moi conduire, Pierre, ça m'occupera. » On partit.

La voiture s'immobilisa, victime de quelque embouteillage. Je puis encore situer l'endroit avec exactitude. Chaque fois que j'y passe, je revois la scène. Georges se mit à râler sec : « Quelle idée d'avoir choisi ce métier d'imbécile! Si mon père, au lieu de s'entêter à refuser, avait construit le mur de la Méditerranée pour les Chleuhs, on l'aurait mis en cabane pendant quinze jours à la Libération, et puis on l'aurait relâché; on aurait fait appel à lui pour le démolir, le mur. J'aurais eu du boulot, une entreprise prospère, et je ne serais pas obligé, à cette heure-ci, d'aller me donner en spectacle devant des cons. » L'appréhension du direct avait mué l'humour en sarcasme. J'accueillis la phrase d'un éclat de rire qui fut foudroyé, en plein essor, par un regard noir comme le volatile d'Edgar Poe.

Dans la loge de Bobino, c'est à peine si l'œil consentit à virer plus serein. Rien n'allait à la convenance de Brassens. C'était bien simple : Georges, le calme, le contemplatif, le placide avait le trac. Et il ne le tolérait pas.

Je préférai le laisser seul avec sa guitare et sa trouille. Il opina du chef pour signifier qu'il appréciait.

Pour conclure, il faut lancer le communiqué rituel

dont la monotonie risque de lasser, à la longue : « Ce fut un triomphe! »

Et dans les coulisses, peu après, une assez sublime corrida! Filtrés de façon débonnaire mais ferme par « Gibraltar », les spectateurs défilaient dans la loge, en quête d'une prime en forme de sourire. L'œil de Georges avait changé du tout au tout : c'était maintenant celui d'un écureuil quand s'y réfléchit un azur sans défaut.

Le tout se termina aux « Iles Marquises », en face de Bobino. Georges cassa la croûte avec Raymond Devos, François Chatel, Philippe Chatel, qui n'était encore que le fils de l'autre. Nous, les grognards, nous avions préféré vider quelques pots au comptoir, pour marquer cet exaltant cessez-le-feu, avant de rejoindre les dîneurs à leur table, à l'heure du grand débat autour des petits verres.

Le retour vers Santos-Dumont s'effectua tard dans la nuit. Nous n'étions que nous deux dans la voiture. Il dut se reprocher (bien inutilement) son regard noir de l'aller, car il m'appela dix fois par mon prénom, ce qui n'était pas dans ses habitudes. Il y avait aussi là-dessous la satisfaction d'avoir bien rempli son contrat. C'étaient quatre-vingt-dix kilos de bonheur qui conduisaient la petite bagnole, et qui allaient se coucher sans recourir aux somnifères, ce qui était plus qu'exceptionnel.

« Tu comprends, m'avouait-il, toujours comme pour se faire pardonner son humeur de tantôt, je suis content de n'avoir pas eu de trou. Je sais bien que mon public me l'aurait pardonné : il me pardonne tout! Mais, en direct, à la télé, c'eût quand même été regrettable. J'ai eu la trouille pour des clous. Maintenant je suis satisfait de ma prestation. » Que diable!

Et voilà, ces « cons »-là, dans l'euphorie d'un sans-faute, étaient redevenus ce qu'ils n'avaient jamais cessé d'être : « Mon public! »

Après avoir rentré sa voiture, Georges alla quérir sa poubelle au fond du garage, la posa sur le trottoir et dit en plaisantant : « C'est ainsi que Chatel aurait dû terminer son émission : Brassens sortant sa poubelle ! »

Georges ne paraissait guère fatigué : moins que moi en tout cas. Nous bûmes encore une ou deux bières en direct (je veux dire : à même la bouteille). Le « bon maître » ne tarissait pas sur les vertus du direct à la télévision. Pour moi, je savourais à part moi le privilège qui m'était ainsi conféré d'assister, après ce « Bobino » délirant, au spectacle de l'artisan au comble de la félicité.

Le lendemain midi, nous déjeunâmes à quatre : Jean le facteur, Sophie, Georges et moi. Sans mélancoliser le moins du monde, *le Corbeau* d'Edgar Poe s'était envolé une fois pour toutes. Le champagne mit un paraphe émouvant au bas de ce menu où avaient défilé la rémoulade de céleri, les carottes crues, l'artichaut, le jambon, le veau froid, le pâté, le saucisson et un plateau de fromages. Un festin de Lucullus! Je n'ai jamais rien mangé d'aussi bon.

Ça, c'était un « Bobino » d'exception.

A l'ordinaire, cela se déroulait selon un scénario fort différent.

Il y avait d'abord l'avant-Bobino.

A un moment donné, Georges avait décidé de se mettre au boulot carrément et d'élaborer son tour de chant.

Fini l'insouciance. Ce que la fourmi avait entassé, amassé, engrangé pendant deux ou trois ans, elle allait s'acharner à en faire un ensemble cohérent, séduisant. Après quoi, elle se muerait en cigale pour aller proposer tout ça à la ronde, à ceux-là qui aiment les petits plats mitonnés à l'ancienne, qui sont sensibles aux vertus de l'artisanat en un siècle où la musique s'est mise à bégayer sur 220 volts.

La fourmi, pour mettre au point ses mets et ses sauces, se claquemurait, bouclait ses portes. Chacun savait à quoi s'en tenir. Mais elle était bonne fille, et pas stakhanoviste pour un sou malgré son industrie : pour des raisons pertinentes, on pouvait la visiter. Plus facilement qu'on ne l'a laissé entendre.

Cela dit, quand Brassens « préparait son tour », les copains, autant que faire se peut, restaient à l'écart. S'il le fallait, lui-même donnait un coup de fil pour annoncer une trouvaille et tâter les échos. Ou alors, il appelait uniquement pour dire : « Je bosse comme un con. » Et c'était vrai. Il n'était même pas rare que, malgré le somnifère, il se levât sur les deux heures du matin pour rectifier un vers qui le tarabustait, pour fignoler une strophe, pour mettre la dernière main à une chanson ou simplement pour composer d'une traite une musique plus appropriée sur tel texte (ainsi de *la Petite Marguerite* dont la mélodie fut changée la veille de Bobino). Après avoir apaisé ses tourments, Georges se recouchait. S'il se levait vers les 4 heures, par contre, il ne retournait plus au lit avant 8 heures le soir (comme les poules) : il travaillait toute la journée à améliorer ses chansons, à en « gommer toute trace de labeur; c'est un travail passionnant : je ne suis vraiment heureux que quand j'écris des chansons ». Pas besoin d'être devin pour imaginer que cela se faisait dans la fièvre. Dix, douze, quinze chansons, parfois plus, entreprises et menées de front!

Quand Brassens se sentait proche de la perfection – « de ma perfection, c'est-à-dire quand je sens que je ne saurai plus faire mieux », disait-il, tant il redoutait de se prendre trop au sérieux – alors, il annonçait à « Gibraltar » qu'on pouvait convenir d'une date avec les gens de Bobino. C'en était fait : il n'y avait plus moyen de reculer. Je crois qu'il était heureux d'avoir sauté le pas.

Mais à sa joie, devait bien se mêler quelque angoisse, qui est la compagne perpétuelle du créateur.

Il a toujours eu peur de décevoir : parce qu'il était orgueilleux.

De tous les orgueilleux que j'ai connus, Georges

était celui chez qui ce sentiment coexistait avec le plus de modestie.

Quelques jours avant la première, il convoquait chez lui, à Santos-Dumont, quatre ou cinq de ses amis, afin de leur proposer son tour de chant : ils étaient, en quelque sorte, son avant-public!

Ces amis n'étaient pas pour autant mieux « considérés » que les autres. Si Georges entendait connaître leur avis, c'est qu'il avait sans doute confiance en leur goût, c'est parce que leur complicité avec les mots ou les notes, d'aventure avec les deux, lui procurait une garantie supplémentaire avant d'affronter le public. Des verrous de sécurité!

Jean Bertola et Pierre Nicolas étaient commis à la supervision musicale.

Avant les deux derniers tours de Bobino, en 1972 et en 1976, j'ai eu l'honneur, partagé avec René Fallet, Eric Battista – et peut-être l'un ou l'autre que j'ai ignoré – d'être consulté au sujet des chansons en général, et des textes en particulier. Honneur redoutable! Mais ça faisait bougrement plaisir. A quoi bon minauder?

Quand Georges Brassens se mettait à chanter pour vous seul un refrain qu'il n'avait encore interprété devant personne, hormis deux ou trois intimes, ce n'était pas une petite affaire. Vous vous posiez confusément la question de savoir si c'était bien pour vous qu'il faisait ce récital. Personne d'autre en vue : c'était pour vous! Le mieux était alors de ne plus y penser, de vous convaincre que vous étiez né sous une bonne étoile, de mettre une sourdine à votre rodomont et de caler solidement les fesses sur votre siège afin de ne pas décoller comme un vulgaire hélicoptère.

C'était un peu comme si Bardot s'était déshabillée pour vos beaux yeux, comme si Marilyn s'était glissée sous vos draps, comme si Vénus en personne avait fait la culbute entre vos bras.

Pour sûr, il y avait quelque chose comme de l'orgasme qui se baladait dans l'air. On n'était pas loin des conclusions définitives.

Pour trouver ça tout à fait normal, il eût fallu être blasé, aigri et pas le moins du monde doué pour la « chansonnette ».

Pour moi, je puis bien affirmer que, des années plus tard, je n'en suis pas encore revenu. Que le bonheur ait pu me choisir pour m'offrir un de ces échantillons, et d'une telle qualité, je trouve toujours ça un peu surnaturel.

Je demande aux « amis du gros » de se mettre à ma place. Difficile de rester imperturbable, non?

J'en suis demeuré tellement ébahi que, la première fois que ça s'est passé, j'ai noté furtivement la chose dans le train du retour, pour être sûr de n'avoir pas rêvé, de ne m'être pas laissé berner par quelque phénomène parapsychologique. J'ai daté le papier, confirmé et signé.

Pas question d'ergoter sur le jour : c'était le samedi 16 septembre. En 1972!

Or donc, je pénétrai ce samedi-là au 42 de la rue Santos-Dumont (dans le XVe). Pas le temps de me débarrasser de mon imperméable. « Monte là-haut! » Je montai au pas de charge. « Assieds-toi. » Je m'assis : comme à la messe. Georges mit son pied sur la table basse du salon, empoigna sa guitare et d'un coup, je pris *Fernande* en pleine poire. Ma parole! Avec mon imperméable!

En tout cas, ça ne partait pas mal du tout ce tour de chant. Et j'ai bien eu raison d'évoquer l'orgasme quelques lignes plus haut. Voyant que je marchais, que la chanson me bottait plutôt, Georges la reprit aussi sec. Moi, j'entrais dedans avec une facilité déconcertante, je m'en barbouillais, j'en salivais comme un épagneul. Après le *bis,* Georges m'expliqua que là, au début, il avait pensé faire des arpèges (et il les faisait et chantait en récitatif); et puis, non, il avait préféré marquer le rythme. « Il faut le rythme! » Il lâcha la guitare et tambourina sur la table. Bien sûr qu'il le fallait : ce n'est pas moi qui dirais le contraire. Il n'y avait pas dix minutes que j'étais arrivé, j'avais toujours mon imperméable et je comptais déjà une copine de plus : Fernande!

Une Fernande toute neuve, presque encore pucelle, qui se révèle ainsi à vous, c'est un solide apéritif. Il était près de midi. Moi qui déteste la barbaque, j'aurais bouffé du lion après ça. Je me suis contenté de partager pour le coup avec Georges la charcuterie et les fromages, qui étaient au menu, escortés par un petit vin gris de Listel ayant échappé à la convoitise de l'ami Fallet. Et je laissai venir...

L'après-midi, puis le soir, *Fernande* refit sa belle devant Pupchen, Josée et son facteur, Loulou et Vonette.

Elle mit tout le monde dans le même état.

Le lendemain matin, je me levai peu après Georges. Le café pris, pas le temps de me laver ni de me raser! Une voix décidée m'intima, gentiment mais fermement, de « d'abord descendre pour écouter un truc » au bureau du bas, là où se trouvait la longue table en chêne sur laquelle il y avait pêle-mêle des textes, des pipes, des cure-pipes, des canifs et des chats, etc., là où grimpaient des étagères croulant sous les livres ou sous les disques, là où les appareils d'enregistrement et l'orgue électrique attendaient la fantaisie du « bon maître ». Une fenêtre et une porte donnaient de plain-pied sur le jardin. Sur les lambris les photos de la mère, Elvira jeune, et du père, Louis, avec « Gibraltar ». C'est dans ce bureau que, plus tard, Brassens installerait son vélo sur rouleaux. Pour l'instant, sur la moquette, des haltères gisaient entre deux séances de musculation.

Il n'était pas tard : environ 8 heures et quart. Le « truc » dura jusqu'à midi. J'assistai en fait plus qu'en avant-première au tour de chant intégral de Bobino. Le premier morceau que Georges me fit écouter, ce fut ces *Stances à un cambrioleur* qu'il interpréta en s'accompagnant à la guitare. Lui son pied sur une chaise, moi assis de l'autre côté de la table avec son regard qui me pénétrait jusqu'à l'âme; j'étais ébloui de plaisir!

Ces *Stances* se terminent par cette strophe :

Post-scriptum, si le vol est l'art que tu préfères
Ta seule vocation, ton unique talent
Prends donc pignon sur rue, mets-toi dans les affaires
Et tu auras les flics mêmes comme chalands.

Quand il en eut fini, il me dit : « Ce dernier-là, je vais le sucrer. Le scandale financier(1) qui vient d'éclater ferait croire que je l'ai écrit par démagogie. Alors je le supprime. »

Mais, c'est qu'il me bottait fort, ce quatrain! On venait de me l'offrir, je n'entendais pas qu'on me le reprît séance tenante. J'utilisai tout mon pouvoir persuasif pour prouver à Georges que, s'il y avait scandale financier précisément maintenant, ce n'était pas sa faute à lui et qu'il serait fort dommage, à mon sens, de sacrifier une strophe si joliment tournée pour quelque homme d'affaires véreux.

« Puisque tu me dis de la garder, je la garde », fut la réponse.

Je suis persuadé que Fallet et Battista eurent la même réaction que moi.

Et Georges maintint son post-scriptum!

Cela dit, lorsque Brassens vous proposait ses textes, il n'y avait rien à discuter : c'était la perfection. On en restait médusé! Tout au plus, pouvait-on, comme je venais de le faire, sauver un couplet promis à l'implacable guillotine. Ou alors l'artisan vous donnait à choisir entre deux versions d'une strophe, d'un refrain, d'un vers. A la rigueur, si vous connaissiez la première mouture d'une chanson, pouviez-vous dire : « Là, dans le texte original, il y avait " obsèques " et tu l'as

(1) N'était-ce pas l'affaire Rives-Henrys?

remplacé par “ funérailles ”. Dans ce contexte-ci, “ obsèques ” me paraît mieux », etc.

Les *Stances* m’avaient naturellement réinstallé sur mon petit nuage, d’où le reste du monde me paraissait mesquin, à l’exception de cet Apollon moustachu qui me faisait si gracieusement l’éloge de la fraternité.

Toutes les paroles du tour furent passées au crible. C’est Georges qui provoquait mon esprit critique. En vain : il n’y avait qu’à se taire et à féliciter le bon Dieu.

Puis, on en vint aux musiques. Brassens en avait notamment composé deux pour le texte de *Quatre-vingt-quinze pour cent* : il ne savait sur laquelle jeter son dévolu. L’une convenait admirablement à la structure du vers, mais l’autre me plaisait mieux parce qu’elle était plus enlevée, plus déterminée, plus héroïque même : elle rendait plus évidente la truculence du texte. J’en fis part à Georges qui m’avoua : « C’est aussi mon opinion. Et celle de Battista. Et de Fallet. C’est celle-là qu’il faut : je devrai simplement quelque peu ajuster les paroles. Rien de grave. »

Je connaissais déjà le texte de *A l’ombre des maris,* que Georges m’avait donné précédemment; la musique me combla. La première strophe de cette chanson, je l’avais récitée à mon vieux professeur de français tournaisien, par faveur, car je m’abstenais de dévoiler les inédits : il en avait été enthousiasmé. Chaque fois que je le rencontrais, il fallait que je lui récite ce quatrain de choix qui lui rappelait à la fois Ronsard, Marot, Maynard et quelques autres. Il fut convié aux agapes tournaisiennes dont j’ai parlé tantôt.

Bien entendu, Georges ne chantait pas tout en direct : il passait certaines mélodies sur son magnétophone, auquel cas il me donnait le texte à lire. Parfois, la chanson était déjà enregistrée sur bande.

S’il ne m’interpréta pas ce jour-là *les Passantes*, où, sur un poème d’Antoine Pol, il a enroulé une mélodie dont la délicatesse langoureuse est sans doute celle de la féminité à l’état pur, c’est qu’il m’avait déjà fait écouter cette chanson dont il avait enregistré deux versions sur bande avec Nicolas : une rythmée, l'autre en récitatif et arpèges; ce fut celle-ci qu'il adopta.

Je passe sur les détails multiples, savoureux, qui se pressent aux chicanes de ma mémoire quand j'évoque ces moments-là. On n'en finirait pas... Et puis lorsqu'on a dit que Brassens avait fait son tour de chant pour vous seul, on a dit l'essentiel, me semble-t-il. Tout est dans le frisson!

Je fus appelé à la même dignité de juré, ainsi que mes pairs, en septembre 1976, non seulement pour « entériner » son nouveau tour de chant, qui devait être le dernier de Georges, mais aussi pour choisir les douze chansons – sur une trentaine proposées – qui seraient retenues pour ce tour-là comme pour le disque qui sortirait dans la foulée. D'après ce que Georges me confia après ce scrutin secret, il y avait quatre ou cinq chansons sur lesquelles nous étions tous les trois d'accord : Fallet, Battista et moi. Pour le reste, nos avis étaient plutôt divergents, ce qui s'explique par le niveau exceptionnel de tous les textes soumis à notre juridiction. Alors Georges retint les quatre ou cinq qui avaient recueilli l'unanimité, et pour le reste il se fia à son propre jugement. Mais au lieu de douze chansons, le disque en comporta quatorze : preuve évidente que, pour lui non plus, la sélection n'avait pas été facile. *Le Vieux Normand* fut sacrifié aux tout derniers moments, au profit de l'*Histoire du Faussaire* dont la mélodie, aux tons nostalgiquement 1938, se présenta alors qu'on ne l'attendait plus.

Pour ma part, je regretterai toujours l'absence sur cet ultime microsillon d'une chanson qui s'appelle *la Visite,* une manière de verso de *l'Auvergnat,* d'un désenchantement poignant. Elle attendait (à ma connaissance) de rencontrer une musique depuis tantôt cinq ans. Il y en avait une qui convenait admirablement à sa structure métrique, mais Brassens la trouvait trop enlevée, trop « fanfaronne » pour un texte aussi frileux. Tant pis pour nous (1).

La dernière fois que Georges me fit ainsi assister à une audition strictement personnelle, ce fut en 1979, lorsqu'il enregistra une vingtaine de ses musiques, interprétées en jazz, avec Moustache, « Les petits Français » et cinq musiciens noirs américains de joli gabarit. Brassens avait, pour la circonstance, composé une chanson – paroles et musique – en hommage à l'épouse défunte du « gras du bide de Moustache » : *Elégie à un rat de cave.* Les musiciens avaient enregistré la partie orchestrale, que Georges avait copiée sur une bande. Il me la passa en mettant le jus à tout berzingue et se mit à la chanter en mettant sa bouche si proche de mon oreille que j'avais l'impression de sentir le chatouillis de sa moustache.

Dans le feu de l'enthousiasme, Brassens bissait volontiers sans qu'on eût à insister. On eût dit qu'il découvrait ses propres créations avec la même surprise que n'importe quel auditeur. Il reprit donc l'*Elégie*, toujours la bouche à deux centimètres de mon esgourde. Je n'osai pas en redemander une troisième ration et pourtant l'envie m'en démangeait fort. Expliquez cela comme vous voulez : ces prestations à usage privé de l'ami Brassens avaient pour effet de me paralyser. Je restais prostré en murmurant : « Putain! que c'est beau » ou quelque chose comme ça et me contentais benoîtement d'être ravi, avec l'air deux tons au-dessus. Et puis n'oubliez pas : l'oreille à deux centimètres de la bouche de l'oracle... On n'en mène pas large.

Les premières de Brassens à Bobino n'étaient jamais tristes. Il flottait dans l'air ces jours-là une odeur de grand soir, de poudre et de myosotis. Il n'y avait plus une place à trouver sur le bateau; mais fidèles à son

(1) J. Bertola a enregistré cette chanson depuis, sur une autre musique que Brassens avait composée sur les mêmes paroles.

appellation, les copains étaient au poste. Avant de gagner la haute mer, chacun se relayait pour prendre son quart auprès d'un Georges apparemment décontracté, en tout cas fort loin de cet état de surexcitation où je l'avais vu avant l'émission de télé en direct. Calme, serein, un tantinet inquiet pourtant à propos de ses textes, tant de fois remaniés que leur version définitive avait parfois quelque peine à s'installer dans sa mémoire... il grattait sa guitare en fumant la pipe, en bavardant, en attendant les trois coups.

Je ne me contentais pas de la seule première. Comme la plupart des amis de Georges, j'assistais le plus souvent que je pouvais au spectacle, installé dans les coulisses. C'était aussi chouette de ce côté-ci du rideau que de l'autre. Au reste, le renouvellement des programmes de la première partie, toutes les trois ou quatre semaines, me fournissait un argument probant pour me faire inviter par le bon maître à la rue Santos-Dumont, sans avoir l'air de m'imposer. D'ailleurs, c'était fréquemment Georges qui prenait les devants : « Je suppose que tu viens voir la première de Mireille », ou alors : « Tu ne vas pas manquer le tour de ton pote Louka », ou encore : « Viens donc, machinchouette n'est pas mal du tout. » Mais bien entendu, il y avait d'autres prétextes : pour de telles causes, on les estime toujours bons. En sus, je venais la plupart du temps les week-ends, qui me proposaient, en prime, le spectacle de la matinée du dimanche.

J'arrivais d'ordinaire vers les 3 heures au domicile de Brassens. Salutations, café, etc., et discussion tous azimuts jusqu'aux environs de 5 heures où Georges commençait à se préparer, à s'habiller. Sophie avait repassé un des costumes de scène, invariablement bleu nuit, ainsi que la chemise blanche et la cravate, que Georges portait uniquement sur scène : « C'est pour éviter de détourner l'attention du public sur un futile détail vestimentaire », disait-il. Après quoi on grignotait un petit quelque chose de léger : pas question de festin ! Quand « Gibraltar » arrivait, c'était la première semonce de la sirène. On pouvait encore boire une petite consommation en compagnie du fidèle écuyer pour se mettre en train, pendant que Georges achevait ses préparatifs. Une, guère plus.

Car il fallait se trouver à Bobino vers 7 heures et demie, au plus tard 8 heures moins le quart. Il n'y avait pas loin, mais la circulation pouvait être dense, etc. Bref, on partait.

Artisans consciencieux, il était bien rare qu'il ne fût pas le premier à se pointer à « l'usine » (comme il disait en ajoutant dans un sourire : « Une usine de luxe quand même »).

Le rideau se levait à 8 heures et demie. Si l'exactitude est la politesse des rois, il a renvoyé tous les monarques à leurs chères études de savoir-vivre.

Installé dans sa loge, Brassens se mettait à « faire ses cordes », parce que, ayant horreur du nylon, il n'utilisait que des cordes métalliques pour sa guitare. Il en changeait après chaque tour et, avant de monter sur scène, il lui fallait les assouplir : en jouant n'importe quoi, en tirant dessus comme un damné, en les malmenant sans le moindre ménagement.

Vers les 10 heures et quelques, quand sonnait l'heure d'en découdre, elles étaient à point : Pierre Nicolas y avait mis la dernière main, en les accordant pour qu'elles fussent justes comme de l'or.

Pendant que Georges se livrait à ce rite, en se soûlant voluptueusement de tabac, les copains venaient le saluer, ainsi que tous les artistes et histrions qui assuraient la première partie : la présentatrice, le valeureux qui « levait le torchon » (le rideau pour les initiés), les jongleurs, la vedette « anglaise », le prestidigitateur, l' « américaine »... La bouteille était à portée de la main : chacun n'avait qu'à se servir. Respectueux du cérémonial, Fallet n'oubliait jamais de le faire généreusement.

Après le triomphe et les multiples rappels, il fallait sacrifier à un autre rite : le bain de foule. Georges s'y pliait d'autant plus volontiers que ses admirateurs, ou plutôt ses amis – il insistait sur la différence – ne venaient pas vers sa loge dans le même état d'esprit que s'il se fût agi de n'importe quel autre artiste de music-hall. On n'arrivait pas ici pour courtiser une vedette mais pour serrer la main à un copain. Il y avait – il y a toujours – un public Brassens, infiniment digne et respectueux : il n'arrache pas les boutons, il ne coupe pas les mèches de cheveux, il ne déchire pas la chemise, il ne vole pas la pipe de l'idole. Parce qu'il n'y a pas d'idole.

Certes, beaucoup de fervents aimaient obtenir une photo dédicacée, en témoignage de cordialité ou en guise de preuve irréfutable. Pouvoir l'exhiber et dire : « Voilà, j'y étais! » Est-ce tellement plus con qu'une rosette ou une médaille?

Mais, pour la plupart, la photo n'était qu'une excuse. On venait pour lui marquer sa sympathie, pour se confronter à la bonté de son regard, pour y mesurer la qualité de son propre bonheur, pour échanger deux mots souvent maladroits, pour signifier qu'il était question de bien autre chose que de banale admiration : d'estime!

Ah! s'il avait pu se démultiplier! Combien d'entre eux ne lui demandaient-ils pas, qui de leur accorder une journée, une heure, qui de rompre le pain ensemble, qui de boire le coup, etc. Gêné, Georges s'excusait : « Je n'ai pas le temps : j'en accorde déjà si peu à mes amis. »

J'ai vu un soir un homme âgé pénétrer dans la loge, tendre la main, serrer violemment celle de Georges et s'en aller sans avoir ouvert la bouche, mais avec deux grosses larmes qui dégringolaient dans les rides du visage : à n'en pas douter un vieil anarchiste qui venait de renouer avec la foi de sa jeunesse.

Et son ami Renot, impotent, libertaire de la vieille école (celle du coup de feu), qui, après avoir suivi le spectacle de la coulisse, s'effondra ce soir de dernière en sanglotant comme un môme : « Je t'ai vu sur scène pour la dernière fois! » Et c'était vrai : peu de temps après, il s'en allait!

Quand on quittait « l'usine » déserte, il était autour de 1 heure du matin, parfois plus. Direct vers la rue Santos-Dumont, où on grignotait un repas froid que Sophie avait préparé et mis au frigo, on buvait une ou deux bières, on parlait de la soirée, on discutait de n'importe quoi, calé dans un bien-être qu'exaltait l'odeur du tabac fort. On ne refaisait pas le monde. On n'a jamais refait le monde, mais il en était question : Georges entendait avant tout se refaire soi-même, se corriger, redresser ses erreurs, épier les failles de son comportement... se bonifier!

Comme on se couchait facilement sur le coup de 3 heures, il était bien rare que Georges, lesté d'un solide somnifère, se levât avant midi.

Apéritif, palabres, retour sur la soirée, le public de la veille, celui d'avant-hier ou du samedi, entre lesquels Georges établissait de subtils distinguos qui m'ont toujours échappé, mais qu'il justifiait par une argumentation du genre : « Là, avant-hier, ils n'ont pas saisi », « samedi, telle chanson a eu un succès fou »... Pour moi, que je fusse assis dans la salle ou debout dans la coulisse, c'était toujours le même tabac et il y avait belle lurette que j'avais renoncé à compter le nombre des rappels...

On « mangeait un bout », on faisait une courte sieste si besoin et puis on recommençait le même scénario avec « l'usine » en point de mire.

Le même scénario jusqu'au soir de la « dernière » où, selon la tradition, à Bobino les farces déferlaient de la coulisse vers la scène.

Le 23 mars 1977, c'était donc la « dernière » d'un tour de chant marathon : cinq mois sans désemparer. Salle comble, comme il se doit.

Ce soir-là, quand Georges entama *les Copains d'abord,* le second rideau, actionné par une main facétieuse, se leva sur un tableau qui ne l'était pas moins. Les copains en question apparurent en chair et en os, entonnant avec « le bon maître » l'hymne tribal. Lorsque je dis « avec le bon maître », je trahis quelque peu la vérité. Pour Mireille, Louka, Louki, M. Amont, P. Dudan et l'un ou l'autre initié, il en était certes ainsi. Mais leur rigueur n'avait aucune chance de maîtriser l'effroyable cacophonie qui jaillit de cette horde rien moins que mélomane. Les uns s'acharnaient à foncer sur les chapeaux de roue comme si les mesures « gagnées » étaient rétribuées au prix fort à la sortie, d'autres naviguaient à la godille comme des fonctionnaires à la retraite. J'avais à mes côtés un paroissien – tombé d'on ne sait où, et dont ce fut l'unique apparition parmi nous – qui vociférait comme un légionnaire empalé, en changeant de ton à chaque phrase musicale comme si c'était plus séduisant. Sa prestation terminée, il rompit les rangs avec, gravée sur sa mine épanouie, la satisfaction de l'ouvrage bien fait.

Pendant l'exécution, Georges, plié en deux sur sa guitare, semblait en découdre avec ses pierres aux reins.

Un disque – on ne peut plus privé, et qui le restera – atteste du massacre!

Cette interprétation n'eut qu'un atout à faire valoir : sa bonne humeur! Pour l'heure, c'était l'essentiel.

Le soir, comme s'il se fût agi d'un jour normal, on rentra chez Georges rue Santos-Dumont, à cette différence près que Pierre – « Gibraltar » – fut invité à nous accompagner au salon là-haut. Un bouchon sauta prestement pour célébrer l'extinction des feux de la rampe. La « roteuse » fut sifflée en cinq sec, tandis que l'hôte descendait en flammes le pétillant breuvage : « Le champagne, c'est du snobisme. Vous voyez, nous aussi, on est snobs. Enfin, c'était la dernière... Pour ma part, je ne me désaltère vraiment qu'avec de la bière. » Pour le prouver, il fonça vers le frigo pour en sortir deux canettes. Deux seulement, car « Gibraltar » avait décidé de regagner ses pénates florimontois (1).

(1) Georges lui avait offert de son vivant, la « maison de Jeanne » de l'impasse Florimont.

La conversation fut chaleureuse et sereine, ponctuée de loin en loin par le bruit des bouteilles qu'on décoiffait, puis qu'on choquait fraternellement.

Le merle moqueur s'était envolé de la chanson de J.-B. Clément pour venir saluer l'artiste par la fenêtre, l'aube se défaufilait des ténèbres avec la grâce d'une belle qui se dévêt, quand Georges proposa : « Il est 5 heures et demie, si on allait se coucher... »

Le rideau tomba sur nos yeux fatigués et aussi sur l'ultime « dernière » de l'ami Brassens.

Un mot encore de ses rapports avec le public. Sa dignité n'eût pas toléré le moindre irrespect à l'égard du public pris dans son intégralité; le public, considéré comme adulte, à qui donc on devait des égards. Mais il y a respect et respect : ce sentiment, chez lui, allait exactement dans le sens inverse de la putasserie. Nul n'a jamais pu lui reprocher d'avoir – comme on dit dans le métier – montré ses fesses, même si lui-même prétendait parfois, avec un rien de roublardise, que quiconque montait sur une scène en était réduit à le faire. Au lieu d'aller au public, il l'amenait à lui. Par milliers. C'est là que réside tout bonnement le miracle. De toute manière, ce miracle s'inscrit en faux contre les allégations des marchands de soupe qui prétendent que, le public étant con par définition, il faut lui servir de la connerie. Georges m'a dit peu de temps avant sa mort : « Il ne faut pas mâcher le chewing-gum avant de le donner à ton ami. Moi, j'ai un public d'amis. J'essaie d'être simple, sans être débile pour autant. Ce qui est exprimé de façon rigoureuse, et, en plus, imagée, n'est pas toujours aisé à saisir au premier abord. Je ne dis pas que ce que je fais est impeccable et d'une beauté sans faille. J'agis en sorte qu'il en soit ainsi, ce qui est fort différent. Tout compte fait, je demande un certain talent à mon public. Il ne doit pas m'écouter tout à fait distraitement. D'ailleurs, quand un ami parle, on fait attention, on l'écoute. Je ne suis pas un chanteur. Je raconte des petites fables en musique. Je fredonne mes émotions. S'il y a une morale, elle est en prime. C'est pour tout cela, je crois, que le public m'estime. Je n'ai pas le droit de décevoir ce public-là. »

Ce respect-là n'allait pas sans quelque remords. C'est ainsi qu'il se reprochait une absence de rime dans la première strophe du *Testament* où « terre » répond à « chêne ». Il regrettait amèrement cette assonance : « J'ai dû terminer trop vite cette chanson. J'aurais dû refuser... Maintenant, c'est trop tard. »

Il m'a avoué aussi avoir honte de prononcer ce vers du *Gorille :* « Elle fit feu des deux fuseaux. » Je récusai ce scrupule, affirmant qu'au contraire, je trouvais l'image plaisante. Rien n'y fit : « Non, non, c'est approximatif. Je ne comprends pas comment ma vigilance a laissé passer cela. Tu ne peux pas imaginer comme je me sens mal à l'aise quand je sors ces mots-là. S'il m'arrive alors de rigoler avec Nicolas, c'est pour cacher ma gêne (1). »

C'est en raison d'une certaine idée qu'il se faisait du public qu'il a « sucré », supprimé, un nombre incalculable de strophes et de couplets, qu'il a laissé au frigo, sinon jeté à la corbeille, des chansons pourtant terminées.

A n'en pas douter, nous sommes toujours au chapitre de l'amitié.

Peut-être ai-je réussi à montrer que, chez Brassens, cette amitié ne se satisfaisait pas d'un simple verbalisme, mais qu'elle était son souci constant?

Mais ce n'est pas tout. J'ai encore quelques échantillons éminemment concrets pour qui veut du solide.

Au cours des années 1976 et 1977, on racontait à Paris et à travers la France pas mal d'histoires où les Belges étaient tournés en ridicule. Ne possédant pas une once de sentiment nationaliste, je ne m'en formalisais pas le moins du monde. Je déchiffrais même, au

(1) On trouvera un âne qui « tricote des fuseaux » dans *Colas Breugnon* de Romain Rolland, un des livres de chevet de G. Brassens.

fin fond de cette espièglerie, une manière de tendresse. L'Hexagone avait connu des blagues où étaient égratignés les Bretons, les Corses, les Marseillais, les Auvergnats, les Chtimis, etc.; si nous y avions droit à notre tour, c'est que nous faisions partie de la famille...

Ce qui me gênait un peu, pas pour moi, mais pour les auteurs de ces plaisanteries, c'est qu'elles étaient fréquemment discutables du point de vue du bon goût comme de l'esprit, esprit d'une monotonie navrante.

C'est cela qui dut irriter Georges. Lui qui ne prenait guère la plume, si ce n'est pour lutiner sa muse, m'écrivit une lettre où il regrettait cet éreintement systématique et un peu primaire : il ne le fit pas tellement pour s'excuser vis-à-vis de moi (il n'y avait pas lieu), ni pour voler au secours de la petite « nation wallonne » qui était visée, mais au nom d'une certaine idée qu'il se faisait d'un patrimoine qui nous était commun : l'esprit français. L'essentiel de ce mot tenait en ceci : « Si mes compatriotes n'avaient pas Grévisse qui est belge, ils seraient bien incapables d'écrire correctement le français. » Il avait la dent dure, le père Brassens, quand on avait passé les bornes.

Je rappelle que je travaille à la revue *le Rail* pour ceux qui l'auraient perdu de vue. Il faut de temps à autre remettre la pendule à l'heure.

J'envoyais donc régulièrement à Georges un exemplaire de notre mensuel; il le parcourait, comme on a pu voir. Chaque mois, j'y écris l'un ou l'autre papier : je suis payé pour ça!

A mes débuts au *Rail,* le comité de rédaction était présidé par... je vous le donne en mille... un ingénieur. Avec un petit grade supplémentaire pour faire ronfler son titre, mais un ingénieur! Comment un spécialiste des sciences et techniques en était-il venu à diriger cette revue, allez savoir! Il y a des moments où les voies de l'administration sont impénétrables. J'ai beaucoup de déférence pour les ingénieurs qui utilisent leurs compétences afin que les vaches soient bien gardées. Mais je m'en méfie quand ils se prennent à régir les mots, comme j'estimerais aberrant de voir un homme de lettres présider aux destinées d'une centrale nucléaire ou d'une chaîne de construction d'automobiles. « Seul le marin connaît l'archipel! »

Bref, un jour, l'ingénieur, décrétant que j'avais utilisé un mot obscène (1), me fit savoir, par un tiers, que je n'avais plus à écrire dorénavant que si j'étais réellement « inspiré ». Bon, ma muse était une « étrange poissarde » : il fallait la morigéner et la mettre au pas.

Je pris le coup d'un air moqueur, mais comme j'en avais gros sur l'estomac, le soir, je téléphonai à Georges pour m'épancher dans son gilet. Quand je lui dis que j'étais interdit de tribune dans ma propre revue, sa réponse fut foudroyante : « Tant pis pour eux! » Il fit suivre à l'adresse de mon censeur une théorie d'épithètes qui n'avaient pas été puisées dans un paroissien, ni dans une hagiographie.

« Tant pis pour eux! » La phrase magique, sans doute un peu forcée, me lavait de l'affront. Je me suis baladé avec elle et, vingt-quatre heures plus tard, j'avais presque oublié qu'il me fallait rendre des comptes à un particulier qui mesurait l'adéquation des mots à l'aide d'une règle à calculer et ignorait superbement que « le fumier de cheval est un grand poète » (Giono).

On va croire que je raconte ma vie et on aura raison. En fait, c'est le lot de celui qui prend la plume (et ouvre la bouche). Jean-Jacques, Gide, Kafka, Henry Miller racontent leur vie, bien entendu. Mais Descartes aussi étale la sienne, et Karl Marx, et Sartre, et les nouveaux philosophes, etc. Nous ne parlerons pas, si vous voulez bien, des débats télévisés... De toute manière, en première ligne ou savamment camouflé, le « je » est toujours là. Même chez ce madré de Pascal qui décrète que « le moi est haïssable »! Ça veut

(1) Il s'agissait du mot « crottin »

pourtant dire : « Moi, Pascal, je dis que le moi est haïssable », non?

Alors, pourquoi pas moi?

On doit s'être rendu compte, depuis belle lurette, que mon enthousiasme pour Brassens n'est ni une vulgaire griserie, ni une simple toquade.

J'ai vécu à son heure et j'en ai retiré des joies d'exception. Il fut et demeure une de mes passions fixes (comme on parle d' « idées fixes »).

Pour ne rien cacher, j'ai eu, dans ma petite existence, deux passions de ce genre-là.

L'autre, c'est précisément Jean Giono. Depuis mes dix-huit ans, il m'accompagne. Ça fait du chemin! Pas la moindre infidélité : quand je ne lis pas Giono, je le relis. J'aime beaucoup d'autres écrivains, mais pas comme lui. C'est ainsi.

Si j'en parle, c'est que fréquemment cette passion s'installait, le plus naturellement du monde, au milieu des conversations que j'avais avec Georges, et qu'à plus d'une reprise, elle fut exaltée par son amitié.

Brassens connut fort rapidement mon admiration sans réserve pour le « solitaire de Manosque » : j'avais annoncé la couleur. Avec une ferveur sans doute un peu différente de la mienne, il appréciait aussi Giono.

Il tint à me le prouver sur-le-champ, en allant me quérir quelques jolis livres du romancier, et notamment un ravissant *Jean le bleu* dont il m'entretint en termes choisis et délicats. Ce n'était pas fait pour me déplaire.

Giono de son côté admirait et estimait beaucoup Brassens. Dans les années 60, il lui demanda de composer une ballade pour son film, *Un roi sans divertissement.* Georges avait dû se récuser : il était en pleine crise de coliques néphrétiques. Giono avait naturellement, en même temps que la demande, expédié le livret du film contenant scénario et dialogues. En mai 1971, Georges me l'offrit en me disant : « Tiens, tu le mérites plus que moi. » Vrai ou faux, il n'y avait pas à refuser. C'est ainsi que je possède un exemplaire unique au monde : un texte de Giono portant un envoi de Brassens. Je ne l'échangerais pas contre les manuscrits de la mer Morte.

Quand il passait à Bobino, Georges était frappé de paralysie littéraire : ni le temps de lire, ni la disponibilité pour le faire. Après son dernier tour (en 1977), il réussit à reprendre goût aux livres grâce à un recueil d'articles de Giono : *les Terrasses de l'île d'Elbe,* ce qui n'a rien d'extravagant. Ce qui me paraît plus exceptionnel, c'est qu'il m'ait appelé pour me le dire : « Tu sais, ce livre de Giono, que m'a expédié sa fille Aline, est vraiment épatant. Grâce à lui je renoue avec la lecture : en huit pages, ce qui est ma limite actuelle, j'ai une histoire complète, avec une morale, une certaine conception de la vie, un style, de l'humour. Tout, quoi! » Façon de dire : c'est « ton » écrivain qui me redonne le goût de la lecture. Giono aimait Brassens, Brassens aimait Giono : pour moi, la boucle sentimentale était bouclée de façon idéale!

Lors de l'émission télévisée de 1979 où Brassens fut filmé chez lui, le réalisateur François Chatel avait décidé d'insérer des plans de livres, prélevés dans la bibliothèque de l'artisan, pendant que celui-ci chantait. Histoire d'étoffer le portrait. *Faust au village,* le dernier recueil de Giono, occupait une place de choix dans la vitrine. Clin d'œil à Aline et à moi-même. Peu de temps après, Georges s'enquit de savoir si ce clin d'œil avait été perçu.

« Les petits cadeaux entretiennent l'amitié », proclame la sagesse des nations. Brassens n'en faisait que de gros. De ceux-là qui vont droit au cœur!

Lorsque mon père mourut, je téléphonai à Georges pour lui annoncer la triste nouvelle. Sa réaction fut instantanée : « La mort est scandaleuse et inadmissible! » Pas de jérémiades, tout était dans ces mots de révolte, qui me furent bougrement consolants. Deux ou trois jours plus tard, des lettres de condoléances affluèrent de copains parisiens que Brassens avait alertés pour leur dire qu'un mot de réconfort serait le bienvenu.

J'ai en outre assisté, comme témoin alors, à des manifestations sereines de ce sentiment-là.

Un copain d'enfance de Georges – dont le nom m'échappe – avait perdu son emploi de journaliste sportif. Sans doute tuyauté par René Fallet, Brassens intervint près du talentueux Pierre Chany pour lui dégotter une place : dans *l'Equipe* ou ailleurs. Chany promit et tint parole. Georges l'appela pour le remercier et lui demanda ce qu'il pourrait faire en retour pour lui être agréable. Chany lui rétorqua : « Georges, le plus grand plaisir que tu pourrais me faire, ce serait d'accepter de suivre, un de ces quatre, Paris-Roubaix dans la voiture de *l'Equipe.* » C'est ainsi que Brassens eut à affronter « l'enfer du Nord » pour avoir dépanné un ami dans la débine. C'était en avril 1971 : une imposante colonie belge attendait « tonton Georges », flanqué de René Fallet, au vélodrome de Roubaix. Pour une fois, des Belges n'étaient pas venus pour accueillir un compatriote... Or donc, après l'arrivée de la course, nous sommes allés nous installer, Brassens et moi, dans le local destiné aux journalistes, puisque Georges était l'invité de Chany, et que celui-ci devait, ainsi que ses pairs, boucler son papier.

Dans le crépitement des machines à écrire, dans ce murmure bruissant où baignent les salles de rédaction, devant ces visages abîmés dans la réflexion et la recherche de l'expression pittoresque, nous nous sommes mis à bavarder de tout et de rien, tranquilles comme Baptiste.

Georges eut vite oublié le vélo pour m'entretenir d'un thème qui le tarabustait et à propos duquel il aurait aimé faire une chanson. Cette chanson, il l'avait d'ailleurs ébauchée. Il me récita quelques vers qui me parurent de belle allure. Je lui demandai de les répéter et, m'armant d'un crayon et d'une impudeur totale, je me mis à les noter. Le lieu autorisait toutes les audaces; au reste, Brassens était plus que consentant, puisqu'il me dicta cette strophe :

Si tu dois perdre tes parents,
Petit, n'attends pas d'être grand.
Les orphelins, quand ils sont vieux,
Nul ne les prend trop au sérieux
Et pour tout le monde ils demeurent
Orphelins de la onzième heure.

Chaque fois que j'ai demandé, par la suite, à Brassens si son projet de chanson sur les orphelins avait abouti, la réponse a été négative. Pierre Onteniente a retrouvé dans les papiers de Georges un texte d'une jolie veine où figurent ces vers quelque peu modifiés.

Nous étions toujours occupés à discuter, attendant que Chany et Fallet en aient fini avec leur article, quand un personnage, qui se trouvait assurément là sans raison apparente, vint se planter devant Brassens et le dévisagea de façon fort cavalière. Le curieux sans façon!

Après un moment, il lui lança avec une manière de défi où pointait l'accent du Nord :

– Ah! mais je vous reconnais, vous savez...

Georges eut ce pauvre sourire qu'il avait aux moments de grand embarras.

Le fâcheux poursuivit, toujours aussi énigmatique :

– Je vous reconnais même très bien.

Apparemment, il eût préféré quand même, pour ne pas gaffer, que l'artiste se présentât lui-même.

De plus en plus mal à l'aise, Georges le toisa et décida de s'en sortir par une pirouette. Il tendit la main au bonhomme, en lui dévoilant son identité : « Jacques Brel. »

Le casse-pieds partit satisfait.

Quand il eut disparu, Brassens s'interrogea :

« Je me demande s'il ne m'a pas réellement pris

pour Brel. Il n'avait pas l'air d'avoir des idées très précises, le bougre! »

J'ai lu, à diverses reprises, que Georges avait été le seul à aider Pierre Perret lorsque celui-ci dut être admis en sanatorium. Il ne m'en a jamais parlé et pourtant il fut souvent question de Perret lors de nos conversations.

Quand il rendait un service, il n'allait pas le crier sur les toits.

Mais Brassens, en amitié, n'était pas seulement prodigue de ses conseils, de sa sollicitude, de sa grâce, de son temps, de son fric... Il adorait, en outre, offrir : des disques, des cassettes et surtout des livres.

J'ai dû dire plus haut qu'il était une encyclopédie vivante de la littérature. Faire le bilan des bouquins qu'il a offerts aux uns et aux autres, ce serait en quelque sorte établir le catalogue de ses auteurs favoris et de son érudition.

On a vu que Georges prétendait lire peu.

« J'ai beaucoup lu, mais désormais je le fais nettement moins. » Ouais! Mais quelque livre qu'on évoquât – fût-il de la veille –, il le connaissait, il en dissertait, avec beaucoup de perspicacité, je le répète.

Lorsqu'un bouquin lui avait vraiment plu, il s'empressait d'en acquérir plusieurs exemplaires pour en faire profiter ses amis.

Pour ma part, je possède deux ou trois rayonnages sur lesquels je pourrais apposer le certificat d'origine « Brassens ». Bien évidemment, je ne suis pas le seul. J'ai remarqué dans la bibliothèque d'Eric Battista les dix-neuf volumes du *Journal littéraire* de Paul Léautaud dont il m'étonnerait fort qu'ils ne soient pas venus en ligne directe de la rue Santos-Dumont : j'ai les mêmes!

Chacun des copains de Georges possède une réserve des romans de Charles-Louis Philippe qui lui ont été prodigués par ses soins.

S'il apprenait qu'on liquidait des bouquins intéressants, de telle ou telle collection, il en raflait une partie et parfois tout ce qui restait. J'ai ainsi hérité d'une dizaine de livres de Stendhal (il savait que je l'aimais) numérotés et plutôt rares.

J'ai expliqué comment il m'avait sommé d'accepter les œuvres de Poe en « Pléiade », et dans la même collection, la correspondance (trois volumes), ainsi que les *Mélanges,* de Voltaire.

Brassens, on en a peu parlé, était friand d'humour américain – de *non-sense :* c'est grâce à lui que je me suis initié à O. Henry que je connaissais mal.

Comme nous buvions un verre dans un bar de Paimpol, avec l'ami Battista, il se mit à nous entretenir d'Antoine Blondin et de son dernier roman *Monsieur Jadis* avec citations à l'appui. « Un chef-d'œuvre », décréta-t-il! Comme j'avouai ne pas l'avoir lu, il nous laissa devant notre apéro pour s'en aller me quérir le roman de Blondin chez le libraire le plus proche.

Peu après son dernier tour de chant – vers 1978 –, il fut pris d'une fièvre soudaine pour les critiques de Jules Lemaître, réunies en huit volumes sous le titre : *les Contemporains.* Il réussit à en reconstituer quatre ou cinq séries. Chacun eut la sienne : Abat, Battista, Poletti... et moi-même. Lemaître fait évidemment partie de ces grands bonshommes qu'on néglige à nos dépens : sa rigueur n'a rien de pontifiant, et même quand il se trompe, il séduit. Georges aimait citer de lui cette phrase d'une justesse et d'un équilibre parfaits : « Le snob est un mouton de Panurge prétentieux, un mouton qui saute à la file, mais d'un air suffisant. » Il en jubilait et devait, rien qu'à répéter ce mot, voir sauter à la file quelques-uns de ses confrères... une file que les médias ont désormais institutionnalisée.

Je passe sur les encyclopédies (1), les dictionnaires

(1) *L'Encyclopédie du bon français* de Dupré, notamment.

qu'il distribuait autour de lui, les Villon en quatre volumes, les Aymé, les Céline, les Audiard...

Et les disques, les cassettes... on ne peut parler de tout (1).

Quoi qu'il vous offrît, Brassens n'entendait surtout pas en être remercié : « Je le fais par pur égoïsme. C'est à moi que ça fait d'abord plaisir. Si ça te plaît également, tant mieux! Mais si tu m'offres un bouquin, moi non plus, je ne te dis pas merci. »

Car il arrivait qu'on lui dégottât un Gourmont qu'il convoitait, un exemplaire un peu huppé de *Mon oncle Benjamin* de Claude Tillier, ou quelque autre livre dont on augurait qu'il pouvait piquer son intérêt au vif. Heureux qu'on était lorsqu'on parvenait à lui rendre une part infime de la politesse! Par pur égoïsme également, bien entendu!

Il ne disait pas merci, mais s'arrangeait toujours pour faire savoir un jour ou l'autre que le livre offert avait été apprécié...

Le revers de cette générosité, c'est que, sauf pour les choses essentielles, où il était inébranlable, il ne savait pas dire non. Ce n'était pas de la faiblesse, mais souvent de l'indifférence.

Il avait une manière bien à lui de retourner votre affirmation, par de petites retouches successives, afin de ne pas trop vous vexer. Si vous lui lanciez, par exemple, ceci : « Un tel a écrit ça pour de l'argent », il était capable de vous répondre : « Que veux-tu, il en avait peut-être besoin. » Un temps, et puis : « Ça n'est pas sûr qu'il l'ait fait pour le fric. » Un autre temps, après quoi : « Plus j'y pense, plus je me demande si le pognon a quelque chose à voir là-dedans. » Silence, et il poursuivait : « Il n'a sans doute pas du tout pensé à ça. » Un dernier temps, avant de conclure : « Non, il n'a sûrement pas fait ça

(1) Ah! les disques aussi qu'on écoutait ou qu'on découvrait ensemble...! Impossible d'en parler ici : un volume n'y suffirait pas!

pour de l'argent. C'est certain. Ça n'est pas là qu'il a triché... »

Il fallait bien éclater de rire.

A l'autre bout de lui-même, Georges était un homme bourrelé, peut-être pas d'angoisses, mais d'inquiétudes, rempli de scrupules. Cet aspect de sa personnalité n'était au fond que le verso de sa générosité : il craignait de déranger, de se comporter maladroitement vis-à-vis des autres.

S'il restait cloîtré chez lui (sans apparemment en souffrir d'ailleurs), ce n'est pas tellement qu'il avait peur des autres, mais plutôt de ses propres réactions : avec les gens qu'il ne connaissait pas, il ne savait comment se comporter; il redoutait de les décevoir. D'où cet air gauche, timide qu'il avait face aux inconnus.

Si on sonnait, il s'alarmait : « Qu'est-ce? C'est un tel ou tel autre? » A la seconde, une théorie de casse-pieds hypothétiques lui défilait à travers la mémoire. Son front se plissait. Ses yeux interrogeaient avec l'air de dire : « On était si bien ensemble. Qui vient nous troubler? » Quand on n'était pas sûr de l'identité du visiteur, on ne répondait pas : des fois, ce n'était qu'un porteur de télégrammes...

Les copains, eux, connaissaient le code pour entrer. Au reste, ils s'étaient fait annoncer.

Il ne laissait pas sortir ses chats : pas tellement pour qu'ils n'aillent pas se perdre, mais pour qu'ils ne risquent pas de bouffer les piafs et les pigeons : « Chacun a le droit de vivre! »

Il donnait à manger aux oiseaux qui venaient dans son jardin. Il le faisait d'aventure avec une pudeur fort pittoresque. C'est ainsi qu'il m'expliqua un matin en jetant du pain aux moineaux : « Je leur donne à bouffer, sinon ces cons vont gueuler jusqu'à midi. » Il n'en craignait pas moins, en agissant ainsi, de s'attirer des inimitiés dans le voisinage : « Je nourris les pigeons, mais ils vont déféquer dans la corniche des voisins... » Evidemment il continuait d'approvisionner les volatiles, mais, en compensation, il invitait de temps à autre les voisins à prendre le café chez lui : pas tellement pour les « acheter », mais pour leur donner l'occasion de se plaindre si le comportement des pigeons les dérangeait.

Pour ne pas embêter lesdits voisins – qui ne s'étaient jamais plaints d'ailleurs – il avait fait construire sous son jardin un véritable bunker où il pourrait écouter ses disques à la bonne puissance, c'est-à-dire que ça gueule. Il lui avait coûté les yeux de la tête. René Fallet prétendit alors que cette initiative était garante de la jeunesse de Brassens : « Il fait encore des choses inutiles, donc il est toujours jeune. Parce qu'il n'ira jamais dans son bunker! » Il avait raison : Georges l'utilisa en guise de resserre.

Pour écouter ses disques à l'aise, il fit insonoriser son bureau du rez-de-chaussée par les « Compagnons de la chanson » en personne. Les travaux étaient à peine terminés quand Brassens tomba malade.

Gloire à qui n'ayant pas d'idéal sacro-saint
Se borne à ne pas trop emmerder ses voisins.

Ce n'est pas là seulement un distique d'une très belle veine, c'était aussi une règle de conduite qu'il avait adoptée et qu'il observait avec une vigilance de tous les instants.

Soi dit en passant, si cette morale-là était mise en pratique par les grands de ce monde, c'en serait fini des conflits, et on pourrait ranger les arbalètes dans le placard. Tout simplement. Le pacifisme – celui que les va-t-en guerre qualifient de bêlant – commence par là : « Ne pas emmerder ses voisins. » Mais c'est sans doute là un souci d'homme du peuple : les scrupules empêchent rarement le nanti de dormir.

On n'en finirait pas d'évoquer cette inquiétude, qui était en fait la pierre de touche de sa probité.

Lorsqu'il apprit la mort de Jacques Brel – qui était

son ami –, Georges affolé me téléphona : au boulot. Il ne savait que faire et m'appelait pour avoir l'avis d'un copain et, comme Brel était belge... La télévision voulait l'interroger sur la mort du grand Jacques, or celui-ci aurait dit (à qui?) : « Quand je mourrai, fermez vos gueules. » C'était faux (1), mais, pas plus qu'un autre, Georges ne le savait.

« Je me demande si je dois accepter. Je me fous bien de la télé. Il a désiré qu'on se taise, mais on ne peut quand même pas le laisser partir comme ça. »

Eh non! on ne pouvait pas. C'est là qu'il a sorti cette petite phrase que pas mal de folliculaires ont récupérée ou paraphrasée à l'heure de son propre départ :

« Quand on aime les gens, ils meurent, bien sûr, c'est-à-dire qu'ils s'absentent un petit peu... Mais jamais personne de ceux que j'ai aimés n'est mort. »

Au-delà de la banale inquiétude, il y avait aussi l'angoisse.

Le sort de ses livres, par exemple, ne laissait pas de le préoccuper.

J'ai déjà dit que, pour lui, l'environnement comptait peu. Il n'était absolument pas attaché aux choses, sauf aux livres, qu'il ne considérait pas du tout comme des biens matériels, mais pour ce qu'ils sont dans le meilleur des cas : les garants d'un héritage spirituel. Sa bibliothèque, c'était son coffre-fort sentimental, là où il entassait la part inaltérable de la sensibilité et de la pensée des hommes.

Les disques lui importaient moins : peut-être parce que sa mémoire suffisait au musicien. Ecouter était un geste, lire un acte.

Quand il évoquait sa mort – c'était fréquent et totalement dénué de pathétique – il s'interrogeait d'abord sur le sort qui serait réservé à ses livres. A ce

(1) Sa compagne Maddly Bamy a intitulé un livre de souvenirs sur Brel : *Tu leur diras*. Le contraire de « Vos gueules! »

moment-là, on peut imaginer qu'une authentique angoisse l'habitait.

Un jour, en me ramenant à la gare du Nord, il lâcha avec quelque mélancolie : « Toi, tu vas laisser tes bouquins et le reste à ta fille qui n'est pas trop con... » Là, il eut peur d'avoir gaffé : « Quand je dis " pas trop con ", ça veut dire qu'elle n'est pas con du tout (merci, Georges : j'avais compris). Donc, tu vas lui laisser tes livres. C'est mieux que moi. »

Quand il imaginait l'incendie de sa maison, et ça lui arrivait souvent, il ne pensait ni aux briques, ni aux meubles, ni aux bibelots, pas même aux disques, mais aux livres, rien qu'aux livres. Et l'évocation du sinistre allumait dans son œil une lueur que je n'ai jamais vue en d'autres circonstances et où il m'a bien semblé déchiffrer de la peur.

Lorsque sa nuit était mauvaise, il devait rêver de bibliothèques et de livres calcinés (1).

Mais ce n'était pas là le seul sujet qui lui donnait de la tablature.

Je me souviens aussi d'un jour où il se mit à monologuer au sujet des espaces intersidéraux. Il semblait vraiment terrorisé à l'idée que des étoiles continuaient de briller dans le firmament alors qu'en fait elle étaient éteintes depuis des milliers d'années : la distance qui les séparait de nous, leur ultime lumière n'avait pas encore eu le temps de la parcourir! Effrayé en pensant que d'autres astres étaient nés et que leur lumière ne nous parviendrait que dans des millénaires. Nous étions avertis d'un événement auquel nous étions certains de ne pas assister. « Après ça, qu'on ne vienne pas me parler de la lune : ça n'est même pas la banlieue... » Et il coupa la conversation sur ces mots : « Arrêtons de parler de tout ça : j'ai comme l'impression que ma mâchoire va me tomber sur les genoux... »

(1) Il a légué tous ses livres à Pupchen, en la chargeant de les répartir entre ses amis. Ce qu'elle a fait.

J'ai insisté un peu sur le côté inquiet du personnage parce que, si ses amis connaissaient bien ce côté-là, il m'a semblé qu'il n'en était pas de même pour le grand public. J'ai la faiblesse de croire qu'on ne peut tout à fait entrer dans les chansons de Brassens, dans son monde, si on ignore cet aspect où se rencontrent le souci, sans doute excessif, de ne pas gêner, le besoin de tout faire pour satisfaire autrui – et d'en être aimé –, l'angoisse métaphysique devant les mystères impénétrables de l'univers.

De là à conclure que Georges Brassens était un éternel torturé, il y a un pas; un pas énorme que ne se décideront à franchir que les manichéens, ceux qui ne comprendront jamais l'implacable ambiguïté de l'humain.

On a dû deviner dans ce qui précède que les rencontres entre Brassens et ses amis étaient rarement vouées au pessimisme, ou alors ce pessimisme-là se muait rapidement en son contraire, pour déboucher sur de vastes jubilations. On n'avait pas pour habitude de « brasser mélancolie » à l'ombre de cette moustache, ni d'amener, rue Santos-Dumont, à Crespières, bref là où on rencontrait Georges, son petit bout de rocher pour jouer les Sisyphe. Pas du tout! On riait, on s'esclaffait, on tonitruait. Sainement.

Il serait tout aussi vain de prétendre que chez Brassens, l'humour était « la politesse du désespoir », le verso d'une angoisse fondamentale, quelque attitude pudique destinée à voiler une détresse foncière.

Je crois sincèrement que la joie et la tristesse, l'optimisme et le pessimisme, le bonheur et l'amertume coexistaient en lui. C'était l'humeur de l'instant qui décidait tout simplement lequel était soudain de mise : du noir ou du blanc.

Georges Brassens était le foyer rayonnant, enrichissant d'une multitude de contradictions, qu'il acceptait avec une apparente sérénité. Comme tous les artistes authentiques, comme tous les hommes vrais, il avait refusé de réduire sa vie à un schéma, à une thèse ou à un dogme.

En outre, cet humour – nous y revoici – constituait une manière de mode de vie, d'attitude morale, qui lui permettait d'être sérieux, sans se prendre au sérieux, sans afficher l'attitude et le vocabulaire de la gravité. Il avait horreur du cuistre, drapé dans une dignité compassée, en qui il reconnaissait illico la silhouette de Joseph Prudhomme. Quelques chansons rendent compte de cet « art de vivre ».

Quand il voyait – à la télé, par exemple – un personnage compensant son absence de talent sous un masque emprunté au faux pathétique ou à un désespoir de pacotille, il avait coutume de laisser tomber, avec consternation : « Celui-là non plus, on ne l'a pas recruté parmi les rigolos. » Plus qu'un constat, c'était un verdict, sans appel!

Par contre – et toujours à propos de télévision, dont il était friand (sans tout apprécier) –, il se régalait quand un certain tour d'esprit vif allait mine de rien débusquer quelque anguille sous roche ou susciter furtivement une émotion de belle qualité. Je me rappelle un dimanche midi où nous étions, avec Pupchen, devant le petit écran et où l'équipe du « Petit Rapporteur », autour de Jacques Martin, était dans un jour de grâce : le rire oscillait entre grincement et tendresse : la verve fusait en un joli feu d'artifice. Georges rigolait comme un gamin, en vantant la qualité du spectacle : « Alphonse Allais n'eût pas détesté cela! » Il était difficile, en des moments pareils, d'imaginer Brassens malheureux.

Nous ne sommes pas là pour parler de son art. Mais il ne faudrait quand même pas oublier que, entre autres choses, notre bonhomme a eu le mérite de dynamiter l'alexandrin, en le démythifiant, en le vidant de sa fausse solennité, de sa pompe souvent creuse, en y réinsérant une authentique émotion, et souvent en l'habillant d'humour, de comique et de cocasserie. Les leçons de Georges Fourest et de Jacques Prévert (1) n'ont pas été oubliées. Le rire, avec lui, avec eux, a reconquis droit de cité en poésie. Et Fallet avait bien raison d'écrire qu'il n'avait jamais eu un tel vers à se mettre sous l'œil :

Ainsi que des bossus tous deux nous rigolâmes.

Georges Brassens, dans le quotidien, faisait de l'humour comme d'autres font du cholestérol ou du diabète. Je le répète : c'était une manière de vivre. Pour lui, l'émotion poétique s'amorçait dans le tour d'esprit, où le rire entrait pour beaucoup; la rigueur de la langue faisait le reste.

Il n'est pas possible de citer ici certains mots du « bon maître » à qui il arrivait fréquemment d'« enfourcher son Pégase à la hussarde ».

En outre, il est inutile de trop insister sur une qualité qui s'étale – avec quel bonheur! – à travers son œuvre.

D'ailleurs, ses saillies sont plutôt connues.

Pour ma part, tant pis si elle est rebattue, je m'en voudrais de ne pas mentionner cette réponse que Georges fit à René Fallet au moment où celui-ci lui annonçait la nouvelle de sa mort que la radio venait de propager : « La rumeur de ma mort a été nettement exagérée. »

La spontanéité des répliques était fulgurante. Lors de sa tournée au Canada, à sa descente d'avion, un de ces reporters qui n'en ratent pas une lui demanda ce qu'il pensait du Canada. Brassens lui répondit avec jovialité : « Le Canada? Hier, je ne savais pas que ça existait! » Le Landerneau québécois en fut ému et Georges eut à préciser dans dix interviews qu'il s'agissait là d'une boutade et qu'il appréciait beaucoup le Canada.

Il adorait les blagues, les facéties. C'était une des

(1) Encore deux poètes chouchoutés!

manifestations de sa générosité : il aimait faire rire et avant tout ses amis.

Par contre, il ne ratait jamais l'occasion de plaisanter aux dépens des pisse-vinaigre et des constipés.

Si l'accompagnait en bagnole un personnage un peu trop « rive gauche » à son goût, et emphatiquement « culturel », celui-ci était sûr d'avoir droit pendant une partie – sinon la totalité – du trajet à des cassettes de comiques-troupiers, que Georges vantait à grand renfort de superlatifs. En réalité, il avait horreur de ça : à un point tel que ce grand amateur de saucisson, mortadelle, pâté et autres rillettes disait de l'andouille qu'elle est « le comique-troupier de la charcuterie » tant il la trouvait de bas étage.

Roger Abat se souvient assurément de cette soirée que nous avons passée chez lui en 1977, au cours de laquelle Georges nous fit écouter à plusieurs reprises, en se marrant comme un bossu, *le Bilboquet* de Dranem (1). « Je vais le passer à Un Tel, répétait-il, il va nous parler de rire au second degré... »

Bref, Georges Brassens ne s'en tirait pas trop mal avec ses contradictions et l'ambivalence humour/angoisse ne le tenaillait pas excessivement.

Je crois bien que le sentiment qu'il portait aux bêtes était assez voisin de cet amour-amitié dont j'ai tenté de montrer ici quelques manifestations. Je n'en parlerai pas : on l'a trop fait. Je suppose, comme tout le monde, que, si Brassens possédait un chat qui se prénommait Kikou, ce n'était pas pour nous prouver, en l'appelant, qu'il avait beaucoup plus d'aigu qu'il ne le laissait entendre.

Au reste sa tendresse pour nos frères inférieurs *(sic)* ne se bornait pas aux chats, chiens, etc. : je l'ai vu, un matin, recueillir entre ses paumes un papillon de nuit qui s'était égaré sur une tenture, et aller le remettre en liberté au grand air. Mais ce fut fait sans éclat, en me

(1) Ou d'Ouvrard.

parlant d'autre chose, comme si de rien n'était. Doucement les basses : à la sétoise! Il n'était pas interdit d'être ému quand même.

J'en aurais fini avec l'amitié, s'il ne restait un domaine où règne l'équivoque, qu'on a évoqué d'aventure mais sans jamais trancher le dilemme de façon vraiment probante. Je ne prétends pas tout élucider; je raconte ce que je sais. Rien d'autre.

Voici : quels étaient en fait les rapports de Brassens avec les enfants?

On sait qu'il avait décidé de n'en pas avoir, parce que, disait-il, « c'est à mon sens une très grosse responsabilité de donner la vie à un être dans le monde qu'on est en train de nous préparer. Cette responsabilité, j'ai refusé de la prendre. »

D'accord, mais les autres mômes?

L'enfance était un monde vis-à-vis duquel Brassens était encore plus secret qu'à son ordinaire, ce qui n'est pas peu dire.

Avec les adolescents, Georges était fort à l'aise : il les traitait comme vous et moi. Avec eux, il pouvait être lui-même.

Par contre, sa réserve foncière avait énormément de difficulté à s'en tirer avec les enfants. Incapable de leur parler comme à des adultes, encore moins d'utiliser à leur égard ce langage gnangnan et bêtifiant qui continue d'avoir cours, il était comme paralysé. Il faut répéter qu'il était toujours gêné aux entournures face aux êtres qu'il ne connaissait pas, et il y avait peu d'enfants dans son entourage... Face à eux, l'« incommunicabilité » n'était pas une tarte à la crème.

Ce n'était, bien évidemment, pas une question d'âge, mais d'incompréhension mutuelle.

Dans ce cas-ci, les choses étaient mal faites et la tour Eiffel n'était manifestement pas au bon endroit.

Son sentiment profond, j'ai cru le saisir en un éclair au détour d'une conversation. Nous réintégrions en voiture la rue Santos-Dumont, où logeait un jeune couple, dont la femme était la fille d'un des frères

Cordier, vieil ami bruxellois de Georges. Celui-ci l'avait donc connue toute jeune. A son propos, Georges m'a lâché à brûle-pourpoint : « Tu vois, avoir une fille comme la petite Marianne, ça ne m'aurait pas tellement déplu! »

Voilà, on n'en saura pas plus pour le coup.

Si ce n'est que le Docteur Bousquet et sa femme, chez qui Georges passa les vingt derniers jours de sa vie, m'ont assuré qu'il avait manifesté vis-à-vis de leurs quatre enfants – adolescents, il est vrai – un intérêt plus que chaleureux et une sollicitude qui n'eussent pas déparé un *pater familias.* Au retour de l'école, chacun d'entre eux avait à venir rendre compte à Georges de ses activités, des événements de la journée, des devoirs à faire...

Il ne s'agit pas de tirer des conclusions hâtives mais de verser les pièces au dossier.

Son attitude à l'égard des enfants était en tout cas fort nuancée. Je n'en veux pour preuve que ce dialogue auquel j'ai assisté un soir de spectacle à l'Ancienne Belgique, où nous tomba dessus une jeune animatrice de mouvement culturel (ou quelque chose par là), fort bien intentionnée d'ailleurs, mais fort convaincue également, on le sentit rapidement, des réponses que Brassens apporterait à ses questions. Elle aurait pu faire l'interview à elle seule.

En outre, elle avait tendance, mine de rien, à prêter aux personnages de Brassens ses propres sentiments, ce qui l'incitait par exemple à considérer « l'Auvergnat », non pas comme un type brave, fraternel, cordial, mais comme un parangon de « charité ». Georges lui fit remarquer aussi sec qu'il n'était pas du tout question de ça : « La charité implique une supériorité du donneur à l'égard de celui qui reçoit : il n'est pas question de ça dans ma chanson. »

Notre aimable amazone, sans quitter sa ligne, continua de poser à Georges des questions fort cavalières. Au point que celui-ci s'esclaffa en lui disant : « Mais, vous m'interrogez comme un juge d'instruction! »

La demoiselle avait gardé sa question clef pour la fin.

– Georges Brassens, que pensez-vous des enfants?

– Rien de spécial.

– Enfin, vous les aimez?

– Comme tout le monde. Qui n'aime pas les mômes?

– Vous avez quand même gardé une tendresse particulière pour l'enfant que vous avez été?

– Je préfère l'adolescent...

– Enfin, vous éprouvez bien quelque sentiment privilégié à l'égard des enfants?

– J'ai tendance à les considérer ainsi que les adultes. Vous savez, dans l'enfant, il y a déjà tout l'homme, ou toute la femme, en puissance : le bien est là, mais aussi le mal. A dix ans, l'être est définitif.

– Vous ne croyez pas à la candeur de l'enfance?

– Pas fatalement. Avez-vous déjà pensé que Hitler avait été un enfant?... Hitler!

Non, notre cheftaine n'avait jamais envisagé...

Elle remercia et s'en fut, abandonnant le débat sur cette phrase lourde d'inquiétude, redoutable, inéluctable, qui constate peut-être que nous sommes, de façon irréversible, « programmés par nos gènes » comme jargonnent les psychiatres, en clair que notre œuf décide pour nous.

Voilà, la capacité d'amitié n'est sans doute après tout, elle aussi, qu'une affaire de chromosomes.

Quoi qu'il en soit, indifférent à l'âge des individus, peu enclin à les « ségrégationner » selon leur saison, il semble bien que Georges Brassens n'ait manifesté, dans le quotidien comme dans son art, qu'un seul parti pris : celui de rendre à ses amis, proches ou lointains, la vie un peu plus supportable.

« Par pur égoïsme », évidemment...

Fiesta à Tournai, capitale des Francs. On reconnaît surtout, comme il se doit, P. Onteniente, Georges et P. Nicolas dit « La famine ».
« Mes copains, mon bassiste et tous ceux de la troupe. »
22 janvier 1973.

Eric Battista et Georges Brassens, l'amitié en vacances.
« Non, ce n'était pas le radeau
De la Méduse, ce bateau. »

Chez Mario Poletti : l'humour de Brassens en images!
J. Rault, Muguette, M. Poletti, Georges, Pupchen, A. Tillieu.
(Paris XVᵉ, le 10 juin 1973.)

« On est n'importe qui, on vient n'importe quand. »
(Bruxelles : Ancienne Belgique, avril 1970.)

R. Fallet, Sophie Duvernoy,
Georges et Kikou — Paris XVe, février 1972.
« Qui brode, divine cousette,
Des arcs-en-ciel à nos chaussettes. »

A. Boudard, A. Tillieu,
G. Brassens et L. Nucera. — 6 janvier 1978.
« Et les grands sentiments n'étaient pas de rigueur. »

P. Louka, Pupchen, Georges et Gibraltar entre les prises de vue d'un film-télé sur Louka.
« Ce n'était nullement un arbre de métier. »

Paris XVe, 20 avril 1976.

Georges et Aline Giono.
« Au pont Mirabeau
Un coup de chapeau
A l'Apollinaire. »

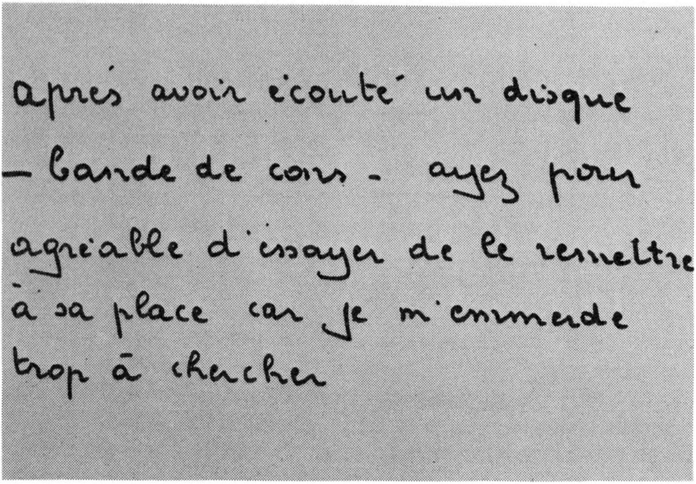
aprés avoir écouté un disque
– bande de cons – ayez pour
agréable d'essayer de le remettre
à sa place car je m'emmerde
trop à chercher

Quand l'expression « grand siècle »
côtoie la langue de la rue...

A l'Impasse Florimont, pour les cinquante ans de Georges. De g. à dr. debout : Agathe Fallet, A. Vers, Vonette et L. Bestiou, J. Rault, P. Onteniente, Pupchen, G. Brassens, R. Fallet, A. Tavernier, J. Bertola, A. Tillieu. Accroupis ou assis : M. Poletti, A. Abplanalp, L. Nucera.

Paris 14 juin 1947

Mon cher vieux

Bien reçu ton mot. D'accord pour samedi prochain
Je t'attendrai sur le coup de midi
Je suppose que tu es au courant : les Français
mes compatriotes racontent ces temps ci des tas
de plaisanteries, d'anecdotes où les Belges
passent pour des demeurés, des idiots.
Les pauvres, s'ils n'avaient pas Grevisse
qui est Belge, ils seraient bien incapables
d'écrire correctement le Français
Je souhaite que cette manie se tasse car
j'ai un peu honte parfois de la manière
que nous avons de traiter nos amis Belges,
lesquels ont du reste assez le sens de
l'humour pour ne point se fâcher
A bientôt donc et meilleures amitiés

Georges Brassens

« C'est pas la femm' de Bertrand
Pas la femm' de Gontran
Pas la femm' de Pamphile. »
Simplement la fille de l'auteur.

Bruxelles, avril 1970.

Georges Brassens et Roger Abat.
« On venait en visite. »

G. Brassens et J. Brel : toute une époque!

G. Brassens et P. Nicolas : un quart de siècle de complicité.
« Solidarité sainte de l'artisanat. »
Tournai, 18 janvier 1973.

LE COUP DE CHAPEAU DU JAZZ

C'est que, sur leurs aigres guitares
Crispant la main des libertés,
Ils nasillent des chants bizarres,
Nostalgiques et révoltés.

Paul VERLAINE

Un couple au cours d'une tournée :
– Ah! monsieur Brassens, on vous aime beaucoup et on connaît toutes vos chansons...
– Et celle qu'on préfère, c'est *Mon pote le Gitan.*
Brassens : « C'est aussi ma préférée! »

Ça paraîtra rigolo aujourd'hui : il fut un temps – aux débuts de la carrière de Brassens – où certains prétendaient que les mélodies de Brassens étaient monocordes. Jacques Brel n'était pas tendre pour ces gens-là : « Très souvent j'ai entendu des imbéciles dire que Brassens était lassant parce qu'il n'y avait pas de musique dans ses chansons... » René Fallet appelait tout bonnement ces imbéciles-là les « oreilles de lavabo ».

Depuis, l'engeance des sourds (pour rester poli) s'est singulièrement amenuisée. S'il en reste, c'est sans doute la faute aux petits excédents de décibels que dispense l'époque. Mais il ne faudrait pas négliger non plus la crainte du ridicule, qui a toujours été une excellente conseillère.

Bien entendu, les musiciens, – par exemple – ont de tout temps été sensibles au charme, à la diversité, comme à l'originalité des mélodies de Brassens.

Et, au premier chef, les musiciens de jazz qui ont compris illico que le jazz n'était pas plus séparable de Brassens qu'Assise de saint François.

Le jazz fut, on l'a vu, le piment de l'adolescence de Georges Brassens.

Quoi d'étonnant si ce piment-là se retrouve dans ses musiques, mêlé naturellement à d'autres ingrédients qui appartiennent, eux, indiscutablement au patrimoine français.

Chez Brassens, l'accent, la ligne mélodique sont de toute évidence « Vieille France » et n'ont pratiquement pas été contaminés par les tendances de la musique américaine de l'entre-deux-guerres.

Par contre, les chansons de Brassens n'ont pas oublié les pulsations rythmiques propres au jazz, ni la répétition – parfois obsessionnelle – de phrases musicales faciles à retenir et qu'on appelle « riffs » dans l'argot du métier. Tout cela le stimulait par sa nouveauté et son caractère quelque peu subversif : ce passionné d'art traditionnel portait aussi dans son sang la foudre de la révolte.

Il y a aussi l'interprétation. On ne poussera pas la plaisanterie jusqu'à assimiler Georges Brassens aux chanteurs de jazz ou aux gueuleurs de blues. Pourtant, il a au moins un point commun avec eux.

Brassens est un des rares interprètes du répertoire français à attaquer la note de façon un peu tardive, voire un peu prématurée, selon l'humeur de l'instant, ainsi que le font les chanteurs de jazz, notamment les Noirs. Ce léger décalage suscite, en général, une sensation de relaxation fort excitante pour les sentiments à l'affût.

Tout cela peut paraître fort technique et savant. En fait, il n'est pas besoin d'avoir étudié la fugue et le contrepoint pour apprivoiser ses trompes d'Eustache à ce genre d'émotions.

Tributaire des caprices du moment, l'interprétation chez Brassens n'était jamais tout à fait la même : elle ménageait des surprises, souvent fort agréables, aux oreilles les moins étourdies.

Rançon de la spontanéité : le monsieur était parfaitement incapable de se plier aux tricheries du playback.

Il est bien évidemment difficile d'apprécier pleinement Brassens, si on n'est pas pénétré de ces évidences.

Il va sans dire qu'elles n'avaient pas échappé au batteur de jazz Moustache, qui, en outre, avait été séduit, dès le départ, par la richesse et la variété des mélodies de Brassens. A tel point que, dès les débuts, il rêvait d'enregistrer un disque de ses chansons, interprétées en jazz, avec la complicité du compositeur.

Chaque fois que Moustache rencontrait Brassens, le projet était remis sur le tapis. Cela séduisait Georges, qui le renvoyait à demain, puis l'oubliait.

Au printemps 1979, Moustache revint à la charge; avec de la grosse artillerie cette fois. Il disposait, pour réaliser son vieux rêve, d'une formation française bien plus qu'honorable, mais, en sus, de musiciens noirs américains d'un fort joli gabarit, en fait d'authentiques caïds du jazz : les trompettes Harry « Sweets » Edison et Joe Newman, ainsi que le saxophone-ténor Eddie « Lockjaw » Davis, qui firent, tous trois, leurs classes chez Count Basie soi-même, un autre trompette, Cat Anderson qui avait blanchi *(sic)* sous le harnais ellingtonien, etc.

L'indolence de Georges fondit comme un sucre dans du café bouillant et fit place à un enthousiasme juvénile. Brassens accepta donc avec cette manière de satisfaction qu'il dissimulait au profond de sa moustache quand on lui faisait un cadeau de choix. Le téléphone soudain fut plus loquace encore qu'à son habitude : Georges appelait pour parler des séances d'enregistrement, des morceaux interprétés, des arrangements, de l'ambiance... Il y avait, à n'en pas douter sous cette fébrilité, une intense jubilation que majorait encore le plaisir de la découverte.

Car, l'amitié créant des droits, Moustache avait demandé, en prime, à Brassens de tenir la guitare d'accompagnement (d'« assurer », comme on dit) au sein de la section rythmique, à côté des grands formats du jazz.

Les coups de fil eussent pu paraître franchement ésotériques aux esgourdes non averties : « Salut, c'est Georges, ça va? » – « Pas mal! et toi, que fais-tu de bon? » – « Ce matin, j'ai assuré, avec Moustache et mes nègres (1) », etc., le reste du même tabac!

Pierre Nicolas, le vieil acolyte, était, naturellement, associé à cette partie fine.

Ce double disque nous propose donc aussi le Brassens interprète, mais comme « deuxième couteau » : comme si Bernadette Laffont et Annie Girardot acceptaient un rôle de soubrette... L'élégance, c'est ça!

Et puis faire de la musique avec des copains, n'est-ce pas la meilleure manière de prouver qu'on aime la musique et les copains?

Ces enregistrements sont désormais d'autant plus précieux qu'on y devine, dans le maquis de la rythmique, les accords d'un Brassens qui s'amuse comme s'il venait de retrouver ses culottes courtes et ses beaux rêves.

Et je puis vous assurer que ce n'est pas du jazz de sous-préfecture : Moustache et les Noirs ont veillé au grain, qui ont tressé à Brassens-musicien des lauriers à sa mesure. Et tant mieux si d'aventure *l'Auvergnat* parle en boogie-woogie, avec juste ce qu'il faut de provocation : la *Joconde* avec les moustaches (de Brassens), ça n'est pas si mal!

Et puis, il y a aussi, pour nous rendre cet album indispensable, cette *Elégie à un rat de cave*, une chanson que Georges a écrite et composée pour l'épouse défunte de Moustache, qui est du Brassens des pieds à la tête, et qui se crête de mélancolie pour avoir été la dernière de ses propres créations qu'il ait enregistrée.

Une chanson dont la rythmique cogne au plexus en nous restituant le vrai Saint-Germain : celui des caves et non des intellectuels à faux nez. Joli « bœuf » en l'honneur de la belle à qui le poète offre une place dans la « Ballade des dames du temps jadis », après avoir appelé à la rescousse les fantômes familiers des

(1) Pas la moindre connotation raciste dans ce « nègre ». « Dire noir pour nègre, c'est comme dire mince pour merde : de l'hypocrisie! »

caves germanopratines : Sidney Bechet, Zutty Singleton et consorts...

Brassens, compositeur de jazz, ce n'est pas tellement une surprise, tout compte fait.

Depuis lors on peut danser sur Brassens.

On danse bien sur Mozart...

Session Brassens-Moustache : le trompette Joe Newman avec Brassens.
« Bach, c'est du jazz ! »

« ... qu' ta place est faite
Chez les gentils
Que tu as r'trouvé pour l'éternelle fête
Papa Zutty. »

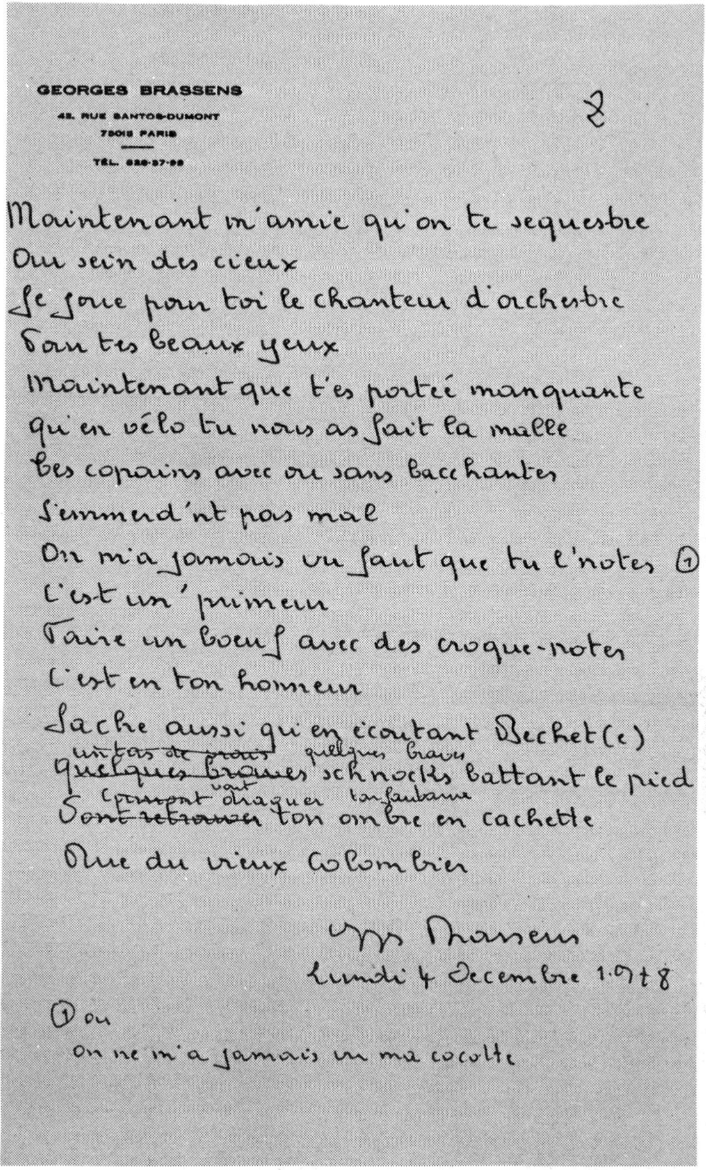

GEORGES BRASSENS
42, RUE SANTOS-DUMONT
75015 PARIS
TÉL. 828-37-99

2

Maintenant m'amie qu'on te sequestre
Au sein des cieux
Je joue pour toi le chanteur d'orchestre
Pour tes beaux yeux
Maintenant que t'es portée manquante
qu'en vélo tu nous as fait la malle
Tes copains avec ou sans bacchantes
S'emmerd'nt pas mal
On n'a jamais vu faut que tu l'notes (1)
C'est un' primeur
Faire un bœuf avec des croque-notes
C'est en ton honneur
Sache aussi qu'en écoutant Bechet(e)
~~un tas de braves~~ quelques braves
~~quelques braves~~ schnocks battant le pied
~~comment~~ vont draguer ton fantôme
~~Sont retrouver~~ ton ombre en cachette
Rue du vieux Colombier

Gges Brassens
Lundi 4 Decembre 1978

(1) ou
On ne m'a jamais vu ma cocotte

Un des quarante-cinq brouillons de l'« Elégie à un rat de cave. »

DÉROULER LE TAPIS ROUGE

... attardés à un âge où l'enthousiasme ne peut rester silencieux.

Marcel PROUST

Au début de l'année 1980, Georges Tabet sort un livre de souvenirs : *Vivre deux fois*. Comme tout un chacun.

Le « rétro » est à la mode depuis quelques saisons. Sans doute parce que l'actualité est plutôt grisailleuse; ou peut-être ne propose-t-elle rien de réellement surprenant.

Alors tout ce qui a eu un nom y va de ses *Mémoires*. La nostalgie se porte bien et n'est pas exigeante sur la qualité du frisson.

Si le livre de Tabet pique l'intérêt au vif, c'est qu'il tranche sur la littérature du genre; ici la nostalgie a de la branche. Quand Tabet se prend à parler de son époque (la nôtre), elle se met à palpiter. En outre, ce livre est écrit avec rigueur, sans les approximations, les infantilismes qui rendent tant de *Mémoires* insupportables.

Il n'y a pas de miracle : le « nègre » est demeuré chez lui et le Monsieur a écrit son bouquin tout seul. C'est plus rare qu'on ne l'imagine.

Georges Tabet avait constitué, durant l'entre-deux-guerres, avec Jacques Pills, le talentueux duo « Pills et Tabet », qui contribua, avec Jean Tranchant, Mireille, Jean Nohain et consorts à dépoussiérer la chanson française, à lui insuffler du sang frais et à faciliter ainsi l'éclosion de Charles Trenet d'abord, plus tard de Georges Brassens.

Toute la jeunesse de Brassens revit dans le livre de Tabet, comme celle de milliers d'autres quinquagénaires.

En mars 1980, Georges Tabet vient présenter *Vivre deux fois* à la radio et à la télévision belges. Comme il se déplace en train, les impératifs de ma charge de journaliste ferroviaire m'amènent à venir l'accueillir à la descente du T.E.E. en gare de Bruxelles Midi, pour la photo d'usage. Il y a des jours où l'utile est bougrement agréable.

Aussitôt les présentations faites, le courant passe, à travers *le Vieux Château, Couchés dans le foin, Philaminte, Prends la route...* remémorés succinctement. Me voilà dans mes godasses d'adolescent!

Je profite d'être chaussé à neuf pour bondir sur mes Pégases préférés. Et tout naturellement, je parle de Georges, de son engouement pour « Pills et Tabet »...

Pas le temps d'aller fort loin dans mon laïus : Georges Tabet lève les bras en signe d'allégresse, un sourire franc comme l'or restitue à ce septuagénaire le visage du duettiste (quarante ans de moins!). Il s'arrête en agitant ces bras éloquents : « Brassens! dites donc, mais c'est notre La Fontaine. La chanson française n'avait jamais connu ça! »

Qu'il ne compte pas sur moi pour le contredire! D'ailleurs, notre duettiste continue son solo avec le même enthousiasme : « Vous savez, je déjeune avec lui ce jeudi... »

Tiens! la vie n'est pas une marâtre, puisque me voici avec Brassens par Tabet interposé.

Georges aurait aimé, depuis toujours, s'entretenir

avec cette vedette (le mot n'était pas encore péjoratif; et l'idole était toujours vouée aux peuplades d'Afrique) que son adolescence avait cajolée. Mais cette foutue timidité, cette discrétion sans faille lui avait toujours interdit de hasarder la moindre tentative de rencontre. Lorsque le livre de Tabet, dûment dédicacé, lui tomba entre les mains, l'ami Brassens sauta incontinent sur l'occasion et le téléphone : pour inviter Georges Tabet à venir au plus tôt fermer une parenthèse, ouverte depuis belle lurette. Il le fit d'autant plus volontiers que « ces *Mémoires* sont fort bien écrits » : il n'avait pas à rougir de ses vingt ans.

La rencontre fut chaleureuse et mémorable.

Tabet était à peine sorti du 42, rue Santos-Dumont que l'autre Georges (Brassens) m'appela pour m'en informer : « Il sort d'ici. C'est un type des plus sympathiques et très cultivé. Son bouquin ne fait pas illusion. Il s'est mis aux orgues, moi à la guitare, et on a interprété des tas de vieux trucs... tous les genres. Je me félicite de l'avoir rencontré. D'ailleurs, on se revoit sous peu, etc. »

Ils se revirent souventes fois. D'autant plus aisément que Tabet habite l'arrondissement voisin.

Et comme, à chaque coup, on donnait libre cours à sa nostalgie – l'un au clavier, l'autre gratouillant ses cordes –, en compagnie des petits maîtres de la chanson des années 20, 30 et 40, l'idée d'une émission (pour Radio Monte-Carlo) n'eut pas de peine à se faire jour, à se creuser, puis à se matérialiser.

Le 18 octobre 1980, après le cocktail Battista que j'évoque plus loin, Georges Brassens nous fit entendre – aux Sétois et à moi-même – des extraits de cette bande magnétique, dont il m'expédia dans la semaine qui suivit une copie intégrale.

Eh bien! cet enregistrement était si réussi, si chaleureux, allait soulever tant de précieuses émotions, outre qu'il était techniquement d'une pureté irréprochable, que chacun eut à cœur d'inciter Georges à en laisser faire un disque (ou un album). Celui-ci répondait invariablement : « Après mon prochain microsillon! Si je le faisais à présent, on croirait que je n'ai plus rien à dire. N'allez pas croire : il y a toujours deux ou trois échotiers prêts à annoncer que je suis fini. Ça n'a guère d'importance, mais il vaut mieux ne pas leur donner l'occasion de colporter des conneries. »

Et puis, il n'y a pas eu de nouveau microsillon, même s'il y avait du matériau pour en faire quatre ou cinq. La faucheuse y alla plus sec que les échotiers...

Le dernier disque de Brassens est ainsi sorti six mois après sa mort. Et c'est en fait un album d'hommages. Georges y déroule le tapis rouge devant ceux-là qui l'ont précédé dans la carrière : des sous-fifres à Trenet, en passant par Mireille, Jean Nohain, Pills et Tabet, Jean Tranchant, Vincent Scotto, Maurice Chevalier, Van Parys, Boyer, Misraki, Hornez, René Clair, Xanrof, etc., ceux sans qui il ne fût pas devenu aussi rapidement qui il était : Brassens, l'auteur-compositeur-interprète le plus singulier, le plus original, le plus talentueux de son temps!

On y retrouve l'interprète égal à lui-même, détaillant avec une honnêteté exemplaire, avec ce respect de l'auteur – fût-il besogneux – et du public, qui est sans aucun doute la vertu première de l'artisanat. Un ami, à qui je faisais écouter la bande, me lança avec une admiration véhémente : « Nom de Dieu, comme il chante bien! » Et pourtant cet ami est une des grosses têtes belges de chez Philips : il « vend » donc du Brassens depuis un quart de siècle. Braqué sur les textes et les musiques, il n'avait pas encore pris exactement conscience des qualités exceptionnelles de l'interprète.

Bien entendu, Georges Tabet – qui fut le protagoniste de l'entreprise – a prêté, quand il le fallait, sa voix sémillante : histoire de nous rajeunir de quelques décennies en nous proposant les duettistes « Brassens et Tabet ».

Joël Favreau est à la guitare, Pierre Nicolas à la

basse et Jean Bertola a repris le piano pour la circonstance. Un accompagnement de choix!

Il eût été injuste – et peut-être indécent – de ne pas évoquer ici ce disque où Brassens chante les « anciens », parce qu'il nous confirme qu'à la veille de son départ, la voix était intacte, pomponnée dans l'aigu de coquetteries qu'on soupçonnait à peine (écoutez *Terre* de Trenet, à ce propos), parce que, s'il est toujours séduisant pour un homme d'âge mûr de réaliser un rêve d'enfance, il n'est pas moins fascinant pour les autres d'assister à l'événement, surtout lorsqu'il se déroule avec chic, bonhomie, sans démagogie ni cabotinage.

Il y a, de toute évidence, une constatation à faire à partir de ce rêve-là et de sa réalisation. A une époque où le moindre gugusse, dès qu'il a aligné quelques mots indigents et approximatifs sur des phrases musicales pillées chez les voisins et les ancêtres, rabâchées depuis un quart de siècle, se refuse à boire ailleurs que dans son verre minuscule, il est émouvant d'entendre ainsi l'auteur-compositeur qui a dominé son temps de la tête et des épaules rendre hommage, non seulement au grand Trenet, mais encore à ses devanciers, parfois les plus obscurs.

La modestie n'est jamais si convaincante que lorsqu'elle est le fait des orgueilleux!

Ch. Aznavour, A. Tillieu, G. Brassens
au cours du tournage d'une émission mort-née
de télévision. Crespières, 28 juin 1971.
« ... je leur dois quand même une heure
Authentique de vrai bonheur. »

Dernière à Bobino, avec Tino Rossi, 7 janvier 1973.
un des admirateurs les plus assidus de Georges!

LA DERNIÈRE ANNÉE

Tel qu'en lui-même l'éternité le change.
Stéphane MALLARMÉ

Le 18 octobre 1980, les Editions du Grésivaudan avaient organisé à Paris un buffet campagnard pour la sortie d'une édition bibliographique des poèmes de Paul Valéry, illustrés par Eric Battista. Naturellement, l'ami Brassens était un hôte de marque de ces agapes rustiques.

Nous avions rendez-vous, ma femme et moi, en début d'après-midi avec toute la compagnie au 42 de la rue Santos-Dumont.

Quand nous fîmes irruption, toute l'assemblée était encore assise autour de la table Maurice Chevalier. Entre la poire et le fromage, comme on dit. Seul, Georges était debout!

Il y avait là, bien évidemment, Pupchen et toute une colonie sétoise venue pour soutenir Eric, le héros du jour : Aline Battista comme il se doit, le cousin de Georges : « Cocotte », ainsi qu'un couple que je ne connaissais pas, mais dont j'appris bientôt qu'il s'agissait du chirurgien Maurice Bousquet et de sa femme.

Battista avait profité de l'événement pour amener son ami, chirurgien à Montpellier, qui avait pu ainsi examiner Georges.

Car depuis quelque temps, ça n'allait pas. Sans être alarmantes, les nouvelles n'étaient pas bonnes.

A plusieurs reprises, auparavant, Georges m'avait

déjà averti qu'une douleur le tenaillait dans le bas du dos. Il avait tout naturellement songé que ses reins étaient en train de fabriquer de nouvelles pierres, mais les radios l'en avaient vite dissuadé.

« Alors, ça doit être le squelette », avait-il conclu.

Lors de mes dernières visites, il se mettait fréquemment le torse nu, me présentait son dos et me demandait si je ne constatais rien d'anormal. Je lui disais qu'il me semblait distinguer une légère scoliose. Il remettait son pull en disant : « Ça doit être des becs de perroquet ou quelque connerie de ce genre. Pas grave. J'en ai vu d'autres. C'est un mal plus emmerdant que pénible. » Et on passait à autre chose.

En réalité, la robustesse de Georges, son endurance à la douleur étaient en train de lui jouer un tour qui allait lui être fatal.

Durant les vacances de 1980, j'étais dans le Dauphiné, d'où je lui téléphonais fréquemment. Son état n'était guère brillant et pourtant c'était lui qui s'inquiétait de moi lorsque je lui apprenais que je venais de faire quarante ou cinquante kilomètres à vélo, en grimpant quelques bosses peu redoutables : « Attention, n'exagère pas : tu n'as plus vingt ans. Ne roule pas trop », etc.

Dès septembre, il me téléphona pour me dire que son séjour à Lézardrieux avait été franchement désagréable : le mal ne le quittait plus, et se compliquait désormais de symptômes inquiétants. A deux ou trois reprises consécutives, il m'appela pour m'en parler, m'en donner des détails.

Et puis là, ce 18 octobre, s'il restait debout, c'est que la position assise lui était insupportable!

Le Dr Bousquet n'avait pu que lui conseiller de subir les examens complémentaires que lui avaient prescrits les différents médecins consultés auparavant.

Georges nous avertit tous que ça n'était pas nécessairement grave mais que ça pouvait l'être. Il n'était pas homme à biaiser et le vocable redoutable fut prononcé. Tout cela avait été confié à l'assistance sous le sceau du secret. Je suppose que Georges intima à chacun ce qu'il m'avait dit en particulier : « Pas un mot! A personne. »

Novembre arriva, et puis cette mauvaise nouvelle : « On dit que c'est bénin, mais demain je rentre en clinique. Après-demain, on m'opère. »

Après l'intervention, je m'informais quotidiennement, comme on le devine, auprès de Pierre Onteniente de l'état de Georges. Je fis même un saut jusqu'à Paris, mais sans pouvoir accéder à son chevet. Et pour cause : il avait été hospitalisé sous un nom d'emprunt.

Rentré à Santos-Dumont, Georges fit feu de toute sa pudeur. Tous les amis furent tenus à l'écart. La souffrance n'est pas un spectacle : la maladie n'a pas à s'exhiber sur les tréteaux.

Il n'est séant d'étaler ses misères que devant les hommes de l'art et, à la rigueur, celles et ceux qui vivent sous le même toit : Pupchen, Sophie, « Gibraltar »...

Les copains comprirent fort bien.

L'un ou l'autre ami parisien bénéficia d'une visite rapide un jour où le mal se faisait moins insistant : c'est au cours d'un de ces moments de semi-répit que René Fallet vint lui présenter Coluche qui rêvait depuis longtemps de rencontrer Brassens.

Mario Poletti, le voisin du XVe, faisait un saut le mardi. Roger Abat était convié de temps à autre, brièvement.

Pour moi, assez fréquemment, le téléphone me réchauffait la tripe d'une fraternelle apostrophe : « Salut! C'est Georges! Ça va! »

Quand il appelait ainsi, c'était pour dire qu'il me convoquerait dès qu'il irait mieux, que déjà ça n'allait pas si mal, qu'il y avait bien l'un ou l'autre bobo pour le tarabuster, mais que le moral était bon : « Seulement, avec cette saloperie de traitement, je suis fatigué comme il n'est pas permis. Je n'ai pas le courage d'écouter de la musique, ni de lire. Ecrire, n'en parlons pas. Gratter la guitare, encore moins. Alors, je m'emmerde... »

Suite à la défection de René Fallet, absorbé par un roman en chantier, André Philippe, directeur des Editions du Grésivaudan, sur les conseils de Georges, s'était rabattu sur moi pour la rédaction d'une préface destinée à l'édition bibliographique des œuvres de jeunesse de Brassens : *Les Amoureux qui écrivent sur l'eau* et *la Tour des miracles*. Ça ne se refuse pas.

La sortie officielle de ce livre luxueux fut remise à deux reprises en raison de l'état de santé de Georges. A la fin, le cocktail fut fixé au 10 octobre 1981.

Je logeai en l'occurrence à côté de chez Georges, dans la maison qu'occupent les « Editions musicales 57 », où se trouvaient également Eric Battista et le Dr Bousquet, à l'heure où j'y arrivai.

La réception était fixée à 18 heures. Peu après 16 heures, nous partîmes chez Georges. Pupchen était là, lui se reposait dans sa chambre.

Quand il descendit, son souffle était court. Comme je lui demandais comment ça allait, il me répondit simplement : « Mal », en m'embrassant comme à son habitude. La maladie n'avait creusé sur son visage que les rides qui s'étoilaient autour de son sourire.

Georges s'étendit sur le divan et sa respiration se fit plus paisible. Je n'en croyais pas mes oreilles : il se mit à plaisanter. « Eh bien! mes enfants, je ne suis pas en meilleure forme qu'Hinault »(1) (Eric avait compris Tino...). Et puis après, parlant toujours de son état : « J'ai dû m'enlever de l'esprit cette question que j'avais tendance à me poser : pourquoi moi plutôt que X? Et puis je me la suis ôtée de la tête parce que c'est idiot : ça supposerait qu'il y a une justice, une loi morale qui régit le monde. Eh non! c'est l'arbitraire le plus total. D'ailleurs, au fait, pourquoi X plutôt que

(1) Hinault avait fait quelques contre-performances en fin de saison cycliste. Brassens en était informé sûrement par la télévision.

moi? Je laisserai peut-être une place un peu plus importante dans la chanson, ce n'est pas sûr (ici son sourire apportait, m'a-t-il semblé, un formel démenti à son scepticisme)... De toute façon, c'est dérisoire. » Il sema encore ce soir-là quelques fleurs dans les trous de nez de la camarde : « Dire que j'étais persuadé que vous mourriez tous avant moi. C'était si vrai qu'à Crespières, j'avais déjà prévu l'emplacement des tombes : Là Lafforgue, ici Fallet, là tel et tel... Et puis, voilà, je m'en vais partir le premier. René (1) a encore une chance de me devancer. De toute manière, je ne pourrai pas accompagner sa dépouille : je n'ai plus assez de souffle. » Etc.

A certains moments, comme ça, la souffrance avait l'air de s'être mise en veilleuse, ou peut-être, délibérément, Georges l'avait-il placée entre parenthèses.

Il fut admis par tous qu'il n'était pas indiqué que Georges se présentât au cocktail. Comme Sophie et Pierre (« Gibraltar ») étaient arrivés entre-temps, nous y fûmes à six. Georges, qui s'était rendu à l'avis unanime, nous demanda instamment de ne pas nous attarder.

A notre retour, une heure et demie plus tard, Georges était paisible. Pendant que nous prenions l'anisette de rigueur, le Dr Bousquet, Eric et moi, il eut ce mot qui me toucha beaucoup : « Avec tout ça, je laisse tomber André. » Et s'adressant à moi : « Il ne faut pas m'en vouloir, j'ai un mal fou pour téléphoner avec mes conneries et cette foutue fatigue. Je n'appelle plus qu'Eric et Maurice : par intérêt. » Un temps, et puis à tous : « Il ne faut pas prendre ça de travers. J'ai des défauts, mais je n'ai jamais eu un esprit intéressé, mesquin, calculateur, sordide » (quatre adjectifs qui eussent suffi à attester sa totale lucidité...). « Il se fait que désormais mon corps me cause du souci : ça n'est pas digne, mais c'est comme ça. »

(1) René Fallet, opéré quelques jours après la mort de Georges Brassens, a survécu un an et demi à son ami.

Il se risqua encore à quelques réflexions d'humour noir. Il faut savoir, pour comprendre celle qui suit, qu'il sortait de pas mal d'ennuis et notamment d'une fièvre qui avait duré trois semaines sans désemparer (alors qu'il n'en avait jamais eu.) « Vous verrez, proclamait-il en levant son doigt de prophète, qu'avant de mourir, je vais encore attraper la peste, le choléra morbus, sans préjudice des compères-loriots, abcès dentaires et otites qui peuvent aussi me tomber dessus. »

Ce « sans préjudice » témoignait également en faveur de l'intégrité de ses facultés mentales. J'y déchiffrai même une pointe d'ironie souriante.

Georges demanda à Eric de former le numéro de Le Bonniec (1) à Paimpol, à qui il voulait dire deux mots avant de partir pour le Midi.

J'étais au plus profond d'un fauteuil club, et quand Brassens, dans son peignoir, se leva pour se diriger vers l'appareil téléphonique, sa carcasse, vue de dos, me fit encore une impression extraordinaire de puissance. La maladie n'y pouvait rien.

Nous avons mangé quelque peu, après quoi la conversation reprit bon train. C'était Georges qui alimentait le débat, souvent avec goguenardise, et avec cette vivacité d'esprit qui modifiait à chaque phrase l'angle de prise de vues.

C'est lui, ensuite, qui nous invita à nous servir un alcool blanc. Et quand Pupchen, à près de 10 heures, sonna l'extinction des feux, Georges s'en plaignit amèrement : la réunion avait été trop brève pour qu'on puisse épuiser tous les sujets jetés sur le tapis. Il restait tant à dire...

Rien n'a jamais moins ressemblé à une veillée funèbre que cette soirée qui fut pourtant la dernière soirée parisienne de Georges.

La nuit qui suivit fut fort mauvaise : le lendemain c'est un autre Brassens – affaibli, le souffle précipité, le

(1) Le neveu de Jeanne.

pas raccourci, l'œil mi-clos, mais debout et vêtu de frais – que j'embrassai avant son départ pour la résidence du Dr Bousquet à Saint-Gély-du-Fesc, où il se reposerait sous la surveillance du chirurgien et de son épouse infirmière, qui étaient entre-temps devenus d'authentiques amis.

C'est là que la faucheuse est allée le trouver.

J'ai eu régulièrement des nouvelles de son ultime séjour par Pierre Onteniente et Eric Battista. Georges, m'a-t-on dit, reprit quelque espoir. Mais, parfois, le mal implacable faisait virer les idées au noir et à la mélancolie. Lui qui prétendait souvent qu'il avait hâte de quitter ce monde imbécile et odieux, dit un jour à Pupchen : « Je vais mourir. Pourtant, j'aurais encore bien voulu vivre un peu... »

Quand il vit s'approcher la fin de façon irrémédiable, il fit néanmoins tout pour que son départ ne provoquât pas de débordements, de gestes déplacés, de scènes d'hystérie ou de scandale. Lui s'en foutait éperdument. Mais cette éclipse sur la pointe des pieds, c'était le dernier cadeau qu'il entendait offrir à ses amis. Même dans le sapin, « les copains d'abord »!

« Je serai enterré comme un rat mort », avait-il prophétisé à Max-Pol Fouchet.

On m'avait averti depuis peu que tout espoir était perdu, que l'issue fatale était inévitable.

Et pourtant quand, dans ma petite maison du Tournaisis, j'ai appris, comme tout le monde, que le rideau était tombé, j'ai été comme vidé de mon sang. Physiquement aussi, je le croyais éternel : je veux dire qu'il ne faisait pas de doute pour moi que je partirais avant lui. Jamais je n'avais envisagé sa mort.

Et puis voilà, le destin m'infligeait ce démenti douloureux : je restais prostré, cloué d'hébétude par cette nouvelle crapuleuse.

Tout s'est éteint. Le « plus jamais » d'Edgar Poe croasse à mon oreille.

C'est tout bonnement une époque qui s'achève. Et pas seulement pour la chanson...

Une époque qui s'achève dans le fracas sinistre d'un grand chêne qui s'abat : un des derniers du siècle. Nous n'attendrons pas longtemps avant d'être contraints au contre-plaqué.

Notre jardin a perdu son feuillage et les oiseaux l'ont déserté.

A l'arbre séculaire, on a substitué

Une petite croix de trois fois rien du tout
Faisant à elle seule de l'ombre un peu partout!

A chaque aurore, les copains affligés, les copines en pleurs iront y déposer, non point le funèbre chrysanthème, mais des brassées de marguerites, de coucous, de myosotis, de primevères qui sont des fleurs de vivants.

En attendant, ils ont baissé les volets de leur cœur pour y ménager une petite chapelle ardente. Au plus secret, que ça ne se voie pas trop : il n'eût pas aimé ça.

Les bougies ne sont pas près de s'y éteindre. Elles ont toute la vie pour ça; la nôtre.

Certes, il avait dit à la mort de Jacques Brel : « Quand on aime les gens, ils meurent, bien sûr, c'est-à-dire qu'ils s'absentent un petit peu »...

C'est vrai. Mais ce n'est vrai que pour ceux-là qu'on a connus de loin, par art interposé. Ou alors pour les intimes, les amis, mais longtemps après.

Pour l'instant, Georges est mort. Voilà une phrase qu'on espérait n'avoir jamais à écrire, ni à prononcer.

Ceux qui avaient le privilège d'aller de temps à autre toiser sa moustache n'iront plus mesurer dans son regard et son sourire la qualité de leur bonheur.

L'absence est définitive, hélas!

Fini les boutades, les leçons bon enfant, les inquiétudes futiles ou graves.

Plus jamais il ne viendra vers nous avec des mots

nouveaux, des notes toutes fraîches pondues pour secouer nos émotions.

Et ce téléphone imbécile plus jamais ne proclamera : « Salut, c'est Georges! Ça va? »

Quand on noircira du papier, comme je le fais maintenant, il ne sera plus tout à fait là, à nous épier par-dessus notre épaule : et on gommait une impudeur ou un adjectif, on effaçait une faute de goût, on allégeait une phrase un peu poseuse, on faisait passer une idée pour un sentiment...

L'amitié a mis ses drapeaux en berne.

La poésie a pris, en tournant la page, un solide coup de vieux : la poésie vivante!

Il est des morts dont on ne se remet jamais. La sienne est de celles-là.

Chaque homme a quelque chose d'unique : ce qu'il y avait d'unique en lui était fabuleux. Et cette singularité s'exerçait dans tous les domaines : poésie, morale, imagination, vivacité d'esprit, affectivité, vie quotidienne...

Quand nous étions allés, « vaillante petite armée belge », le saluer le plus civilement qui soit, il nous avait dit (pas récité : dit) le poème à Théophile Gautier du père Hugo, en isolant ce vers, en l'explicitant, en revenant dessus :

J'ai commencé la mort par de la solitude!

Et puis voilà, il s'en est allé et notre solitude est déjà l'avant-goût du départ...

Rien ne sera plus jamais pareil : les gorilles vont demeurer sagement dans leur cage, les bréviaires de curés resteront veufs de pétales, don Juan ne séduira plus que des filles girondes et les trompettes de la renommée seront embouchées pour célébrer les borborygmes du premier imbécile venu.

La mélancolie qui a envahi notre palpitant n'a jamais été aussi conforme à la définition de Gide :

« De la ferveur retombée. » Plus que retombée : foudroyée!

Il y a quelque chose de pourri au royaume du rêve, et le petit dieu domestique qui l'animait manque désormais à notre foyer.

Petit dieu domestique...

Il était aussi l'ami, le frangin, le confident, le consolateur, la source de jouvence, le rechargeur d'accus...

C'est con, tout à coup on est orphelin.

Je garantis que plus d'un copain de Georges, intime ou lointain, le soir fatidique, s'est caché de sa femme, de ses enfants, de tous, pour « craquer » tout son soûl, pour vider le trop-plein de son désarroi, d'aventure en caressant son chat, ou son chien.

Lorsque nous sommes allés à Sète faire nos affectueuses révérences à « ramassis » (1), la fleuriste n'avait plus que des œillets. Nous en avons choisi des blancs, parce que le blanc est « réservé à la jeunesse » et que les poètes ne vieillissent pas.

C'est là que Roger Abat nous a appris cette anecdote émouvante. Le soir où on venait d'annoncer le décès de Georges, un bateau est sorti du port de Sète et, au lieu de cingler droit vers la haute mer, il a viré de bord pour venir longer la plage de la Corniche, pour se balader un peu « le long de cette grève où le sable est si fin » et, avant de repartir, il a lancé trois longs appels de sirène. Sans radio, sans caméra pour transformer le geste émouvant en cabotinage. Le plus bel hommage, le plus discret, le plus insolite lui est ainsi venu des gens du cru, des travailleurs de la mer. Il a dû en frétiller d'aise dans sa « boîte à dominos ».

Quant à nous, en attendant d'aller le rejoindre sous les myrtes du dernier jardin, il faudra bien nous habituer à avoir mal à Brassens.

(1) Cimetière des pauvres.

Un petit coin d'éternité...

La magie de l'écriture est telle que, en refaisant à ma façon l'itinéraire de Georges, en me penchant sur sa carrière, en entretenant le feu d'une amitié sans faille, j'ai eu la sensation qu'il était là, à mes côtés, qu'il revivait, que tantôt il allait me taper sur l'épaule en me disant : « Tu en fais trop. Buvons un verre. »

Au reste, le temps jouera pour nous. Les poètes peuvent-ils fermer leurs ailes, ou casser leur pipe comme disent les croque-morts élégants?

Ce n'est peut-être qu'un mauvais rêve.

Il faut se souvenir de son dernier tour de chant qu'il débutait gaillardement avec *Trompe-la-mort.*

C'était une savoureuse impertinence que de proclamer :

C'est pas demain la veille, mon dieu
De mes adieux,

à une époque où chacun avait à cœur de claironner les siens devant les caméras, même ceux-là dont l'absence eût passé totalement inaperçue.

Brassens parti, on s'aperçoit que la blague avait, tout compte fait, un sens prémonitoire.

Je m'exhumerai du caveau
Pour saluer sous les bravos,
C'est pas demain la veille, mon dieu
De mes adieux!

Il n'aurait jamais dit ça s'il n'en avait pas été convaincu.

Brassens mort ou Brassens éternel, la postérité n'aura pas de mal à faire son choix!

Georges et A. Boudard. Le 6 janvier 1978.
« Sachez qu'il fit au départir :
Un trait but de vin morillon
Quand de ce monde voult partir. » F. Villon

« Y a des copains
Au bois d' mon cœur. »

S'IL FALLAIT FAIRE UN PARI

Quand la mort a opéré, il se dégage toujours d'une œuvre vivante un mot qu'on n'y avait pas encore trouvé. La mort ne l'y a pas introduit mais elle le révèle. C'est à ce mot-là qu'il nous faut être attentifs... Il peut nous aider à vivre.

Louis GUILLOUX

Georges Brassens respectait au plus haut point le public. Pourtant ce respect n'avait émoussé en rien sa lucidité. Il savait bien que tout succès, toute gloire est à base de malentendu.

Il répétait souvent à ses amis, même au sortir d'un Bobino des plus flamboyants, que si, parmi les mille spectateurs, dix étaient venus pour « le bon motif », il s'estimait satisfait et, en tout cas, largement payé de ses peines. Dix! Parfois, c'était cinq, on l'imagine; à d'autres moments, vingt : les soirs d'euphorie! Les poètes sont souvent brouillés avec les chiffres. Qui s'en étonnera? Ce serait vraiment trop beau si tous les jours mille bravos en faisaient réellement mille... Au reste, chaque instant communique à notre sensibilité une couleur propre qui en modifie la chimie.

En outre, Georges ne craignait jamais d'exagérer, pour provoquer la réplique de son interlocuteur et ainsi stimuler, relancer le débat.

Donc, dix pour mille! En gros.

C'est en pensant à ces dix-là que Brassens bâtissait son tour de chant, consentait à lui prêter son corps afin d'aller le présenter au public en passant outre à sa timidité instinctive qui n'était qu'une forme de répulsion face à tout exhibitionnisme (1).

(1) Il disait fréquemment : « Qu'on le veuille ou pas – et qu'il s'agisse de Tino Rossi ou de Brassens –, monter sur scène, c'est toujours clamer : " Regardez de quoi je suis capable. " C'est un acte de prétention. »

En satisfaisant les meilleurs, les plus exigeants, les plus attentifs, ceux qui s'étaient déplacés pour de « bonnes raisons », il ne risquait en aucun cas de désobliger les autres. La dignité était sauve. En amitié, en amour, comme dans son art, Brassens s'est toujours livré totalement, sans exiger tout à fait la réciproque.

Il est de fait qu'on n'est pas toujours venu vers lui dans les intentions les plus nobles. Et, je le répète, il n'y a pas de quoi s'en étonner.

La réputation, qui fut celle de Brassens à ses débuts, fit que nombre de curieux se mêlèrent à la troupe des passionnés éblouis : histoire de contempler, en chair et en os, cet ours qu'on disait mal léché, moustachu et chevelu comme il n'était pas permis (à l'époque), cet artiste qui avait envoyé sur les roses toutes les conventions, toutes les guenilles du music-hall : de la courbette au coup de gueule – ou de talon – final, qui se comportait dans le rond de lumière comme s'il eût été dans sa chambrette... On prétendait même qu'il lui arrivait, entre les chansons, de traiter les spectateurs de maroufles, de connards ou de peigne-cul (1). En outre, il transpirait tellement qu'à l'époque on l'avait, dit-on, surnommé « la fontaine de Vaucluse ». Sa gêne elle-même était d'aventure une source d'intérêt et de divertissement. Bref, il n'était pas rare qu'on se déplaçât au spectacle de Georges Brassens pour des raisons purement formelles, épidermiques, et par une manière de curiosité quelque peu malsaine.

Il ne faut pas croire que cette curiosité cessa du jour où l'artiste fut admis par – presque – tous. Certes, elle s'amenuisa, mais les légendes ont la vie dure : jusqu'à la fin, ce personnage hors du commun intrigua les badauds en mal de sensationnel, qui devaient s'en retourner fort déçus.

Il y eut aussi les « gros mots ». S'amalgamant au mythe du bonhomme hirsute et mal embouché, il y

(1) Il s'en est toujours défendu.

eut celui du colporteur d'obscénités, du blasphémateur, du rigolo qui n'a pas peur du verbe. Evidemment, quelques chansons où les mots sont sans détour tendaient à l'accréditer : comme si *le Gorille* était trivial parce qu'on y parle de pucelage, et *l'Hécatombe* vulgaire parce que les mégères y sont pourvues de tétasses au kilo et de « gigantesques fesses », et que les pandores y sont émasculés.

Des spectateurs quittaient la salle pour ces mêmes raisons qui en attiraient d'autres, insensibles ceux-ci aux charmes poétiques, à la rigueur du vers, à la richesse musicale, et peu soucieux que *le Gorille* en question abordât par des chemins truculents le problème de la peine de mort.

Il ne faudrait pas non plus oublier le snobisme, sans quoi aucun succès durable ne peut se concevoir. Sans la cour, Racine meurt de faim. Sans gilets rouges, Hugo a deux cents spectateurs. Sans la surenchère de l'intelligentsia et les oripeaux « existentialistes », Sartre n'a pas plus de lecteurs, etc.

A un moment donné, malgré l'anticonformisme, le langage vert, l'anarchisme, etc., Brassens est « reconnu » : « Notre grand poète Georges Brassens... » d'une voix profonde ou roucoulante! Il n'est pas possible de ne pas posséder ses disques, de ne pas l'apprécier, même si on n'a pour son art aucune vocation, ce qui arrive : parce que tout arrive!

C'est comme ça : le succès attire le succès, et la foule amène la foule. Il n'y a jamais autant de files aux guichets que lorsqu'on affiche « complet jusqu'à tel jour ».

Il y a encore la dame qui vient uniquement pour *l'Eau de la claire fontaine*, l'esthète qui ne jure que par le poème d'Aragon : *Il n'y a pas d'amour heureux* mis en musique « comme ça » par Brassens, et ceux-là qui rentrent contrits dans leur foyer pour n'avoir pas entendu *Mon pote le gitan*...

Il y a ceux qui regardent la tête des autres...

N'oublions pas, même si c'est plus touchant, ceux

qui n'attendent que la fin du spectacle pour aller le regarder de près, pour l'inviter à prendre un pot, sans compter quelques personnes du sexe qui voudraient bien vérifier, dans les faits, sur le terrain, « in naturalibus », si le bonhomme a autant de tempérament qu'il en prête à « je » et à ses personnages.

Laissons l'incommunicabilité au rayon des tartes à la crème. Admettons néanmoins que Brassens, ainsi que tout gros gabarit, avait besoin de tous ces malentendus, de ces confusions pour que son succès fût ce qu'il fut : étonnant!

Maintenant que Brassens s'en est allé, que sa présence physique – par ailleurs si magnétique, si chaleureuse, si consolante – n'est plus là pour fourvoyer le curieux, il ne fait pas de doute que l'artiste va enfin (hélas!) prendre sa véritable place dans l'histoire de la chanson. En dehors de toute équivoque.

Et aussi dans l'histoire des lettres.

Nul ne sait quels sont les poètes qui demeureront quand le siècle aura balayé les surplus et les déchets devant sa porte.

Ne disons pas que « parmi » ceux qui restent, il y aura sûrement Brassens. Il sera là, certes, mais « à côté » d'eux, occupant une place enviable, mais à part, unique, celle du petit dieu domestique que j'évoquais plus haut.

Il ne faut pas avoir peur d'enfoncer les portes ouvertes pour émettre de telles prédictions...

Nous sommes assurément – et confusément – marqués par la sensibilité de notre époque. Personne n'échappe à cette servitude.

Il nous est difficile et illusoire de prévoir le sort que l'avenir réservera à ceux-là qui ont fait battre nos cœurs plus vite et plus souvent que de raison, aux artistes que nous avons vénérés.

Les comparer à ceux dont le fauteuil est déjà acquis dans les mémoires serait une gageure.

Et pourtant, qui n'établit pas, à part soi, ses propres tablettes pour le futur?

S'il me fallait ainsi faire un pari à propos de Georges Brassens, je me sentirais fort à l'aise : je lui promettrais, aux yeux des générations futures, une place dans le XXe siècle comparable à celle qu'occupe Béranger pour le XIXe! Si on me poussait un peu, j'ajouterais même, sans me prendre pour un grand clerc : une marche au-dessus! En raison de la rigueur de la langue, du tour d'esprit poétique, de la sûreté du goût, de la clairvoyance face aux pièges de la mode...

René Fallet avait raison : « Nous avons eu la chance insolente de le connaître! »

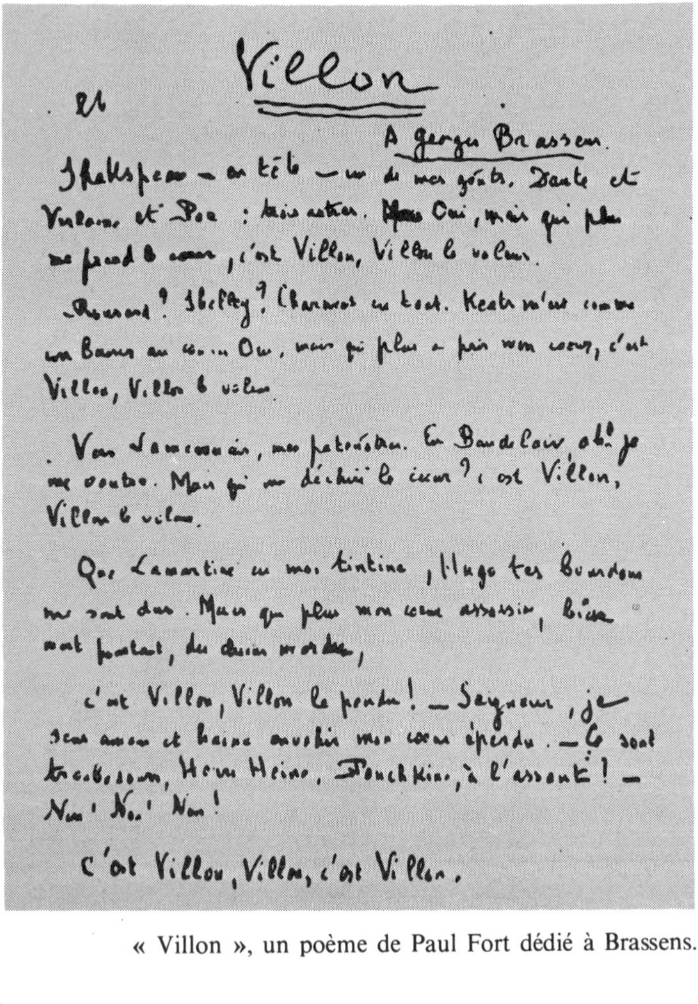

Villon

21

A Georges Brassens.

Shakspeare — en tête — un de mes goûts. Dante et Verlaine et Poe : leurs autres. Oui, mais qui plus me prend le cœur, c'est Villon, Villon le voleur.

Ronsard ? Shelley ? Charmants en tout. Keats m'est comme un baume au cœur... Oui, mais qui plus a pris mon cœur, c'est Villon, Villon le voleur.

Vous d'Annunzio, mes patenôtres. En Baudelaire oh ! je me vautre. Mais qui me déchire le cœur ? c'est Villon, Villon le voleur.

Que Lamartine en mes tintins, Hugo tes bourdons me sont doux. Mais qui plus mon cœur assassine, bien mort pourtant, du dernier mordant,

c'est Villon, Villon le pendu ! — Seigneur, je sens amour et haine envahir mon cœur éperdu. — Ce sont troubadours, Henri Heine, Pouchkine, à l'assaut ! — Non ! Non ! Non !

C'est Villon, Villon, c'est Villon.

« Villon », un poème de Paul Fort dédié à Brassens.

Crespières, réunion au sommet :
Ch. Aznavour, F. Leclerc, G. Brassens, Pupchen, R. Devos
et H. Colpi.

Palais des Beaux-Arts à Bruxelles. Le 27 janvier 1973.
Cl. et R. Fallet, G. Brassens,
A. Vers : vingt ans après.
« Et sitôt qu'on
Est plus de quatre on est une bande de cons. »

Télé en direct à Bobino.
« Ça rendrait les dames confuses
Et je n'en ai pas le droit. »

APPENDICE I

CHIFFRES, DIPLÔMES, PALMARÈS

On ne se distrait jamais si bien qu'à la poursuite de l'éternité.

Jean Giono

Ce serait trop facile si on pouvait jauger le talent d'un artiste à ce qu'il faut bien appeler « ses chiffres de vente » : tirage de ses livres, de ses disques, cote de ses tableaux, de ses sculptures, etc. Et il est encore plus périlleux de se fonder sur le succès commercial qu'a eu un artiste de son vivant pour lui délivrer *ipso facto* son passeport pour l'éternité.

Il n'y a pas de lois en la matière, et c'est très bien ainsi. Chaque époque a ses idoles et ses maudits; mais ni les honneurs, ni l'incompréhension des contemporains ne sont des gages de durabilité. Seul, le temps finit par reconnaître les siens.

Victor Hugo, dont le génie n'est plus contesté que par quelques imbéciles, a bénéficié très tôt d'une célébrité et de tirages appréciables. Rimbaud, quant à lui, n'a connu, de son vivant, qu'un succès de curiosité (dans les cénacles) et des éditions confidentielles. Même si la postérité lui a rendu raison, il ne s'est pas trouvé un seul « client » pour acquérir *Une saison en enfer*, au jour de sa parution.

Pendant ce temps-là, Georges Ohnet, oublié fort justement aujourd'hui, battait tous les records de tirage.

Verlaine est mort dans la misère, comme Nerval, et plus que probablement Villon. Racine s'en est allé au faîte de la gloire, ainsi que le bon La Fontaine, que Lamartine, que « le brave » Prévert!

Dans le domaine du disque et de la chanson, nul ne pouvait augurer, durant sa vie – plutôt courte et effacée – que Boby Lapointe se ferait, une fois mort, tant d'admirateurs, parmi les jeunes notamment.

C'est dire le caractère fragile et dérisoire des chiffres, des palmarès et des diplômes.

Si nous nous laissons aller à dresser quelque bilan – fatalement provisoire – à propos de Georges Brassens, c'est à titre de pure curiosité. Nous sommes nombreux à croire que Brassens demeurera, parce que, à l'évidence, il réunit exactement toutes les qualités qu'il faut pour cela. Mais, dans cette certitude, n'entrent pour rien ni son succès ni le chiffre impressionnant de ses ventes.

On est en droit de se demander si, au-delà du plaisir immédiat, ses vrais amis n'allaient pas l'applaudir, ne se procuraient pas ses disques, en quelque sorte pour acquérir une petite part inviolable d'éternité. Ma foi! il y en a bien d'autres qui retiennent déjà leur place pour la visite du cosmos...

Alors on a compris : tout ce qui suit n'est donné qu'à titre d'indication.

Il convient, avant d'aligner les motifs de satisfaction, de signaler que Brassens n'a débuté sa carrière qu'à trente et un ans. Ça n'en a pas l'air, mais, avant cela, il a bel et bien mérité l'étiquette de « maudit » que doivent lui envier maints romantiques.

DIPLÔMES ET PALMARÈS (1)

A obtenu le Grand Prix de Poésie de l'Académie française en 1967 (« c'était l'époque de mes coliques néphrétiques : ils m'ont donné le prix, parce qu'ils pensaient que j'allais mourir »).

A été édité dans la collection « Poètes d'aujourd'hui » chez Pierre Seghers où il a supplanté – et de loin – les plus larges diffusions : 400 000 exemplaires... ça fait rêver.

A été aussi édité chez Tchou.

A fait l'objet jusqu'à ce jour de 12 à 15 thèses ou mémoires, réalisés par des étudiants en lettres appartenant à des universités françaises et étrangères (« Il y a des moments, à lire tout cela, je pense que je suis déjà mort! »).

Est entré dans « Le livre d'or de la poésie française contemporaine » de Pierre Seghers (en même temps que Brel, Béart, Ferré...) pour y rejoindre les poètes à parchemins.

Son nom figurait, à côté de ceux de Pascal, de Marivaux et de Zola, lors du concours d'entrée à l'Ecole normale en 1969.

A été pressenti maintes fois par ses amis et admirateurs : Kessel, Pagnol, Achard, René Clair, Leprince-Ringuet, L. Armand..., pour poser sa candidature à l'Académie française (« Vous me voyez avec un bicorne et une épée? »).

A suscité quelques livres et essais, notamment de René Fallet (*Brassens*), d'Alphonse Bonnafé (« Poètes d'aujourd'hui »), de Jacques Larue (*Brassens ou la mauvaise herbe*), de Philippe Chatel, d'André Sève (*Toute une vie pour la chanson*, qui, par le biais de l'interview, est en fait un texte de Brassens, résumant assez fidèlement sa pensée), de Michel Barlow (*Chansons-Brassens*).

(1) Bien évidemment, je m'en suis tenu à l'essentiel.

Il faut y ajouter un livre insolite, *Célébration du visage*, édité par Robert Morel, où ne figurent que des photos de l'artiste.

A publié, hormis ses chansons, deux œuvres de jeunesse plutôt attachantes et d'un intérêt évident. Un roman : *La Tour des miracles;* un long poème : *Les Amoureux qui écrivent sur l'eau* (publié dans le recueil intitulé *la Mauvaise Réputation*). L'un et l'autre ont connu plusieurs éditions.

DES CHIFFRES

Son œuvre complète est reprise sur 12 disques de 30 cm, contenant 135 chansons (et aussi 3 poèmes de Paul Fort, qui sont « dits » en toute simplicité (1). Mais au fil des ans, et d'aventure parallèlement aux disques de 30 cm, on a édité des disques simples (2 titres), des E.P. (4 titres), des L.P. de 25 cm (± 8 titres), des musicassettes, des cartouches. L'unité qui prévaut pour le calcul des ventes dans le show-business (mille excuses : le mot n'est ni de Brassens ni de moi) est le « simple ». Ainsi, un 30 cm vaut 5 simples (même s'il comporte 13 chansons, comme le dernier Brassens : le n° 12), un E.P. en égale deux, etc. Converties en simples donc, les ventes de Georges Brassens se sont chiffrées à quasi cinquante-quatre millions de disques à la fin mai 82 (2). Cinquante-quatre disques d'or! Tout roulement de tambour est superflu.

1. Pour être complet, il faudrait ajouter que Brassens a enregistré une de ses chansons *Papa, maman* avec Patachou et *Heureux qui comme Ulysse* – paroles d'Henri Colpi, musique de Georges Delarue, la chanson tirée du film du même nom, sur un simple « 45 tours ». Il y a encore *le Bricoleur* que chante Patachou, *le Chapeau de Mireille* qu'interprète Marcel Amont, *Sur la mort d'une cousine de huit ans*, un poème d'Hégésippe Moreau que Brassens a mis en musique pour les « Compagnons de la chanson », et *le Cœur à l'automne* ainsi que *Charlotte et Sarah*, deux mélodies qu'il a « données » à son ami Pierre Louki.

Georges Brassens a composé aussi la musique (inédite) du film de Michel Audiard : *le Drapeau noir flotte sur la marmite...*

Le dernier « passage » de Georges Brassens à Bobino, où on affichait complet quinze jours à l'avance, s'est échelonné sur cinq mois : du 19 octobre 1976 au 23 mars 1977. Cela représente 150 000 entrées et se passe de commentaires.

QUELQUES RÉFÉRENCES

Il ne fait pas de doute que Georges Brassens fut, avec Aragon et Prévert, un des rares poètes connus du grand public de notre époque.

Ce qui est mieux : Brassens a rendu accessibles à tous, pour les avoir mis en musique, des poètes tels que Villon, Fort, Hugo, Corneille, Richepin, Verlaine, Aragon, Jammes, Banville, Lamartine. Il a en outre sorti Antoine Pol d'un injuste oubli.

Et puis, il a fait entrer *le Petit Cheval* de Paul Fort dans tous les livres de lecture pour enfants, ce qui est un de ses plus beaux titres de gloire.

G. Brassens a enregistré, en outre, une chanson, dont il a composé la musique et écrit les paroles : *Elégie à un rat de cave*, qui figure dans l'album : *Brassens et Moustache jouent Brassens en jazz*; il y est accompagné, exceptionnellement, par tout un orchestre : celui des « Petits Français »!

Un album paru après sa mort reprend les « chansons de sa jeunesse » qu'il avait interprétées pour Radio Monte-Carlo en mai 1981. Il a laissé enfin une trentaine de chansons posthumes.

2. Ce chiffre m'a été fourni par Jacques Caillard, P.-D.G. de la maison de disques Philips, qui était devenu un ami de Georges. Nous nous étions peu rencontrés avant octobre 1981, tout simplement parce qu'il arrive au hasard d'être nonchalant et de ne bien faire les choses qu'avec quelque retard.

La rue Georges-Brassens.
Sens interdit – Coq gaulois – Cinéma –
Fait angle avec la rue de la Révolution.
Que peut-on espérer de mieux?

La stèle de la plage de la Corniche à Sète.

Dans le XVe arrondissement à Paris, près de la maison de G. Brassens, le parc qui porte son nom a été inauguré fin novembre 1982.

APPENDICE II

QUELQUES AVIS AUTORISÉS

... du petit nombre de jeunes gentilshommes que l'amitié passionnée de Michel-Ange honorait comme un titre.

Marguerite YOURCENAR

On retrouvera ci-dessous quelques opinions qui ont été émises à propos de Brassens par ses pairs, des écrivains, des comédiens...

Elles ne l'ont pas été au soir ni au lendemain de son départ. « Les morts sont tous des braves types » : voici belle lurette qu'on ne gifle plus les morts pour se donner de l'importance.

Tout ce qu'on lira ici a donc été dit ou écrit du vivant de l'artiste.

Il ne fallait livrer autre chose que du métal pur!

BRASSENS (Georges), chanteur français, né à Sète en 1921. Auteur de chansons poétiques, pleines de verve et de non-conformisme.

PETIT LAROUSSE

Le premier à avoir parlé de Brassens avec les mots qu'il faut, c'est René Fallet. Voici quelques échantillons de sa présentation d'avril 1953 :

Il ressemble tout à la fois à défunt Staline, à Orson Welles, à un bûcheron calabrais, à un Wisigoth et à une paire de moustaches.

Cet arbre présentement planté sur la scène des « Trois Baudets » est timide, farouche, suant, mal embouché et gratte une guitare comme on secoue des grilles de prison.

Georges Brassens – le *Canard*, s'il ne le saluait pas, ne serait plus le *Canard* – est un bon gros camion de routiers lancé à tout berzingue sur les chemins de la liberté. On souhaite à ce véhicule d'éviter jusqu'au bout les dangers de ces pavés d'or sur lesquels se sont déglingués tant de talents, tant de franchises.

La voix de ce gars est une chose rare et qui perce les coassements de toutes ces grenouilles du disque et d'ailleurs.

Une voix en forme de drapeau noir, de robe qui sèche au soleil, de coup de poing sur le képi, une voix qui va aux fraises, à la bagarre et... à la chasse aux papillons.

...

Cet homme est dangereux. C'est un poète, un drôle de client pour les roucouleurs. En avoir ou pas? Il a choisi. Bonne récompense à qui l'écoutera. Moi, tant il est usé, je vois le jour au travers de mon microsillon. Un jour qui se lève sur une méchante carrière, si toutefois – c'est là la crainte – les petits cochons ne mangent pas le Brassens en route. Ces petits cochons qui voudraient tant me le domestiquer, lui ôter les épines, le regard noir, la rage au ventre. Comme ces rossignols qui ne chantent que les yeux crevés, Brassens ne chantera-t-il juste qu'au fond de l'impasse où il habite encore?

Souhaitons le contraire. Tant que les gorilles violeront les juges, ... Georges Brassens sera lui-même. Sans la moindre (et c'est heureux) garantie du gouvernement.

(René FALLET)

Il se bat pour le français mais aussi sous le pavillon noir timbré des tibias.

...

Le public, les journalistes n'osent plus limiter Brassens au petit royaume turbulent et versatile de la chansonnette (l'Académie n'a fait que suivre). Son influence est vaste et profonde : d'une manière de parler, de penser, de se conduire, on dit déjà : c'est du Brassens et le qualificatif implique une morale.

...

La chanson était un genre mineur, avant Brassens.

... il ne cède jamais par ambition ou par intérêt, mais par amitié ou par charité.

... il avance, le sabot lourd, dans cette société crapuleuse, massif, calme, calmant...

(Jean-Pierre CHABROL)

Le miracle avec Brassens, c'est que dès qu'il paraît le mensonge semble battre en retraite. On l'écoute parler, chanter, on le regarde, et on se sent à l'aise... Puisque de tels hommes respirent le même air que nous tout n'est pas fichu.

(Louis NUCERA)

Le Larousse reconnaît que ses chansons sont « poétiques ». C'est un bien grand mot pour un facteur de chansons. Et peut-être usé à force d'avoir été accaparé par les spécialistes. Brassens, lui, est poète à la main...

Il n'est d'aucune école. Mais il ne livre les mots qu'après les avoir tournés à son tour de potier.

« Et de non-conformisme. » Oui. Car il n'a qu'une ambition, c'est d'être conforme à l'idée qu'il se fait, non de l'homme, mais des hommes. Il essaie de donner toujours de lui, dans ce qu'il écrit, une copie conforme à ce qu'il n'ose jamais dire : « Elle est à toi cette chanson... »

(Yvan AUDOUARD)

Il ne fait concurrence à personne et personne ne peut lui porter ombrage... Il ne peut servir de modèle ni d'exemple. Il est facile à caricaturer, impossible à imiter. On imite un apéritif, un champagne, pas l'eau de source.

...

Pendant qu'il chante, je suis frappé par une évidence : cet homme est plus jeune qu'il y a cinq ans, qu'il y a dix ans, plus jeune qu'à ses débuts. Il n'a pas « rajeuni », ce qui signifie qu'on a d'abord pris un coup de vieux, puis une bouffée de jeunesse : il est, lui, de moins en moins vieux. Il finira collégien, comme il a commencé.

...

Sur son berceau, à sa naissance, se sont penchées les fées de la musique, de la poésie, de l'amour, de l'amitié, de la simplicité, de la réussite...

Il offre l'exemple unique d'un homme qui ne s'est laissé intoxiquer par rien, ni par les modes, ni par la douleur, ni par le succès, ni par l'argent. Il était riche quand il était pauvre. Il est resté pauvre en devenant riche.

...

Deux sous de rêve dans l'œil droit, deux sous de malice dans l'œil gauche, cinq sous de sagesse sous la moustache. Des sous d'avant-guerre, d'avant l'autre guerre, d'avant toutes les guerres. Des sous d'or.

(René BARJAVEL)

Enfin et surtout, Georges Brassens, car l'harmonie poétique, tellurique et populaire, entre Genevoix et lui fit merveille : une famille, mieux, une lignée de France qu'on peut préférer à toute autre...

(Maurice CLAVEL – « Grand Echiquier » – A propos des quatre-vingt-cinq ans de Maurice Genevoix.)

Le poète... le cher Georges Brassens... toujours dans la grande tradition, la sagesse populaire de nos fabliaux.

(Alphonse BOUDARD)

Je crois en la grandeur et en la solidité de l'homme aussi bien qu'en la sincérité d'une œuvre qui marquera notre époque comme notre époque l'a marquée. Car l'art de Brassens est de notre temps, sans rien renier d'un passé dont certains l'accusent de porter en soi la nostalgie.

...

Tous les traits caractéristiques de notre temps se retrouvent dans cette œuvre qu'il faut bien regarder aujourd'hui comme une espèce de « comédie humaine ».

...

Pour moi, ce qui compte avant tout dans une œuvre, c'est son poids d'humanité. Certes, Brassens a imposé un style; il a forgé des matériaux nouveaux, il a ses rythmes à lui, mais sans ce qu'elles contiennent de profondément humain, ses chansons ne seraient qu'une brillante démonstration de son talent.

...

Il réalise ce tour de force d'écrire jeune depuis plus de vingt ans, et, lorsque vous allez lui dire votre admiration après le spectacle, il est là, timide au point de vous intimider, et tout près de murmurer : « Vous êtes bien gentil, mais si nous parlions d'autre chose... »

(Bernard CLAVEL)

En 1963, Georges Brassens paraît dans la collection « Poètes d'Aujourd'hui ». C'est un tollé dans les cénacles! En 1967, Brassens se voit décerner le Grand Prix de Poésie, par l'Académie française. Après Villon, Jean-Baptiste Clément, Aristide Bruant et Gaston Coûté, pour n'en citer que quelques-uns, la poésie de tradition populaire était reçue parmi les « docteurs ». Guitare ou pas, il fallait reconnaître que Georges Brassens, dont les chansons vivaient dans bien des mémoires, écrivait, savait écrire des textes parfaitement composés, charpentés, savoureux. Fabliaux et complaintes, villanelles et ballades, poésies de Rutebeuf et de Paul Fort, Brassens retrouve naturellement ces sources. Son langage poétique est d'ancienne lignée. Un arbre bien enraciné dans notre poésie, son écorce est rude mais vivante de sève. Il a fait plus pour les poètes que cent ans de critiques et de plaquettes confidentielles, en réveillant le goût, le besoin de poésie dans un innombrable public.

(Pierre SEGHERS)

J'ai milité avec mon ami René Clair pour que Brassens reçoive le grand prix de poésie de l'Académie française, par amour d'un vrai poète populaire, puisant son inspiration, avec son originalité propre, aux sources les plus pures de la poésie de toujours, s'exprimant en une langue riche, imagée, subtile, capable de toucher une très large couche des populations les plus diverses en culture et en âge. Un tendre, un sauvage plein d'humour, inquiet du ciel et de l'enfer. J'ai de l'estime pour Guy Béart : chez cet homme de formation technique, la poésie a grandi, progressivement, donnant toute son importance, sa chaleur, son humanité, à l'irrationnel, mais sans méconnaître la civilisation de notre monde, avec sa puissance technique, superbe et inquiétante. Certaines de ses chansons sont d'admirables poèmes, des drames de la vie moderne en raccourci : *le Téléphone* par exemple. D'autres sont remplies d'humour, d'espoir, de fantaisie, de fraîcheur. Dommage que sa langue n'ait pas la qualité de celle de Brassens.

(Louis LEPRINCE-RINGUET)

En 1964, Jean Giono demanda à Georges Brassens d'écrire une complainte pour introduire son film *Un roi sans divertissement*. A l'époque, Brassens se trouvait en pleine crise de coliques néphrétiques; il se vit contraint de refuser. Giono, fort contrarié, écrivit à un ami : « *Navré de ce que la complainte ne sera pas faite par Brassens... avec Brassens j'étais sûr d'avoir une complainte mi-populaire mi-goguenarde...* » On fit appel à Jacques Brel et Giono fut satisfait.

« Très souvent, j'ai entendu des imbéciles dire que Brassens était lassant parce qu'il n'y avait pas de musique dans ses chansons. Sidney Bechet a enregistré *la Cane de Jeanne...* Et qu'on ne vienne pas me dire que Bechet a interprété ça pour le texte... »

« Brassens, c'est la première ride; on doit se faire des rides dans l'oreille... »

« Grâce à Brassens, Noël dure beaucoup plus qu'un jour, beaucoup plus qu'une nuit. »

« Brassens est un classique... »

« Les chansons de Brassens se suffisent à elles-mêmes. Mes chansons ont besoin de mon corps, d'un support. »

(Propos de Jacques BREL à Jean Serge.)

« C'est un bonhomme à part, un poète. Il n'est pas dans le métier. »

(Charles AZNAVOUR)

Dans le domaine de la chanson il y a un homme qui supplante tout le monde et c'est Brassens. Brassens, indiscutablement et sans appel!

(Francis LEMARQUE)

Dans le cas précis de Georges Brassens, nous nous trouvons face à un véritable *amateur* de langage. Il professa une réelle volupté dans le choix des mots, recréa des métaphores. On le lit à différents niveaux.

Si tout un chacun comprend de prime abord sa poésie, celui qui la relit une deuxième ou une troisième fois y fait de nouvelles découvertes. De même, Proust joua littéralement avec la langue...
(Marc WILMET, Prof. de linguistique à l'Université Libre de Bruxelles, Prix Francqui 1986).

Brassens, c'est un poète de la Pléiade.
(Claude NOUGARO)

Depuis un certain temps, les entrepreneurs de spectacles de tout poil s'acharnent à une règle d'or : « Il faut créer l'événement! » Il s'agit de rechercher l'inédit, le surprenant, le scandaleux si c'est nécessaire. Il faut un événement pour ébranler les Français avachis, ce « non-public » qui pourrait, au moins, devenir un « public parfois ». Il faut arracher sans ménagement le franchouillard à ses charentaises pour qu'il abandonne séance tenante, sans même prendre soin de l'éteindre, sa chère Télé sur l'écran de laquelle continueront à mugir dans l'indifférence quelques cow-boys loués au rabais à des distributeurs satisfaits.

Tout peut être bon à attirer le badaud : engager un moribond pour qu'un public morbide vienne en foule dans l'espoir de le voir rendre l'âme en scène, afficher le décorateur le plus cher du monde, découvrir un Rodrigue bossu et pustuleux ou un comique qui se vante de ne pas arracher un sourire. Cette démarche, en tout cas, ne peut qu'amener à négliger le spectacle lui-même au profit de tout ce qui l'entoure, à prôner l'événement aux dépens de l'art.

Or, en ce moment, à Paris, sur la rive gauche, dans un cadre un peu étouffé par les buildings qui l'entourent, mais un cadre à sa mesure, un artisan travaille soir après soir, sans esbroufe, sans tapage. Cet artisan s'est placé délibérément à l'écart de la mode et des modes; il se soucie comme de colin tampon de cette recherche effrénée de l'événement. L'événement, c'est lui, c'est ce qu'il est, ce qu'il fait. Et chaque soir, le public se bouscule pour venir l'entendre et le voir, comme on aimerait voir travailler un grand ébéniste et contempler un objet d'art sortir de ses mains.

La fidélité du public de Georges Brassens est le reflet de la fidélité de Georges Brassens. Fidèle, il l'est à son style, à son bassiste, à lui-même, à sa ville natale, à tout ce qu'il aime. Discuter des mérites du beaujolais nouveau avec René Fallet doit toujours conserver les mêmes charmes à ses yeux. Régulièrement, il paraît rentrer dans son trou pour écrire, raturer, chercher le mot juste pendant des heures ou des années, assourdissant de discrétion, se gardant bien des messages, des pétitions et des professions de foi. Quand il remet le nez à sa fenêtre, les mauvais esprits l'épient : « Tout de même, un jour ou l'autre, il va bien se mettre à écrire des mauvaises chansons! » Et puis non! Le bruit se répand, la cuvée est bonne, il s'est renouvelé, mais sans changer, sans se changer.

Honneur de nos métiers, Georges Brassens devrait servir de modèle à l'ensemble du spectacle français : respectueux du public sans lui concéder le moindre guili guili, ne faisant que ce qu'il sait faire mais s'efforçant de le faire de mieux en mieux, il n'a jamais cherché à attirer par le scandale ou le tape-à-l'œil. Le public est prévenu : en allant applaudir Georges Brassens, il trouvera la qualité, rien que la qualité, le plaisir du mot, la joie au cœur, la légèreté qui cache pudiquement la profondeur, le rire, l'émotion. La culture, est-ce que ce n'est pas tout cela?

Même si, comme je le pense, il repousse les honneurs et les décorations, Georges Brassens devrait consentir, un jour, à accepter le titre de meilleur ouvrier de France.

(Daniel CECCALDI)

L'écrivain le plus proche de Céline, par l'inspiration, la forme et le contenu émotif est à mon avis

Georges Brassens, qui a le même public. Même amour de la vie dans ses manifestations les plus humbles, les plus « quotidiennes », même specticisme à l'égard des idées, des idéologies, des « grands problèmes », même sensibilité, même sympathie pour les petites gens, même admiration pour l'héroïsme discret, secret, de ceux qui ne « paraissent » jamais, même sens de la dignité cachée, de la vraie grandeur enfouie... même enracinement au sol natal, même fierté aristocratique et populaire, même scepticisme affiché, même indulgence camouflée, même indifférence à certaines valeurs surfaites et même attachement à d'autres plus simples, les sabots d'Hélène et la tendresse de Molly... Enfin le style, les archaïsmes, les idiotismes français, quelquefois la langue verte... Qu'il s'agisse de la prose de Céline ou des vers de Brassens, on assiste à l'éclosion d'un vocabulaire d'essence traditionnelle, populaire, riche en sève et très souvent à la limite de la désuétude. L'un et l'autre éternisent des mots que l'on jugerait démodés ou incongrus sans le raffinement et l'habileté avec lesquels ils sont imbriqués dans la phrase... Voici que Céline nous montre un quartier pauvre de Londres... « ... Au premier sourire du soleil, tout s'esclaffe et tourbillonne... gambade! Sarabande!... C'est la kermesse des lutins d'un bout à l'autre de Wapping!... de perrons en porches, ça culbute à la course! A la sauvette! Fillettes et garçons! à qui perd gagne!... A qui mieux mieux! A cent jeux espiègles et pimpants!... Les tout petits au beau milieu... main dans la main, dansant en ronde!... mignons marmots du brouillard!... Tellement réjouis d'un jour sans pluie!... Mieux jouants allègres, divins et prestes qu'angelots de rêve... Et puis tout autour barbouillés, bandits pour rire tourmentent les filles... malmènent passants, les piaillants monstres... »

... « Moi mes amours d'antan c'était de la grisette... alors toutes tes fredaines, guilledous et prétentaines... j' lâche la bride à mon émoi... la jambe légère et l'œil polisson... et la bouche pleine de joyeux ramages...

courons guillerets, guillerettes... faisons mille et une gambades... au premier ostrogoth venu... dans le guignon toujours présente... qui brode, divine cousette... tous sont restés du parti des myosotis... » dit Georges Brassens.

Céline et Brassens ne se sont jamais rencontrés. On peut supposer qu'ils auraient eu des goûts et des dégoûts communs. A coup sûr une même passion pour la langue française, dans sa branche « mâle et débridée » comme l'avait dit Léon Daudet à la parution de *Voyage*.

(Pierre MONNIER : « Ferdinand Furieux ».)

M. Chevalier et G. Brassens.
*« Pour offrir à l'ancêtre, en signe d'affection
En guis' de viatique une ultime audition. »*

G. Brassens, J. Gabin, Bourvil.
« C'était la fine fleur, c'était l'élite. »

R. Devos, J.-P. Belmondo, G. Brassens.
« Dans la mare de leurs canards
Nous avons lancé goguenards
Force pavés, quelle tempête ! »

Georges et Mireille. Bobino, avril 1977.
« Le chapeau de Mireille
Quand en plein vol je l'ai rattrapé
Entre Sète et Marseille. »

G. Brassens, R. Devos, J. Ferrat.
« Et par enchantement, tout fut régénéré,
L'espérance cessa d'être désespérée. »

G. Brassens, R. Devos, Ch. Sèvres, J. Kessel.
« Ceux qui ne pensent pas comme nous sont des cons. »

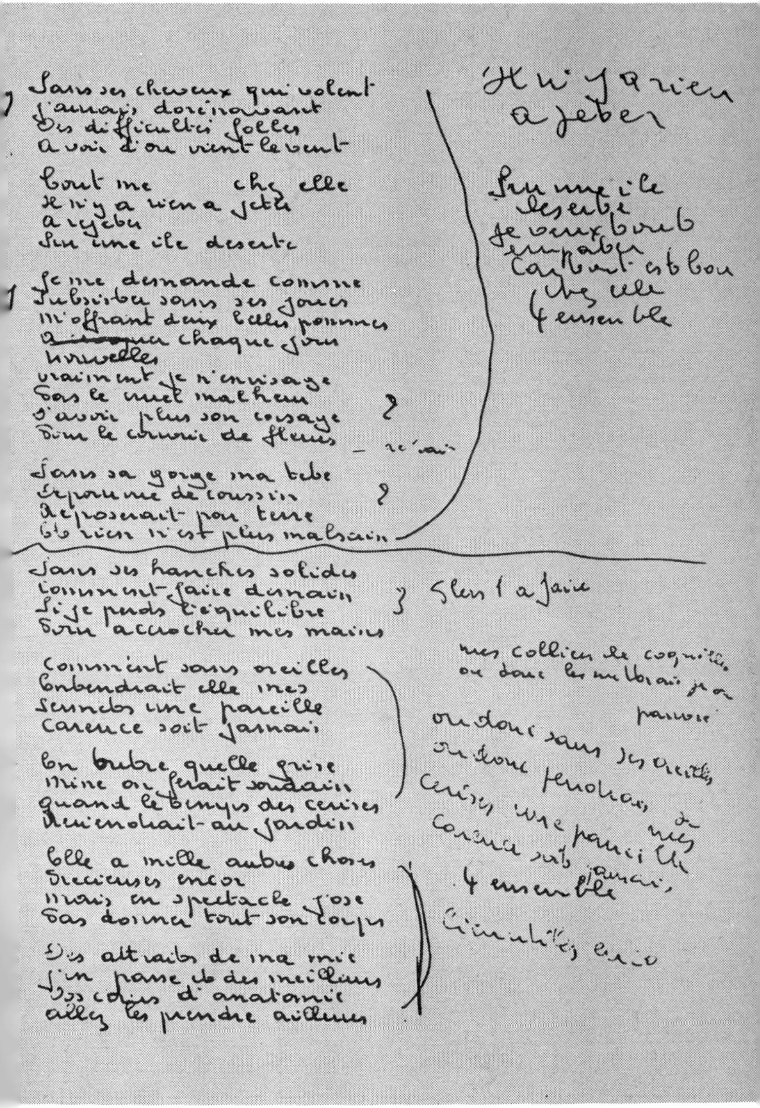
Sans ses cheveux qui volent
J'aurais dorénavant
Des difficultés folles
A voir d'où vient le vent

Tout me chez elle
Il n'y a rien à jeter
à rejeter
Sur une île déserte

Je me demande comme
Subsister sans ses joues
M'offrant deux belles pommes
chaque jour
nouvelles
vraiment je n'envisage
pas le moindre malheur
d'avoir plus son corsage
pour le cueillir de fleurs

Sans sa gorge ma tête
Dépourvue de coussin
Reposerait par terre
Or rien n'est plus malsain

Sans ses hanches solides
Comment faire demain
Si je perds l'équilibre
Pour accrocher mes mains

Comment sans oreilles
Entendrait-elle mes
Serments une pareille
Carence soit jamais

En outre quelle grise
Mine on ferait soudain
quand le temps des cerises
Reviendrait au jardin

Elle a mille autres choses
Délicieuses encor
mais en spectacle j'ose
pas donner tout son corps

Des attraits de ma mie
J'en passe et des meilleurs
Vos cours d'anatomie
allez les prendre ailleurs

Il n'y a rien
à jeter

Sur une île
déserte
je veux tout
emporter
Car tout est bon
chez elle
4 ensemble

mes colliers de coquillages
où donc les mettrais-je
où donc sans ses oreilles
où donc pendrais-je mes
cerises une pareille
carence soit jamais
4 ensemble
Gémellités encor

« Rien à jeter
Sur l'île déserte il faut tout emporter. »

Merci à tous les photographes :

Josée Stroobants : pp. 6, 106b, 107, 175b, 239, 244a, 256, 262b, 278, 286, 307b.
Lucien Clergue : pp. 22, 78a et b.
Pierre Cordier : pp. 69a, 78c, 110, 172, 176.
Mario Poletti : pp. 79, 177b, 242b, 248.
Yves Lhost : pp. 108, 109, 175a, 177a, 238a, 244b, 245b, 254b.
Roger-P. Turine : pp. 240a, 285b.
Jacques Aubert : p. 254a.
Marc Haulot : p. 262a.
Photos Apis : pp. 264, 294.
Jimmy Rague : p. 310.
André Tillieu : pp. 16, 106a, 173, 240b, 241, 243, 255, 276, 284, 292, 293, 308.
Archives Georges Brassens : pp. 64, 65, 66, 67, 68, 69b, 72, 174, 178, 238b, 242a, 245a, 285a, 306, 307a, 308, 315.

TABLE DES MATIÈRES

IMPRIMÉ EN FRANCE PAR BRODARD ET TAUPIN
58, rue Jean Bleuzen - Vanves.
Usine de La Flèche, le 05-08-1986.
6374-5 - N° d'Éditeur 2266, août 1986.

PRESSES POCKET - 8, rue Garancière - 75006 Paris
Tél. 46.34.12.80

PIERRE BERRUER

Presses Pocket

JACQUES BREL

Voici une vrai biographie de Jacques Brel, de Bruxelles à l'île d'Hiva Oa, du plat pays natal au tombeau somptueux des Marquises.
Après *Bourvil, du rire aux larmes* et *Georges Brassens, la marguerite et le chrysanthème*, publiés dans cette collection, Pierre Berruer, reporter au quotidien *Ouest-France*, s'est attaché tout naturellement à la trop courte existence de l'auteur-compositeur-interprète.
Homme difficile à cerner, méfiant envers les femmes, chaleureux ou mordant à l'adresse de ses contemporains, Jacques Brel n'acceptait aucune compromission, aucune ombre de trahison.
Victime d'un terrible mal, Jacques Brel courait les océans, fuyant la publicité malsaine, jusqu'aux Marquises, perdues dans le Pacifique. Là, avec sa compagne, il trouvait enfin la sérénité en adoptant un nouveau mode de vie, aux antipodes de son existence de noctambule. Et c'est là aussi, dans cette île rude, sauvage, aux reliefs volcaniques, que la mort lui lançait un ultime défi pour gagner, à Paris, par « arrêt de l'arbitre ».
Les Marquisiens ignorent superbement la mort. Pour eux, « Monsieur Brel » dort simplement, près de Gauguin, dans le cimetière qui surplombe la baie des Traîtres.
Peu connues, ces deux années aux Marquises constituent une partie forte de ce livre. Et Pierre Berruer a enquêté jusqu'à Atuona pour tenter de découvrir la face cachée de Jacques Brel.
Un ouvrage qui se veut respectueux de la vérité, donc sans complaisance. Il évoque la carrière d'un homme hors du commun, avec ses énormes défauts et ses immenses qualités. La vie d'un petit boy-scout bruxellois entré, malgré lui, dans la légende.

H. QUIQUERÉ et
R. CANNAVO

Presses Pocket

YVES MONTAND

Il y a des hommes qui ont la grâce — ou le don, ou le génie — d'incarner une époque. Avec ses déchirements, ses malentendus, ses contradictions. Avec ses joies et ses bonheurs.
Des hommes en qui, pas seulement une génération, mais plusieurs se reconnaissent.
Tel est Yves Montand. Pourquoi ?...
Deux journalistes, deux hommes attentifs aux courants de ce temps, tentent ici de répondre à cette question. Journalistes, ils ont procédé à une grande enquête, recueillant les témoignages de tous ceux qui ont travaillé avec Yves Montand, gens de la chanson, du théâtre, du cinéma — de ses proches et de ses intimes, aussi; rapportant, avec des documents inédits, leurs propres entretiens professionnels avec Montand.
Et voici que surgit devant nous « l'homme » Montand. Un homme hanté par la tragédie de la vie, avec ses forces et ses faiblesses, ses qualités et ses défauts, ses certitudes profondes et ses doutes. Un homme vivant. Et un artiste, exigeant avec lui-même, sincère et droit, comme sont les plus grands.
Ce livre ne prétend pas élever une statue à Yves Montand. Son propos est, à la fois, plus humble et plus ambitieux : faire le portrait vrai d'un homme. D'un homme vrai.